中国学术流派研究丛书

周群 主编

吴派研究

王应宪 著

商务印书馆
The Commercial Press

中国学术流派研究丛书
总　序

《易·系辞》云："天下同归而殊途，一致而百虑。"中国学术史的长河是由不同时期、不同地域、形态各异的万派支流汇注而成的。学术流派是以相似的学术宗旨或治学方法为特征的学术群体，是因应一定社会政治文化要求，体现某种学术趋向，主要以师承关系为纽带，与古代教育制度、学术传承方式密切相关的历史存在。

以学派宗师为代表的共同的学术宗旨或治学方法往往是学派的主要标识和学派传衍的精神动力。学派的开派宗师往往是首开风气的学术先进，他们最早触摸到了时代脉搏，洞察到学术发展新的进路。这必然会受到敏锐的学人们的应和，他们声应气求，激浊扬清，去短集长，共同为学派肇兴奠定了基础。师承是学术流派传衍的重要途径，盟主宗师，振铎筑坛，若椎轮伊始；弟子后劲，缵绪师说，如丸之走盘，衍成圭角各异的学派特色。学派后劲相互切劘、补益，使得该流派的学术廊庑更加开阔、意蕴更加丰厚，是学派形成理论张力的重要机制。高第巨子既有弘传师说的作用，同时，还需有不悖根本宗旨前提下学术开新的能力。没有学派后劲各具特色、各极其变的发展，以水济水，并不能形成真正的学派。家学因其特有的亲和力，是学派传衍的重要稳定因素，克绍箕裘以使家学不坠，这是学术之家的共同祈向。书院讲学便于学派盟主宣陈学术思想，强化了同道的联系，为形成稳定的学派阵营以及学术传衍提供了重要平台。民间讲会、书牍互通促进了学派成员之间的交流与学术的传播。中国古代学术大多以社会政治、道德文化为研究对象，往往随着时代的脉动而兴衰起落，观念史的逻辑演进过程之中必然带有时代的烙印。时代精神与社会政治是推进学术演进的重要动因。

中国古代学术传统的源流色彩极浓，学术源流，先河后海，自有端绪。学术的承祧与变异形成的内在张力是推进学术发展的重要动因，学派间的争鸣竞辩、激荡互动及不同学派的因革损益、意脉赓续，书写了中国古代色彩斑斓的学术发展史。尽管学术史上不乏无待而兴、意主单提之士，取法多元、博采汇通而自成其说的现象也在在可见，学者对学派的认识也每每歧于仁智。但中国学术史上林林总总的学术流派仍然是学者们展示各自学术风采的重要底色。因此，对各个学派进行分别研究，明乎学派源流统绪，梳理流变过程，呈现其戛戛独造的学术风采，分析其对于中国学术思想发展的价值，厘定其地位，对于揭示中国古代学术思想因革发展机制，推进中国学术史研究具有重要意义。这是我们组织编撰"中国学术流派研究丛书"的根本动因。

为了实现这一目标，我们将力求客观厘定学术流派在中国学术史上的地位，以共时比较与历时因革相结合。别同异，辨是非。不为光景所蔽，努力寻绎其真脉络、真精神。从历史情境与学理逻辑等不同的维度评骘分析其价值。同时，由于学术流派风格不同，内涵殊异，丛书在体例上不泥一格，以便于呈现学派各自的特色为是。

南京大学中国思想家研究中心是因已故南京大学校长匡亚明先生主编"中国思想家评传丛书"而成立，本人有幸躬逢这一盛举，跟随匡亚明先生参与了"评传丛书"的编撰出版工作。评传传主是中国学术思想史上二百多个闪光点，这些传主往往又是学术流派的盟主或巨子。从这个意义上说，"中国学术流派研究丛书"是在"评传丛书"基础上，对中国古代学术思想史上以杰出思想家为核心的不同学术集群的研究，是对色彩斑斓的中国古代学术思想历史画卷中最具特色的"面"的呈现与"线"的寻绎。"中国学术流派研究丛书"不啻是"中国思想家评传丛书"的学术延展。每每念此，备感责任重大。幸蒙一批学殖深厚、对诸学术流派素有研究的学者们共襄其事，他们以严谨的治学态度，做出或将要做出对学术、对历史负责的研究成果。对他们为了一个共同的学术宏愿而付出殚精竭虑的劳动表示由衷的敬意。南京大学社科处前后两任处长王月清教授、陈冬华教授对丛书规划出版予以大力支持，对他们的鼓励与付出表示衷心的感谢。

热诚欢迎学界同仁不吝指谬，以匡不逮。是为序。

周　群

2021 年 3 月于远山近藤斋

推荐序

应宪在攻读硕士期间已经表现出对经学的兴趣。他的硕士学位论文论述江藩的《汉学师承记》,当时颇获评审专家好评。后再读博士,论文《清代吴派学术研究》同样获得了专家们的肯定。现在读者目前的《吴派研究》一书正是他在博士学位论文基础上进一步提炼与提高的结晶。

我读应宪书稿,觉得突出的特点有二:曰细密,曰曲通。前者系于史实、材料,后者关乎理解、意蕴。他下了苦功钝力,多方寻找资料,看书稿密密麻麻的注释便可一目了然,不仅先贤论述吴派的著述他基本上都要熟读并择精采用,一些前此忽略或偏僻难寻却对于吴派研究不可或缺的资料,例如奏折档案、上海图书馆藏《惠氏宗谱》等,书稿也多有采用。章太炎弟子贝琪著有《吴派经学甄微》万余言,是研究吴派经学的重要著述,是故章太炎、陈衍、柳诒徵等名家均为该书题跋,过去未见经学史家使用,如今应宪加以利用并将全文附于书末,做了一件有益史林的工作。

如果说细密易筹——尤其在大数据发达、查找资料已大为便利的今天,曲通却难能。这里曲通之"曲"非曲解之"曲",而是委曲之"曲",借用钱锺书先生的话即"钩深致远";"通"则意味着诠释、理解,它需作者展开自己的判断力和想象力,将那些隐藏在文字背后艰深晦涩却透着吴派气息和意味的语言,就着文本给出的讯息细加体悟——"钩深致远"的委曲,并且给出条分缕析、言之成理的裁断——诠释、理解,从文本的彼岸达抵读者的此岸,这才算"通"。这也是显现作者史识的重要标志。就这意义看,诠释学巨匠伽达默尔所说"历史学的基础就是诠释学"是能够成立的。由此反观《吴派研究》,例如《春秋》学有"义"、"事"之分,究竟是义从事出还是重义轻事? 这是今文经学、古文经学治学路径的重要差别,也是区分今古文经的主要标志之一。学界历来认为古文经学多训诂考据而少义理。《吴派研究》引惠士奇《春秋说》批评《公羊传》、《穀梁传》"二家不征事,不考文,惟言义,义在事与文中,舍事与文而独言义,往往失之"并指出:"一般而言,古文家将孔子视为史学家,亦不排斥史家同时兼具政治家的意味。《春秋》则是一部历史著作,此种理念显然和'六经皆史'论息息相通,即经典大义出于史事,史学家的政治理念(经义)来自其个人对史事的体悟和抽象。惠士奇论三传和《春秋》的关系,实际上是借助传与经的关系问题,探讨史与经的关系。"又如,《古文尚书·大禹谟》:"人心惟危,道心惟微。惟精惟一,允执厥中。"宋儒易学图书派奉之为圣旨。《吴派研究》指出:惠栋《易汉学》引其父《易说》,挑明邵雍易学之妄诞,"这是棒打邵雍,意在驳斥朱熹"。书稿比较惠栋与阎若璩《尚书》学之异同以为:"阎著重于辨伪,惠著偏于存真。《尚书古文疏证》仅迈出第一步,系停留在'辨伪'的阶段而尚未行至'存真'。惠氏不仅辨伪,其《尚书》学兴奋点更在乎'存真'——存真《古文尚书》。就此而言,惠栋完整地走完了《尚书》学的'两步'。这是惠栋不免受到阎若璩之影响,却又显然高于阎氏处,也是惠栋《尚书》学的特别贡献。"类此对于吴派三惠的诠释与理解均言之有据、清新可喜。以惠栋为代表的吴派和以戴震为首之皖派二者之间的关系瓜葛纷纭,特因钱穆有"东原论学之尊汉抑宋,则实有闻于苏州惠氏之风而起也"、"知戴氏为学,其根本上与吴派非有歧趋"之论,其弟子余英时踵武师说,遂使吴派、皖派之关系问题成为当今清代学术史研究绕不过去的一道坎。然钱穆、余英时均对戴震《孟子字义疏证》之"形而上学"方法论在中国哲学史上之价值地位着墨不多。《吴派研究》则指出:"皖派学术自戴震《孟子字义疏证》出而放一大光辉,入于新境界。《孟子字义疏证》和惠栋义理学相近,而戴震有其明确的'求道'意识,其可贵处在于独树一帜地融会六经而揭示义理,既'博'又'约',有着自觉的哲学识断,对儒家经典《孟子》的阐述提升到理论高度,直指理学之根基的要害问题。"此说似可作为对钱、余师弟子之说的必要补充。

德国哲学家、历史学家狄尔泰有言:"理解和解释是应用于精神科学的方法。精神科学的全部功用都统一于它,它包括了所有精神科学的真理。'理解'在其每一点上都打开了一个世界。"历史学属于"精神科学",应宪的《吴派研究》则是他对吴派经学的"理解和解释",在绵长的历史长河中新增了一个属于他自己的"世界"。不过这仍然是初步的,吴派研究还有可以并且值得开掘的新领域。应宪若能百尺竿头更进一步,就其趣味继续打开相关联的一个个"新世界",这将是我乐见的。

路新生

志于 2024 年 10 月

目 录

引 言 …………………………………………………………… 1

第一章 吴派先导——惠有声与惠周惕 ………………… 17
第一节 《惠氏宗谱》之三惠资料 …………………………… 17
第二节 惠有声与惠周惕 …………………………………… 27

第二章 吴派奠基者——惠士奇学论 …………………… 35
第一节 "罚修镇江城"考论 ………………………………… 35
第二节 惠士奇《易说》述论 ………………………………… 53
第三节 惠士奇的《春秋》学 ………………………………… 65

第三章 吴派集大成者——惠栋学论 …………………… 73
第一节 惠栋宋《易》批判思想 ……………………………… 74
第二节 惠栋的《尚书》学 …………………………………… 81
第三节 惠栋《后汉书补注》述略 …………………………… 93
第四节 惠栋荀学思想刍议 ………………………………… 100
第五节 惠栋的"通经致用"思想 …………………………… 109

第四章 吴派专门化——惠门弟子学述 ………………… 120
第一节 江声与《尚书集注音疏》 …………………………… 120
第二节 余萧客与《古经解钩沉》 …………………………… 130

第五章 吴派殿军——江藩学论 ………………………… 137
第一节 《汉学师承记》简论 ………………………………… 137

第二节　江藩学术思想平议 …………………………………… 152

第六章　吴派的汉宋观 ……………………………………………… 163
　　第一节　惠氏的汉宋学论 …………………………………… 163
　　第二节　江藩的汉宋学论 …………………………………… 165

第七章　吴派的辐射与回响 ………………………………………… 170
　　第一节　惠栋与戴震 ………………………………………… 170
　　第二节　惠栋与钱大昕、王鸣盛 …………………………… 176
　　第三节　钱穆"常州之学原本惠氏"说 …………………… 181

结　语 ………………………………………………………………… 187

附录一　东吴三惠学谱简编 ………………………………………… 189

附录二　吴派经学甄微 ……………………………………… 贝　琪　218

参考文献 ……………………………………………………………… 238

引 言

　　1932年9月，社会学家潘光旦为苏州青年会星期讲坛作"近代苏州的人才"演讲，称江浙地区人文溯源虽远，而三国以后方才逐渐发皇，东晋以后则更露头角；经五代以达南宋，其重心的地位才算确定，全盛时期则在明清两代。潘氏论江苏一省人才的地位，以梁启超、张耀翔、朱君毅的人物统计数据为例，说明在人才分布的变迁方面，清代江苏一省的学者、科举功名人士及各类人物数量在全国均居于第一位。[①] 依梁启超《近代学风之地理的分布》一文所言，"大江下游南北岸及夹浙水之东西，实近代人文渊薮；无论何派之学术、艺术，殆皆以兹域为光焰发射之中枢焉"，而江苏近代学风，发轫于东南濒海之苏、常、松、太一带，以次渐扩而北，以苏州为中心的吴地，既为江南经济繁华的中心，也是明清以来人文渊薮及学术转变的枢纽区域。梁启超以昆山顾炎武为吴学的总发起人，以后学者依治学领域及特点归纳为程朱、陆王、历史、汉学、西学、藏书六派，其致力治经而创汉学之名者则推吴中三惠，假名之曰吴学，言谓"元和惠元龙周惕受经于徐俟斋，究治古义，其子半农士奇，半农子定宇栋，累世传之。惟古是信，惟汉是崇。自是'汉学'之目，掩袭天下，而共宗惠氏"；又称"惠氏祖孙父子，而定宇最有名于乾隆间，以记诵浩博为学。其《易汉学》、《九经古义》、《后汉书补注》等，最有名于时，'汉学'之名，盖于是创始焉。而定宇亦颇事杂述，如注渔洋诗之类，学风盖甚近义门。定宇弟子最著者，长洲余仲林萧客、吴县江艮庭声。仲林著《古经解钩沉》，艮庭著《尚书集注音疏》，皆征引甚博"[②]。

　　清代是中国传统学术发展史上的一个重要阶段，依梁启超所言：中国传统

---

① 潘光旦：《近代苏州的人才》，《社会科学（北平）》1935年第1卷第1期。据潘文引述：梁启超在《近代学风之地理的分布》中列出学者461人，江苏一省占121人，即20%以上，位列第一；张耀翔于《清代进士之地理的分布》一文列一甲进士342人，其分布亦以江苏为第一，计占119人，即35%弱；朱君毅的《清代人物之地理的分布》并不以学者或科举人物为限，总数5986人，比梁启超、张耀翔的统计更为详备，其中江苏1323人，即约占24%，其第一的位置可以确定无疑。

② 梁启超：《近代学风之地理的分布》，《清华学报》1924年第1卷第1期。

学术,"自秦以后,确能成为时代思潮者,则汉之经学,隋唐之佛学,宋及明之理学,清之考证学,四者而已"①。从清初到乾隆、嘉庆年间,儒家经说有从理学到汉学的转型趋向。学界对这一时期学术思想的演变多有讨论,且以"学派"叙述清学渊源流变。汤志钧指出:学派是就特点大体相同的一群学者而言,其地域性比较显著,反映出一定历史时期学术研究的延续性和地区的相对独立性。清代汉学有吴派和皖派之分,吴派始于吴中惠周惕而成于惠栋,余萧客、江声、钱大昕、王鸣盛、江藩等苏州及其邻近的吴人都属于这一派。此派的治学特点在于:由文字、音训以求经义;搜集汉儒经说加以疏通证明,以阐明经书大义;"寻坠绪而继宗风,传家法则有本原";对辑集古训、疏通经义有其贡献,治学又旁及史学和文学;吴学渊博,缺点则为保守。②

"吴派"概念缘起何处?起于江藩《汉学师承记》可以说是有一定共识的答案。江著讲述历代经学变迁,认为经术一坏于两晋清谈,再坏于两宋理学,元明以来经学益晦,隐而不彰,而至清代乾嘉年间,"三惠之学,盛于吴中;江永、戴震诸君,继起于歙。从此汉学昌明,千载沉霾,一朝复旦"③;同书惠栋传文叙述惠氏学术流衍,称惠栋受业弟子最知名者为余萧客、江声二人,王鸣盛、钱大昕、戴震、王昶"皆执经问难,以师礼事之"④。江著《宋学渊源记》亦称其时汉学昌明,遍于寰宇,有一知半解者,无不痛诋宋学;"本朝为汉学者,始于元和惠氏"⑤。江藩以惠氏为乾嘉汉学的开拓者,将东吴"三惠之学"、皖南"江戴诸君"并峙而论,隐然已有吴、皖两派划分汉学阵营的意味,并且将吴派后学分为江声、余萧客"受业弟子"和钱大昕、王鸣盛等"执经问难,以师礼事之"两类。皮锡瑞《经学历史》即引述江藩《汉学师承记》讨论乾嘉汉学,以惠栋、戴震为经学复兴时代的汉学大宗,吴派学者有"惠周惕,子士奇,孙栋,三世传经","惠栋弟子有余萧客、江声。声有孙沅,弟子有顾广圻、江藩。藩又受学余萧客。王鸣盛、钱大昕、王昶皆尝执经于惠栋。钱大昕有弟大昭,从子塘、坫、东垣、

---

① 梁启超著,朱维铮校注:《梁启超论清学史二种》,复旦大学出版社1985年版,第1页。
② 汤志钧:《关于清代"吴派"》,《历史教学问题》1991年第4期。
③ 江藩、方东树著,徐洪兴编校:《汉学师承记(外二种)》卷一,生活·读书·新知三联书店1998年版,第8页。
④ 江藩、方东树著,徐洪兴编校:《汉学师承记(外二种)》卷二,第37页。
⑤ 江藩:《宋学渊源记》卷上,江藩、方东树著,徐洪兴编校:《汉学师承记(外二种)》,第187页。

绎、侗"。①

到了20世纪初，章太炎1904年在《訄书》重订本《清儒》篇中专门论述清代学术流变及其分派，对乾嘉汉学作出吴派、皖派的明确划定。章氏论清代汉学的发生，认为清初顾炎武、阎若璩、张尔岐、胡渭等硕儒草创未精博，掺杂宋明语录，"其成学箸系统者，自乾隆朝始。一自吴，一自皖南。吴始惠栋，其学好博而尊闻。皖南始江永、戴震，综形名，任裁断，此其所异也"②。对于吴地惠氏学术的渊源、流变及其风格，章氏也有明晰的阐述：

> 先栋时有何焯、陈景云、沈德潜，皆尚洽通，杂治经史文辞。至栋，承其父士奇学，揖志经术，撰《九经古义》、《周易述》、《明堂大道录》、《古文尚书考》、《左传补注》，始精眇，不惑于謏闻；然亦泛滥百家，尝注《后汉书》及王士禛诗，其余笔语尤众。栋弟子有江声、余萧客。声为《尚书集注音疏》，萧客为《古经解钩沉》，大共笃于尊信，缀次古义，鲜下己见。而王鸣盛、钱大昕亦被其风，稍益发舒。教于扬州，则汪中、刘台拱、李惇、贾田祖，以次兴起。萧客弟子甘泉江藩，复缵续《周易述》。皆陈义尔雅，渊乎古训是则者也。③

在章太炎看来，吴派、皖派中分乾嘉汉学界，吴派学术系谱以惠士奇、惠栋、江声、余萧客、江藩等为中坚，此派论学以"好博而尊闻"为特色，而同居吴地的王鸣盛、钱大昕和扬州诸人亦受此学风影响。其后，章太炎在不同场合就吴皖学说多有论述。1922年4月至6月应江苏省教育会之邀，章氏在上海讲授国学，即将吴皖两派视为与宋学对立的汉学代表，谈及吴派惠氏学说及两派之不同：

> 揭汉学旗帜的首推惠栋定宇（苏州学派），他的父亲惠士奇著《礼说》、《春秋说》已开其端，定宇更推扬之，汉学以定。他所谓汉学，是摈斥汉以

---

① 皮锡瑞著，周予同注释：《经学历史》，中华书局2004年版，第227、233页。
② 章太炎：《章太炎全集》第三册《訄书》，上海人民出版社1984年版，第156页。
③ 章太炎：《章太炎全集》第三册《訄书》，第156页。

下诸说而言。惠偏取北学,著有《九经古义》、《周易述》、《明堂大道录》等书,以《周易述》得名。后惠而起有戴震东原,他本是江永的弟子,和惠氏的学说不十分相同,他著有《诗经小传》等书,不甚卓异。就惠、戴本身学问论,戴不如惠,但惠氏不再传而奄息,戴的弟子在清代放极大异彩,这也有二种原因:甲,惠氏墨守汉人学说,不能让学者自由探求,留发展余地。戴氏从音韵上辟出新途径,发明"以声音合文字,以文字考训诂"的法则。手段已有高下。乙,惠氏揭汉学的旗帜,所探求的只是汉学。戴氏并非自命为汉学,叫人从汉学上去求新的发见,态度上也大有不同。①

1932年,章太炎在北平师范大学演讲清代学术系统,从分布地域论清学发展,最先为苏州(后又分出常州一支),其次徽州,又次扬州,浙江在后,山东、广东、四川、两湖等地也有经学家。清代经师有汉学与非汉学之分,顾炎武为清代经学前驱,治学时采宋人学说,当时汉学尚未成立;至阎若璩《尚书古文疏证》辨别《尚书》真伪问题,"渐成汉学之始,然尚无汉学之名";自从南方苏州、徽州两派出,始有"汉学"之名:

> 此后南方有两派,一在苏州,成汉学家;一在徽州,则由宋学而兼汉学。在苏州者为惠周惕、惠士奇、惠栋。士奇《礼说》已近汉学,至栋则纯为汉学,凡属汉人语尽采之,非汉人语则尽不采,故汉学实起于苏州惠氏。……苏州学派笃信好古,惠氏弟子如江声、余萧客,其学亦不甚高。江声之后如顾千里辈,一变而为校勘学。余萧客作《古经解钩沉》,又作《文选音义》,故又流入文选学。王鸣盛作《尚书后案》,亦守古,主郑玄说,一字不敢出入。……苏、徽二派,势不相容。②

继江藩之后,章太炎以苏州、徽州地域命名乾嘉汉学群体内部学派,认为以东吴三惠为代表的"苏州学派"开启了汉学风尚,到了惠栋时代则"纯为汉学"。至于惠栋和戴震两派学问的高下,章氏以为,"就惠、戴本身学问论,戴不

---

① 章太炎讲演,曹聚仁记录:《国学概论》,巴蜀书社1987年版,第46—47页。
② 章太炎先生讲,柴德赓记:《清代学术之系统》,《师大月刊》1934年第10期。

如惠",而惠派学术之不足,则在于墨守汉人学说,所探求的只是汉学。在惠、戴高下问题上,蒙文通有着和章氏相近的论调:"清世每惠、戴并称,惠言《易》宗虞,言《左氏》宗服,于《书》《礼》宗郑,能开家法之端者实惠氏;于虞《易》言消息,故通条例之学者亦始惠氏,虽后之通家法、明条例者或精于惠氏,而以惠、戴相较,则惠实为优。"①陈居渊指出,章太炎"戴不如惠"的判断是一个不辩自明的共识,"惠栋比较全面地、系统地整理了汉代《周易》《春秋左传》《尚书》《仪礼》等儒家经典,恢复以家法、师法来诠释儒家经典的传统"②。

与章太炎《清儒》篇大约同时,刘师培在《国粹学报》发表《南北学派不同论》一文,对汉学惠氏一派也有专论。刘师培称明末南派学者长于记诵,博学著闻,"以考古标其帜",此后经学昌明,江南学者本诸此意治经,于是有撊拾之学收集散佚之书,校勘之学考订异闻,其中:

> 东吴惠氏亦三世传经,周惕、士奇虽宗汉诂,然间以空言周惕作《诗说》、《易传》,士奇作《易说》、《春秋说》,说多空衍,而采掇亦未纯说经。惠栋作《周易述》,并作《左传补注》,执注说经,随文演释,富于引申,寡于裁断此指《周易述》言,而扶植微学,亦有补苴罅漏之功此指《左传补注》言。栋于说经之暇,复补注《后汉书》,兼为《精华录》、《感应篇》作注所撰笔记尤多,博览众说,融会群言。……弟子余萧客辑《古经解钩沉》,网罗放失,掇次古谊,惟笃于信古,语鲜折衷,无一词之赞。若钱大昕、王鸣盛之流,虽标汉学之帜,然杂治史乘……采掇旧闻,稽析异同,近于撊拾、校勘之学。惟大昕深于音韵、历算,学多心得如论反切、七音,皆甚精卓,一洗雷同剿说之谈钱大昕亦治撊拾之学,所辑古书甚多,惟塘、坫之学稍精绝,塘精天算,坫精地舆,侗、绎以下无足观矣。鸣盛亦作《尚书后案》,排摘伪孔,扶翼马、郑,裁成损益,征引博烦,惟胶执古训,守一家之言而不能自出其性灵。江声受业惠栋,作《尚书集注音疏》,其体例略同《后案》。③

---

① 蒙文通:《经学抉原》,巴蜀书社2019年版,第165页。
② 陈居渊:《"尊闻"与"裁断":章太炎论乾嘉学术吴学与皖学之异同》,《烟台大学学报(哲学社会科学版)》2018年第4期。
③ 刘光汉:《南北学派不同论》(续第6期),《国粹学报》1905年第1卷第7期。

刘师培将南方学派分为"炫博骋词"、"摭拾校勘"以及"微言大义"三派，东吴惠氏为代表的汉学者属于"摭拾校勘"者。此派学人研治古训，颇有功于群经，摭拾、校勘之学虽然无伤于大道，但仍属于"废时玩日"之一端。① 其后，刘氏又于《近儒学术统系论》一文谈到三惠学说及其传衍：

> 东吴惠周惕作《诗说》、《易传》，其子士奇继之，作《易说》、《春秋传》。栋承祖父之业，始确宗汉诂，所学以摭拾为主，扶植微学，笃信而不疑。厥后，摭拾之学传于余萧客，《尚书》之学则江声得其传，故余、江之书，言必称师。江藩受业于萧客，作《周易述补》，以续惠栋之书。藩居扬州，由是钟褱、李宗泗、徐复之流，均闻风兴起。②

章太炎有关清代学术的论述，成为后来者论说乾嘉汉学的主要依据，其中以梁启超发明章说最为通畅。1902 年，梁氏《论中国学术思想变迁之大势》援引《訄书》的观点，讲述乾嘉汉学传授流别及其学术特点，谓"吴皖派别之说，出自江氏《汉学师承记》，而章氏辨之尤严"，称阎若璩、胡渭为清代汉学之祖，"惠氏衍之，戴氏成之"，戴震少时受学婺源江永，"复从定宇游，传其学"，故戴氏固尝受学于惠氏而"吴皖可云同源"，继而论及乾嘉汉学源流云：

> 其俨然组织著学统者，实始乾隆朝，一曰吴派，一曰皖派。吴派开祖曰惠定宇栋，定宇之先有何义门焯、陈少章景云、沈归愚德潜，皆尚通洽，杂治经史文辞。定宇承其祖元龙周惕、父天牧士奇家学，益覃精经术，世称吴中三惠。定宇著《九经古义》、《周易述》、《明堂大道录》、《古文尚书考》、《左传补注》，皆精博有心得。其弟子最著者，曰江艮庭声、余古农萧客、王西庄鸣盛、钱竹汀大昕、王兰泉昶。艮庭为《尚书集注音疏》、古农为《古经解钩沉》，虽罕下己见，而搜讨之勤，有足称者。王、钱益推其术以治史学。西庄有《十七史商榷》，竹汀有《廿二史考异》，皆其支流也。兰泉著《金石萃

---

① 刘光汉：《南北学派不同论》（续第 6 期），《国粹学报》1905 年第 1 卷第 7 期。
② 刘师培：《近儒学术统系论》，《国粹学报》1907 年第 3 卷第 3 期。

编》,金石释经者宗焉。①

1920年,梁启超为友人蒋方震《欧洲文艺复兴史》作序,题为《前清一代中国思想界之蜕变》,下笔不能自休,于是改题《清代学术概论》以成专书。梁著将汉代经学、隋唐佛学、宋明理学和清代考证学视为自秦以后确能成为时代思潮者,清代学术思潮是"对于宋明理学之一大反动",以"复古"为其职志;梁氏认为惠栋、戴震等"正统派"是清代学术全盛时期的代表,此派学者为考证而考证,为经学而治经学,其以学派叙述乾嘉时期汉学阵营的学术分野,作出"吴派"与"皖派"的区分:"正统派之中坚,在皖与吴。开吴者惠,开皖者戴。惠栋受学于其父士奇,其弟子有江声、余萧客,而王鸣盛、钱大昕、汪中、刘台拱、江藩等皆汲其流",又称"清儒最恶立门户,不喜以师弟相标榜。凡诸大师皆交相师友,更无派别可言也。惠、戴齐名,而惠尊闻好博,戴深刻断制。惠仅'述者',而戴则'作者'也。受其学者,成就之大小亦因以异,故正统派之盟主必推戴。当时学者承流向风各有建树者,不可数计"。② 在梁启超看来,乾嘉时期为汉学的全盛期,考证学派占领全学界而演化至"群众化",派中有力人物甚多,互相师友,"当时巨子,共推惠栋、戴震,而戴学之精深,实过于惠",继而论及惠学著述言论及其传授之绪,其云:

> 元和惠栋,世传经学。祖父周惕,父士奇,咸有著述,称儒宗焉。栋受家学,益弘其业。所著有《九经古义》、《易汉学》、《周易述》、《明堂大道录》、《古文尚书考》、《后汉书补注》诸书。其弟子则沈彤、江声、余萧客最著。萧客弟子江藩著《汉学师承记》,推栋为斯学正统。实则栋未能完全代表一代之学术,不过门户壁垒,由彼而立耳。惠氏之学,以博闻强记为入门,以尊古守家法为究竟。……惠氏家学,专以"古今"为"是非"之标准。栋之学,其根本精神即在是。……惠派治学方法,吾得以八字蔽之,曰:"凡古必真,凡汉皆好。"……江藩者,惠派嫡传之法嗣也,其所著《国朝

---

① 梁启超著,夏晓虹导读:《论中国学术思想变迁之大势》,上海古籍出版社2001年版,第120—122页。
② 梁启超著,朱维铮校注:《梁启超论清学史二种》,第1—4页。

汉学师承记》。……此种论调,最足以代表惠派宗旨。盖谓凡学说出于汉儒者,皆当遵守,其有敢指斥者,则目为信道不笃也。……平心论之,此派在清代学术界,功罪参半。笃守家法,令所谓"汉学"者壁垒森固,旗帜鲜明,此其功也;胶固、盲从、偏狭、好排斥异己,以致启蒙时代之怀疑的精神、批评的态度,几夭阏焉,此其罪也。清代学术,论者多称为"汉学"。其实前此顾、黄、王、颜诸家所治,并非"汉学";后此戴、段、二王诸家所治,亦并非"汉学"。其"纯粹的汉学",则惠氏一派,洵足当之矣。夫不问"真不真",惟问"汉不汉",以此治学,安能通方?①

1924年,梁启超在北平高等师范学校国文学会讲演"清代政治与学术之交互的影响",认为清代学术以考证学为中坚,此学在乾嘉时期最为发达,乾嘉学者又可以分为吴派、皖派、扬派、浙东派、常州派、阳湖派、佛学派等,苏州一带"宗惠",吴派为"纯汉学",并具体陈述:"(吴派)惠周惕、惠士奇、惠栋为首领。这一派人讲学专讲好古,无论什么,都是汉朝人的最好,汉以后的便不要了。在考证学初开,一定是这样的。这一派专讲记诵的功夫,博学而以好古为目标。这一派是只有对于程朱的反动,如何组织,尚未讲到。"②同一时期,梁氏又在《中国近三百年学术史》中直言"惠、戴两派,中分乾嘉学派"③。

在吴派的学术渊源及其与皖派关系上,别有新解者为钱穆。钱著《中国近三百年学术史》论及吴派的反宋学思想,认为"惠学则自反宋复古而来";顾炎武《音学五书》大意在据唐以正宋,据古经以正唐,即以复古为反宋,以经学训诂破宋明语录,"其风流被三吴,是即吴学之远源"。在吴、皖两派关系上,钱穆主张"吴皖非分帜":乾隆二十二年(1757)戴震南游扬州,在两淮盐运使卢见曾署得见惠栋,自此客居扬州四年,讲学宗旨与此前大有不同,"其先以康成、程、朱分说,谓于义理、制数互有得失者,今则并归一途,所得尽在汉,所失尽在宋,义理统于故训典制,不啻曰即故训即典制而义理矣。是东原论学一转而近于吴学惠派之证";钱氏又以戴震为余萧客《古经解钩沉》所作序文,论证戴氏论

---

① 梁启超著,朱维铮校注:《梁启超论清学史二种》,第25—28页。
② 梁启超讲演,汪震、姜师肱、李宏毅、董淮笔记:《清代政治与学术之交互的影响》,《国文学会丛刊》1924年第1卷第2号。
③ 梁启超著,朱维铮校注:《梁启超论清学史二种》,第306页。

学"深契乎惠氏故训之说无疑";至于戴震的得意之作《原善》,同样受到惠栋《易微言》的影响,戴氏论学之尊汉抑宋"实有闻于苏州惠氏之风而起"。基于以上认识,钱穆对章太炎、梁启超所言惠、戴两派"求古"与"求是"问题也有新解,认为"惠主求古,戴主求是,并非异趋","惠、戴论学,求其归极,均之于六经,要非异趋"。①

近代以来有关吴派的意见,以章太炎、梁启超、钱穆等学者的论断最典型,其余诸家讨论大多据以展开进一步论述,其间尤以章太炎弟子发挥最多。章门弟子支伟成1925年编纂《清代朴学大师列传》即本师说,参考各家学案体著述,将清代学术流派分为北派、吴派、皖派、常州派、湖南派、浙粤派、南北怀疑派等,其《吴派经学大师列传第三》"叙目"云:"吴派经学开宗者为惠氏。周惕、士奇,父子专经,栋受家学,益弘其业,以博闻强记为入门,以尊古守家法为究竟。其治经要旨,谓'当以汉经师之说与经并行',盖纯宗汉学也。门户壁垒,由此而立,衍其派者甚众,故推为正统焉。钱大昕继兴,乃益推而广之,闳览群籍,综贯六艺,凡经史文义、音韵、训诂、历代典章制度、官职、氏族、地理、金石、辽金国语,以及中西历算之法,莫不洞晰其是非,以开示于学者,途术益辟矣。"②又于《吴派经学家列传第四》"叙目"称:"吴派经学,以惠栋为大师,弟子著学统者遍大江南北。其教于江南者,则有江声、余萧客。大抵笃于尊信,缀次古义。而王、钱、孙、洪转相号召,乃稍益发舒,兼涉子史。其教于江北者,则有汪中、刘台拱、李惇以次兴起。皆陈义高古,渊乎古训是则。流风所被,乾嘉上下百年间称极盛焉。"③支著将吴派学者分为经学大师、经学家两类,收录54人,其中正传33人,附传21人。吴派经学大师著录吴派惠氏三世传(周惕、士奇、栋)、钱大昕传(附弟大昭,从子塘、坫、东垣、绎、侗);吴派经学家著录沈彤(附吴廷华、盛世佐、凤韶)、江声(附孙沅)、余萧客、江藩、王鸣盛(附弟鸣韶,费士玑)、吴凌云、嘉定陈氏父子传(诗庭、瑑)、朱右曾(附朱大韶)、孙星衍(附毕亨)、洪亮吉、褚寅亮(附吴卓信)、金曰追、王聘珍、汪中(附子喜孙,贾田祖、顾九苞、顾凤毛)、李惇、宋绵初(附子保)、张宗泰、武进臧氏兄弟传(庸、礼堂,附程际盛)、闽县陈氏父子传(寿祺、乔枞)、李赓芸、王绍兰、赵坦、李贻德、臧寿恭、阳湖洪氏

---

① 钱穆:《中国近三百年学术史》,商务印书馆1997年版,第353—357页。
② 支伟成编著:《清代朴学大师列传》,岳麓书社1998年版,第26页。
③ 支伟成编著:《清代朴学大师列传》,第38页。

兄弟传(齮孙、饴孙)。

　　事实上,由于学者师承不明或治学广博,很难明确划定其学派归属,支伟成对此也颇为踌躇,对于章太炎的建议多有参鉴。如章氏言"吴派之起,盖以宋学既不足尚,而力攻宋学,如毛奇龄辈,其谬戾又甚焉。故纯取汉学,不敢出入,所以廓清芜障也。至钱大昕出,实与三惠异趣","钱大昕应入大师传。盖其所得实深于惠也。塘、垞辈亦可附此"①,支伟成于是将原列吴派经学家的钱大昕调至大师列传。支著附有其与章太炎围绕学者派别归属的问答对话,颇能反映学派的复杂性。如问"陈左海父子,师友多皖派,而笃守汉学,实与吴派为近,究应何列?"答:"左海父子,学本近吴,列吴派下为得。"问:"张惠言师传在皖,家法近吴,究应何列?"答:"张之《易》近吴派,其《礼图》则得诸皖,仍可入皖。"问:"宝应刘氏三世,既遵示移吴入皖。而仪征刘孟瞻父子祖孙及凌晓楼、陈硕甫诸先生虽出皖系,其笃守汉儒,实吴派之家法,亦可移皖入吴否?"答:"仪征刘孟瞻本凌晓楼弟子,学在吴、皖之间,入皖可也。陈硕甫专守《毛传》,尚与吴派不同。盖吴派专守汉学,不论毛、郑,亦不排斥三家;硕甫专守《毛传》,意以郑笺颇杂、三家不如毛之纯也,仍应入皖。"②

　　1930年代,章门弟子马宗霍《中国经学史》"清代经学"部分,也讨论了吴派学术群体:"治经确守汉师家法,不入元明人谰言者,实始于乾隆时。分埘树帜,则有东吴、皖南两派,吴学惠栋主之,皖学戴震主之。惠氏三世传经,栋上承其祖周惕、父士奇之学,于诸经熟治贯串。……同时与栋友善者有沈彤,群经皆有撰述,于《礼》更精。而王鸣盛、钱大昕、王昶,亦皆与栋相接。……栋弟子著者,则有江声、余萧客。……江藩则受业萧客,又从声受惠氏《易》,续惠氏未竟之绪。藩籍甘泉,于是惠学稍被江北,钟褱、李宗泗、徐复辈,均闻风兴起,虽学无可观,亦吴派之支流也。"③此类论述不出其师章太炎的立论范畴。

　　同为章门子弟,贝琪承袭前人意见而对吴派作出专门著述。贝琪(1915—1941),名充,号仲琦,谱名贝聿琚,苏州吴县人。贝氏生而颖慧,少而好学,初好历史,习古兵法参以近世新战术;生性直爽,慷慨有经世之志,参与组织考文

---

① 支伟成编著:《清代朴学大师列传》,第26页。
② 支伟成编著:《清代朴学大师列传》,第5—7页。
③ 马宗霍:《中国经学史》,商务印书馆1998年版,第145—146页。

学会,"兴复民志,修起旧史"①。友人金天羽以其博涉不纯而无家法,引介进入章氏国学会。贝琪从章太炎问学五载,专志经史之学,②有《吴派经学甄微》、《诸史源流》、《老庄哲学》、《博望楼文钞》等论著。《吴派经学甄微》一卷,封面题"苏州小王家巷三一号贝琪",书末有章太炎、金天羽、陈衍、邓邦述、贝光礼、张一麐、李根源、潘承弼、柳诒徵、王焕镳诸家题跋。书稿扉页署"吴学甄微",目次则署"吴派经学甄微"。全书计 17 000 余字,著录吴派学者 50 余人,有 11 个目次:溯源第一、析流第二、惠氏第三(惠栋、惠周惕、惠士奇)、江余第四、钱氏第五(钱大昕、钱大昭、钱塘、钱坫、钱东垣、钱绎、钱侗)、王氏第六、江藩第七、曹氏第八、支裔第九(沈彤、褚寅亮、王昶、吴凌云、洪亮吉、孙星衍、臧庸、金曰追、费士玑、李惇、宋绵初、程际盛、李赓芸、王绍兰、顾广圻、陈瑑、朱右曾、王聘珍、赵坦、李贻德、臧寿恭)、别裁第十(汪中、张皋文、陈寿祺、侯康、刘台拱、刘文淇、刘毓崧、刘恭甫、刘师培、凌曙、姚配中、陈奂、陈立、柳兴恩)、自序第十一。除了自序存目,其余均为完帙。

对于吴派汉学,有江藩立论于前,章太炎、梁启超、刘师培等发覆于后,又有徐世昌、支伟成学案体著作论吴学大要。贝琪后起,《吴派经学甄微》中吴派汉学系谱的讨论即承袭诸家论说展开。贝琪认为《汉学师承记》"辨析吴皖派别,持之甚严,由是汉儒家法之承受,清代经术之源流,厘然可考","清儒流派,昭然可稽"③,采获其书评价褚寅亮、余萧客;承袭其师章太炎之说论述吴皖分派和吴派学风渊源;引述刘师培的意见评价惠栋、江声、余萧客,归纳吴派治学特质云:"仪征刘申叔师培评之曰:'惠氏执注说经,随文演绎,富于引申,寡于裁断,夫不问是非,见异于今则从之。'"④对于同门支伟成所辑《清代朴学大师列传》,《吴派经学甄微》关注尤多,既有直接采录,又有选摘引述,不论是吴派学者划分的考量,抑或学者思想的陈述,均以支著为主要参考。《吴派经学甄微》大多撰集、荟萃前人观点,其中亦不乏新见。例如,支伟成将张皋文、侯康、刘端临、刘宝楠、刘恭冕、凌曙、姚配中、陈奂等列入皖派,将柳兴恩列入常州派。贝琪则以为上述学者"原本吴学,参证他派,裁以己意,折衷一是者","虽非惠

---

① 朱季海:《考文学会杂报·发刊辞》,1937 年 5 月。
② 贝琪:《章太炎先生之史学》,《东方杂志》1936 年第 16 号。
③ 贝琪:《吴派经学甄微·江藩第七》,稿本,上海图书馆藏。
④ 贝琪:《吴派经学甄微·惠氏第三》。

氏以后之嫡裔,然论究吴派经术,欲指示其流变,揆榷其得失者,亦不可不叙及之"①,统一将之列入《吴派经学甄微》的《别裁篇》。又如,节录江声《尚书集注音疏述》、余萧客《古经解钩沉·叙录》、钱大昕《〈二十二史考异〉自序》、王鸣盛《〈十七史商榷〉序》、龚自珍《与江子屏笺》、孙星衍《〈尚书今古文注疏〉自序》等内容概括各家学说;单辟"曹元弼"一节,以曹氏为吴学殿军,表现出对于吴派经学源流变迁的特别考量。其师章太炎为作跋,称其书"依据审正,疏证分明,可为吴学树赤帜"。同宗贝光礼表彰贝著:洋洋数万言,"于吴派源流辨析至详,在江郑堂《汉学师承记》外别树一帜,亦经学界不可少之作也"。综而论之,贝琪《吴派经学甄微》从溯源、析流、惠氏、江余、钱氏、王氏、江藩、曹氏、支裔、别裁等方面,以人为纲,以学为纬,叙述了吴派的源流变迁、原委得失及其盛衰之迹,注重授受源流和学术特质,评论各家在吴派中的学术地位,描绘出吴派汉学的整体面貌,是吴派汉学系谱的首部专论之作。

近代学者叶德辉自述,其为学门径主要得益于顾炎武、惠栋二先生遗著。②叶氏为惠氏后人藏《先德四世传经图》题诗,对于惠门学说多有赞词,诗云:"父子孙曾历四世,大师一席谁与争。至今人称惠氏学,世无朱云敢折角。传家一卷《鲁春秋》,诗礼趋庭异闻续。密云大令如昆仑,上承星宿探河源。学士如河润千里,征士如川赴海门。"③叶著《经学通诰》则将惠周惕和顾炎武一同视为"有清一代儒宗",清代经学有南派和北派之分,南派中的元和派以惠氏家学周惕、士奇、栋为代表,"惠氏三世治经,至栋而益盛。吴中汉学,实惠氏一家开之。故周惕与炎武,不独化被三吴、泽及桑梓,即天下后世,亦当推为有清两巨师。栋之弟子,一为江藩,著《周易述补》、《尔雅小笺》,一为余萧客,著《古经解钩沉》,皆于汉学一派有功后学者也"④。

从以上所述可知近代学界有关吴派的整体认识,而时人撰述"经学历史"、"清代通史"论著,谈及乾嘉经学同样以吴皖两派划分乾嘉汉学。包鹭宾《经学

---

① 贝琪:《吴派经学甄微·别裁第十》。
② 叶德辉:《龙启瑞〈古韵通说〉书后》,《叶德辉诗文集》(一),岳麓书社2010年版,第414页。
③ 叶德辉:《惠耕渔茂才属题先德四世传经图像册。图绘朴庵先生有声、密云大令元龙先生周惕、翰林学士仲孺先生士奇、征君定宇先生栋四世像,为作七古一首》,《叶德辉诗文集》(二),第586—587页。
④ 叶德辉著,张晶萍点校:《经学通诰》,郭齐勇主编:《儒家文化研究》第二辑《儒家政治思想与现代经学研究专号》,生活·读书·新知三联书店2008年版,第423页。

通义》称清代经学揭橥汉学以为帜志,是对宋明以来理学的反动。包著"东吴之学与汉学复兴"一节,认为清代学者治经从乾隆朝起,遵守汉儒家法而不入宋元之域,且自吴中元和惠氏发起,"大抵惠派之学好博而尊闻,虽治经史,旁及稗官小说,掇拾旧闻,网罗散失,诚为有功;然信古过笃,寡于断制,精核不逮东原戴氏,故其传流之广,宗派之盛,贡献之多,亦视戴氏为逊也"①。又如萧一山《清代通史》"惠栋(附惠周惕、惠士奇)"一节,从"惠栋之家学"、"惠栋之事略及其在学术上之贡献"、"惠学之批评"三个方面研讨惠氏学行;又有"惠栋弟子及接近惠派之学者"一节,言及江声、余萧客、王鸣盛、钱大昕之学。② 此类论说大体上不出章太炎、梁启超等意见范围,不再引证枚举。

一般而言,中国传统学术中流派的产生及其界定,应当包含"地"和"人"两个因素。正如同赵俪生所指出:"挽近交通便利,空间拓展,致地域关系已不能给予人文以甚大之影响;然在旧日,则大不然。山川之阻隔,往往使某一地域之文化,蔚成特异之光辉;每一二大儒出,即能在其乡邦造成一种风气。"③回到"吴派"主题,陈居渊对于这一地域性学术流派有过具体论述:

> 吴派是清代乾嘉之际率先以古文经形式的纯汉学研究的地域性学派,因其代表人物惠栋为苏州吴县人而得名。作为地域性学派,吴派的主要成员都来自隶属清代苏州府籍的学者如沈彤、江声、余萧客、褚寅亮等;然作为著名学术流派,其空间涵盖面相当宽泛,如洪亮吉、孙星衍、王鸣盛、钱大昕、王昶等分别隶属清代常州,太仓,松江府州的阳湖、嘉定、华亭三县人。又如稍后的江藩则系扬州府甘泉县人。因此,所谓"吴派",实际上是清代乾嘉之际以苏州地区为核心的由江南学者组成的汉学研究群体。④

如果抛开"地"的外在客观环境,对于学派中"人"的讨论则应当着力学者

---

① 包鹭宾著,马敏、付海晏、文廷海整理:《包鹭宾学术论著选》,华中师范大学出版社2005年版,第108—114页。
② 萧一山:《清代通史》(卷下),商务印书馆1935年版,第565—582页。
③ 赵俪生:《梨洲学派述》,《读书通讯》1948年第160期。
④ 陈居渊:《乾嘉"吴派"新论》,《社会科学战线》1995年第5期。

家学、师承及其交游等因素。吴派起于苏州惠氏家学,惠周惕始倡汉学,子惠士奇发扬其说,至第三代惠栋而为集大成者,加以弟子江声、余萧客和再传弟子江藩从而习之,友朋后学推而广之,形成彼此志趣趋同的学术流派和流行一时的学术风尚。

东吴惠氏,四世以家学传经,乾嘉时代学者已有关注,且将惠氏学说一体观之,从中可以认识到时人心目中的惠氏学说及其地位。如蒋恭斐曾对惠士奇言"近日吴中四世名山,推公家耳"①;同为汉学阵营的钱大昕、王昶则盛赞"惠氏世守古学"②、"惠氏四世传经,至学士而大,至征君而精"③;而焦循则有诗云"东吴惠氏,四世传经。至于征士,学古益精"④。惠栋本人也于不同场合自道"少承家学,九经注疏,精涉大要。自先曾王父朴庵公,以古义训子弟,至栋四世,咸通汉学"⑤,或谓"余家四世传经,咸通古义"⑥;以易学方面而论,四世之学,上承先汉,"栋曾王父朴庵先生,尝悯汉学之不存也,取李氏《易解》所载者,参众说而为之传。天、崇之际,遭乱散佚,以其说口授王父,王父授之先君子,先君子于是成《易说》六卷。又尝欲别撰汉经师说《易》之源流,而未暇也。栋趋庭之际,习闻余论,左右采获,成书七卷"⑦。至于惠氏学说引领士子的为学风向:戴震称惠栋之学上追汉代经师授受之业,"以授吴之贤俊后学,俾斯事逸而复兴"⑧;洪榜云惠栋三世传经,信而好古,"从学之士甚众"⑨;王昶直言沈彤、余萧客、朱楷、江声"先后羽翼之,流风所煽,海内人士无不重通经,通经无不知信古"⑩。即便对于惠氏学说持批判意见的文士袁枚,也未能忽视惠氏和

---

① 惠栋:《九曜斋笔记》卷二《趋庭录》,《聚学轩丛书》本,第 39 页。
② 江藩、方东树著,徐洪兴编校:《汉学师承记(外二种)》卷二《惠栋》,第 34 页。
③ 王昶著,周维德辑校:《蒲褐山房诗话新编》,齐鲁书社 1988 年版,第 52 页。
④ 焦循:《雕菰集》卷五《读书三十二赞·〈易例〉〈易汉学〉〈左传补注〉》,商务印书馆 1937 年版,第 85 页。
⑤ 惠栋:《松崖文钞》卷一《上制军尹元长先生书》,《续修四库全书》本,上海古籍出版社 2002 年版,第 275 页。
⑥ 惠栋:《松崖文钞》卷一《九经古义述首》,第 269 页。
⑦ 惠栋:《松崖文钞》卷一《易汉学自序》,第 270 页。
⑧ 戴震著,张岱年主编:《戴震全书》(六)《题惠定宇先生授经图》,黄山书社 1995 年版,第 504 页。
⑨ 洪榜:《戴先生行状》,钱仪吉、缪荃孙等辑:《清代碑传全集》,上海古籍出版社 1987 年版,第 268 页。
⑩ 王昶:《惠定宇先生墓志铭》,王昶著,陈明洁、朱惠国、裴风顺点校:《春融堂集》,上海文化出版社 2013 年版,第 945—946 页。

吴门学人倡言汉学以矫正宋儒论学空虚之弊之功。① 以此而言,乾嘉汉学阵营抑或同时代对汉学风尚有所批评者,均关注到惠门学说及其在吴地的影响。

嘉道以降,时人于惠氏四世以经学化被三吴、泽及桑梓也多有论说。如陶澍主政江苏期间,访求吴地名贤硕德遗迹,选取惠周惕、士奇及栋三先生像刻入沧浪亭,并为惠氏四世传经遗像题字:"东吴惠氏,以经学世其家。乾隆中叶,海内之士知钻研古义,由汉儒小学训诂以上溯七十子六艺之传者,定宇先生为之导也。"②吴地名士冯桂芬则云:"国朝右文稽古,鸿儒硕学辈出相望,遂凌驾于宋元明而上,而有开必先,实惟吾郡人为多。惠氏四世传经,为讲汉学之首。"③其后,叶昌炽《藏书纪事诗》记惠氏四世传经曰"红豆新移选佛场,蔄田北去有书庄,一廛负郭三分水,四世传经百岁堂"④。徐世昌编《清儒学案》论惠氏家学传衍及其特色谓:"惠氏之学,以博闻强记为初基,以尊古守家法为究竟。其治经要旨,纯宗汉学,谓汉经师之说,当与经并行。朴庵筚路蓝缕,研谿、半农继之,益宏其业,至松崖而蔚为大师。传授渊源,自当以世为序,以明一家之学。"⑤

1926年春,李根源到苏州吴县光福镇(今属苏州吴中区),两次求访惠栋墓而不得,归寻惠氏后裔,经吴地名士张一麐介绍,从惠栋六世孙惠而潏处见其家藏《四世传经象传赞》(附彭启丰、冯桂芬等题跋),及《惠氏宗谱》、《红豆山人诗集》、《天牧定宇两先生函札》,后携友祭拜,陈设香花,祭毕曰"清代经学,以惠氏开其先,而集大成者先生也。其后虽有吴派、皖派之分,终以先生为正统"⑥。

---

① 袁枚:《答惠定宇书》,袁枚著,高路明选注:《袁枚文选》,作家出版社1997年版,第72—74页。
② 陶澍:《书四世传经遗像后》,陶澍撰,陈蒲清主编:《陶澍全集》(六),岳麓书社2017年版,第215页。
③ 冯桂芬:《显志堂稿》卷二《思适斋文集序》,《续修四库全书》本,上海古籍出版社2002年版,第510页。
④ 叶昌炽著,安新华、白华总校注:《藏书纪事新注》,远方出版社2001年版,第279页。
⑤ 徐世昌著,陈祖武点校:《清儒学案》第1册《研谿学案》,河北人民出版社2008年版,第1497页。
⑥ 李根源:《祭惠氏三经师暨朱柏庐先生墓记》,《吴郡西山访古记》卷四,上海泰东图书局1926年,第9—10页。据吴县文物管理委员会编《吴县文物精华》(1985年)记述:惠栋墓位于吴县光福镇香雪大队倪巷村土桥头,为县级文物保护单位。墓穴完整,前植盘槐、松柏,有柱头饰包袱锦的立柱,李根源题书碑文"清经师惠定宇先生墓"。

在乾嘉学人眼中,东吴惠氏在倡导汉学风向方面最有影响力,后来者如章太炎、梁启超、钱穆等基于惠氏家学界定阐述,"吴派"概念自此形成并为学界广泛接纳。惠氏论学,上承清初"理学清算"浪潮之余绪,下启乾嘉汉学"实事求是"之风,以《周易》《尚书》为核心,尊崇汉儒,以汉学之风倡于江南,引领一代学术风尚。惠氏子弟江声、余萧客、江藩等吴地学人承之而起,张扬汉帜,在相关领域加以拓展、深入,形成专门之学。

第一章 吴派先导——惠有声与惠周惕

第一节 《惠氏宗谱》之三惠资料

上海图书馆藏有《惠氏宗谱》，为惠仰泉等主修，惠士阶等纂修，"百岁堂"藏版，1947年续修，无锡艺海美术印书馆铅印本。内有裘昌龄题"家宝"二字，又有"谨藏勤修，子孙永保"字样。《惠氏宗谱》为惠氏各支所修谱本的集大成，卷帙浩繁，凡四十二卷，四十二册。卷一包括谱序、纂修宗谱名次、凡例、家规、惠氏支派；卷二、三包括宗祠图、支祠图、宗祠匾额、诰命、像赞、坟图；卷四、五包括传序、自述、墓志铭、旌节录、朱批、纪恩录、祭田、祠堂记；卷六为世系图；卷七至卷四十二为统宗世表、各支世系表，记载了惠氏自宋惠元祐以降二十七世分支及其迁徙情况，对于了解东吴惠氏学行大有裨益。

一、《惠氏宗谱》沿革

惠氏起于周末，自东周惠王以惠为世，世居陕西扶风。南宋初，远祖惠元祐由洛阳迁徙吴兴大全港，是为惠氏迁居始祖。其子善，再迁长洲阳山。善生四子贞、固、正、侧，别为四大支，衍为南门、北门、冉泾、东亭、斜桥、盛巷、新塘桥、浪滩、沙巷、塘湾、东渚、西浜、杨舍、夏阳十四派。由于惠氏支派繁杂，诸支间有修谱之事。1947年续修宗谱汇集前谱序跋十余通，有万历乙卯年（1615）金汝嘉《惠氏重修世谱叙》，万历丁巳年（1617）范允临《惠氏重修家乘序》，雍正甲寅年（1734）惠士谦《重修宗谱序》，乾隆丁丑年（1757）《惠氏新修宗谱序》，乾隆甲午年（1774）秦钧《惠氏宗谱叙》，乾隆乙未年（1775）陈金《兴道惠氏续修宗谱序》、张耀奎《扶风惠氏家谱序》，咸丰己未年（1859）季念贻《惠氏重修谱叙》、李德莪《惠氏续修宗谱序》，光绪戊戌年（1898）惠东中《旧序》，光绪己亥年(1899)惠善旌《跋》,1947年惠观洋《梁溪惠氏续修宗谱序》,1948年惠士阶《续修宗谱记》、惠鸣时《丁亥续修宗谱跋》。依据《惠氏宗谱》卷一《历代纂修宗谱名次》记录,该谱有六次纂修,依次为万历丁丑年(1577)、康熙己丑年(1709)、乾隆甲午年(1774)、咸丰己未年(1859)、光绪戊戌年(1898)以及1947年。其中惠士奇、惠栋分别以"纂修"身份参与康熙、乾隆间宗谱编修工作。

《惠氏宗谱》著录十九世孙惠世谦《重修宗谱序》记载:"(二十世孙)元宏络绎奔走,历尽艰辛。时同修者,苏郡半农,讳士奇,前任广东提督学院,现任侍读学士。子廷宇,讳栋,博通经史,试辄前茅。浒关端臣,讳模。子宗蕃,讳仁纯,蜚声艺苑。江阴驾三,讳元辂,现任直隶郴州别驾。今谱已告成,览之条分缕晰,世数秩然。"序末署题"雍正甲寅孟冬之朔",即雍正十二年(1734)。由此可知,惠士奇、惠元宏、惠元辂,以及惠栋、惠宗蕃有参与修纂康熙、乾隆间惠氏宗谱,惠世谦序文所言《重修宗谱》或是《惠氏宗谱》的又一修本。漆永祥指出:顾栋高为惠栋作墓志铭,称其有"《扶风惠氏宗谱》四卷,已行世";而1774年惠栋已卒,《惠氏宗谱》为前后断续修成,非成于一时,亦非概以六修为准。①

二、世系源流与图传资料

《惠氏宗谱》保存不少关于东吴惠氏家族的资料,其间世系和图传资料对于研究惠氏生平学行具有重要的参考价值。

第一,考订三惠世系源流。

《惠氏宗谱》卷三十二"东渚派徙居关上市浜三八支世系图"为东吴惠氏一系,今选录相关人物资料如下。

万方次子:尔节,改名有声,字律和,号朴庵。明诸生,以明经贡入太学,见明政方乱,遂不谒选。隐居著书,与同郡徐枋孝廉友善,通经术,尤明

---

① 漆永祥:《东吴三惠著述考》,袁行霈主编:《国学研究》第14卷,北京大学出版社2004年版,第380页。

《左氏春秋》。生于万历三十六年,终于康熙十六年,享寿七十岁,自有传。娶陈氏明经悟修公之女,生于万历三十九年,终于康熙三十六年,寿登八十七岁。子二,周惕、翁鼎。侧室吴氏,附葬乌龙山祖茔,子三,永德、永愈、永慈。

有声长子:周惕,原名恕,字而行,后改今讳,字元龙,号砚谿。自东渚移居长洲县葑门,后分立元和县。宅有红豆树,世称红豆先生。康熙乙卯,副榜。戊午,荐举博学宏词,以丁外艰不起。庚午,举直隶乡试第十名。辛未,中会试第六名,殿试二甲第七名,授翰林院庶吉士。甲辰,改调密云县知县,任事一年,有善政,卒于官。康熙五十二年以覃恩敕赠翰林院编修加一级,自有传。所著《易传》二卷、《春秋问》五卷、《三礼问》六卷、《诗说》三卷、《砚谿文集》二卷、《诗集》七卷、《遗稿》二卷,行于世。娶徐氏,长洲县庠生祯起公之女,诰封安人,合葬于吴县念二都七图冬字圩西渚新阡。子二,士麟、士奇。

周惕次子:士奇,字天牧,初字仲儒,号半农。康熙戊子,解元。己丑,中会试十六名,殿试二甲第十六名,馆选庶吉士。壬辰,授编修,纂修《三朝国史》。癸巳、乙未,两科会试同考官,教习癸巳、乙未、戊戌庶吉士。己亥,奉旨祭告炎陵、舜陵。庚子,科湖广全省乡试正主考;提督广东全省,两任学政。升詹事府,名右春坊右中允、侍读、侍讲学士。充春秋馆、八旗志书馆、三礼馆纂修官。事详吏部尚书杨超曾《墓志铭》、男栋《行状》。所著有《春秋说》十五卷、《礼说》十四卷、《易说》六卷、《交食举隅》二卷、《琴遂理数考》四卷、《采薲集》一卷、《南中集》一卷、《咏史诗》一卷、《人海集》四卷、《归耕集》二卷、《大学说》一卷、《时术录》一卷。所选有《劝学初编》一集、《小题编》一集行于世。生于康熙辛亥八月十五日午时,卒于乾隆六年辛酉三月二十二日,享寿七十有一岁。娶朱氏处士宗昌公之长女,诰封安人,累赠宜人,生于康熙壬子正月二十三日,卒于雍正十一年癸丑六月初十日,享年六十二岁,于乾隆六年辛酉十一月十九日合葬于吴县二十二都七图冬字圩先茔之次癸山丁向。侧室周氏、丁氏、范氏。子七，绳佑①、栋、绳祖，绳杰出嗣士权为后，俱朱宜人出；绳臣，周氏出；绳南，绳樑，俱范氏出。

士奇次子：栋，字定宇，别字松崖，元和县庠生。乾隆十五年，江督黄廷桂、陕督尹继善共荐经学。所著《周易[述]》《明堂大道录》《精华录笺注》行于世。生康熙三十六年丁丑十月初五日辰时，卒于乾隆二十三年戊寅五月二十三日，享年六十二岁，于乾隆二十五年十二月十五日葬于吴县光福倪家巷。娶张氏，生于康熙三十九年庚辰九月十一日。子五，嘉学、嘉绪、嘉德、嘉附、嘉萼。

栋之长子：嘉学，字伯台，生于雍正五年丁未十月十六日巳时，卒于乾隆十八年癸酉十二月初四日辰时，仅年二十七岁。娶陈氏，生于雍正八年庚戌十一月初三日戌时，卒于乾隆二十二年丁丑十月初七日辰时，仅年二十九岁，合葬于倪家巷父茔之次。子一，廷凤。

栋之次子：嘉绪，后改承绪，字秉高，大学生。生于雍正七年己酉六月十二日，元聘姚氏，继娶余氏，生于雍正十三年乙卯四月二十七日辰时，卒俱失考。子二，廷鸾、廷鹓。

栋之三子：嘉德，字忠舍，早卒。

栋之四子：嘉附，字宣文，生于雍正十三年乙卯十月二十八日，卒失考。

栋之五子：嘉萼，字汉臣，生于乾隆四年己未十月二十七日，卒缺。

---

① 《皇清书史》卷二十八据《苏州府志》云："惠绳（按：南浔刘氏所刻《闲渔闲闲录》，绳作纯）佑，字岘阳，元和人。工书，宗颜柳，著《法帖平》。"此处，"佑"作"祐"。周骏富辑：《清代传记丛刊》第84册，明文书局1986年版，第387页。

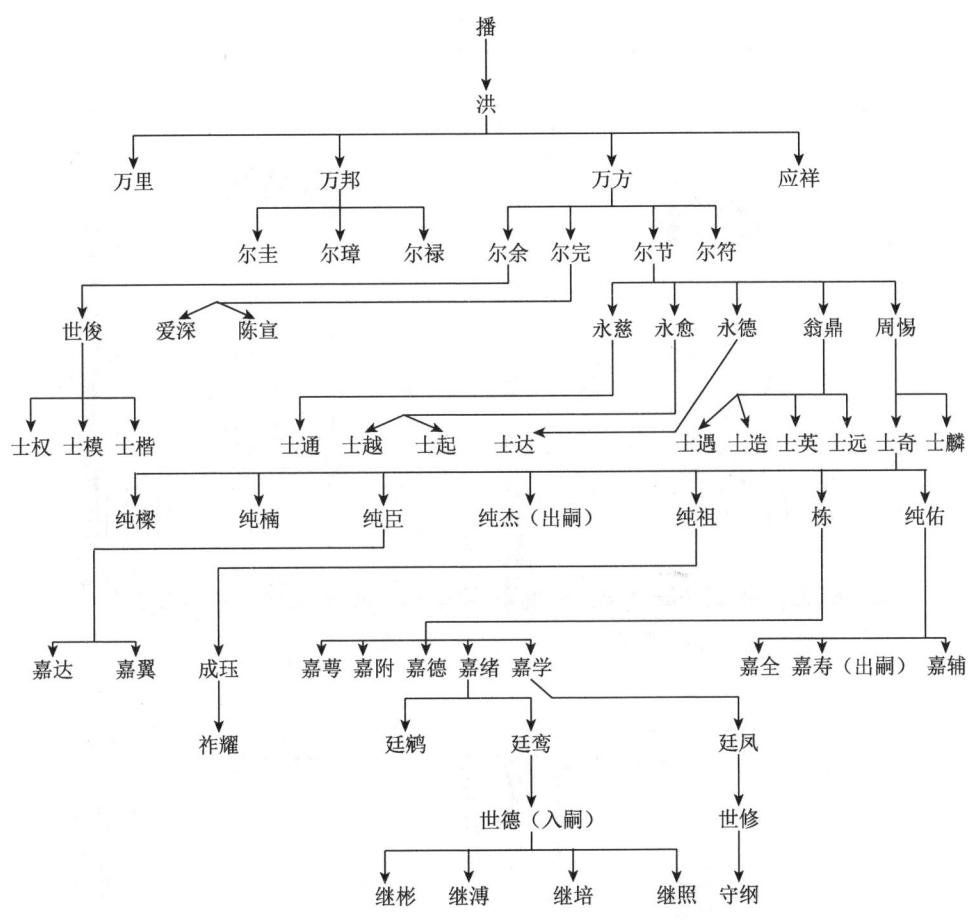

图 1-1　东渚派徙居关上市浜三八支世系图①

第二,保存惠氏图传资料。

古人肖像多赖画像传世,惠氏画像在顾沅编、张应麐传、孙继尧摹图、张锦章刻《吴中名贤图传赞》及叶衍兰、叶恭绰所编《清代学者象传合集》中均有著录。《惠氏宗谱》卷三所录惠有声、惠周惕、惠士奇及惠栋像,与前者在着装、神态上各有异同,且惠有声画像为他处不多见,具有极高的文献价值。

---

① 此图据《惠氏宗谱》(惠仰泉等主修,惠士阶等纂修:《惠氏宗谱》,无锡艺海美术印书馆百岁堂1947年铅印本)卷三十二"东渚派徙居关上市浜三八支世系图"绘制,为第十五至第二十五世。其中第二十世之后仅录惠士奇一支,他支从略。

图1-2 退隐朴庵公像

图1-3 密云砚谿公像

图1-4 学士半农公像

图1-5 征君松崖公像

诸人画像之后,附有惠世德所作传赞,甚可宝贵,转录如下。《退隐朴庵公传赞》:

> 公讳有声,原名尔节,字律和,号朴庵,吴县人。明季诸生,秉性纯粹,博通经学,而尤肆力于盲左,融会汉唐诸说,详为笺注,孜孜矻矻,折衷至当,以明经贡入太学。见明政方乱,遂绝意进取,隐居东渚,著作身等。课子之暇,以九经教授乡里,奥旨微言,悉心讲究。甲申之变,与同郡徐高士枋为莫逆交。足不入城,以名节自重。年七十,卒于东渚。著有《左氏春秋补注》一卷。
>
> 赞曰:景行惟贤行①,太朴自全。湛深经术,有开必先。同治十年岁次辛未六世孙世德敬录。

《密云砚谿公传赞》:

> 公讳周惕,字元龙,吴县人。世居东渚,渚南有溪,方而窪,形如砚,故自号砚谿。父有声与同里徐枋友善,以九经教授乡里。公禀承庭训,又从枋及汪琬游,究心经学,工诗古文词。既壮,厄于贫,遍历四方,与当代名人交。康熙三十年成进士,选庶吉士;改授密云知县,有善政,卒于官。归葬西渚。有《易传》《春秋问》《三礼问》《诗说》及《砚谿诗文集》。
>
> 赞曰:好古能文,惠孚密云。家□经学②,贻之子孙。同治十年岁次辛未五世孙世德敬志。

《学士半农公传赞》:

> 公讳士奇,字仲孺,一字天牧,号半农,吴县人。周惕子。年十二能诗,及为诸生,益肆力于经史古学。康熙四十七年解元,明年成进士,选庶吉士,授编修。庚子,主湖广乡试,旋奉命任广东学政。粤中士子鲜有通经,

---

① 《惠氏宗谱》原文作"景行惟贤行",当衍"行"字。
② 《惠氏宗谱》原文作"家经学",当有脱字。

令诸生诵习五经、三礼、三传,能背诵背写者,即与录取,逾年渐多。会世宗登极,命再任。公益殚心造就,文风大振,为粤东历任学使冠。迁右中允,历升侍读学士。奉旨召还,入对不称旨而罢。后罚修镇江城,以产尽停工削籍。乾隆元年,复起补侍读,纂修三礼,以老乞归。年七十有一卒。著有《易说》、《礼说》、《春秋说》、《归耕》、《人海》等集。

赞曰:敦经说史,古人与稽。兴文岭峤,配食昌黎。同治十年岁次辛未元孙世德敬志。

《征君松崖公传赞》:

公讳栋,字定宇,号松崖,吴县人。周惕孙,士奇子。自少好学,补元和学生。甲子乡试,用《汉书》语,为考官所黜,遂息意进取。乾隆十六年,诏举经明行修之士,江督黄廷桂、陕督尹继善交荐之。会大学士九卿索所著书,未及进,罢归。公承其家学,于经史诸子、稗史野乘及七经谶纬之学,无所不通。所著有《群经补注》、《古文尚书考》、《后汉书补注》、《九经古义》、《易汉学》、《周易述》、《易微言》、《易例》、《明堂大道录》、《禘说》诸书,皆能补先儒所未及。论者谓惠氏之学,始于砚谿先生,至天牧先生而大,至公极其精云。辛年六十有二。

赞曰:世守经学,至公而备。古义新知,发蒙启聩。同治十年岁次辛未曾孙世德敬录。

《惠氏宗谱》卷五所录"朱批"、"节旌录"、"奏对纪恩录"有涉惠士奇为政事,且与官方档案及碑文传记在内容上有所差异,可互证互补,转录附后:

康熙甲午、乙未以后,上谕编检诸臣轮班内直,诸臣书方絮进呈御览。乙未正月,士奇内直随班,以书进。时同进者数人,上独留二幅,一士奇书,一读学张公廷玉书也。次日内直,上遣侍臣传询士奇科分、年纪、籍贯者三。少选,上又传询云是己丑探花乎?士奇以二甲十六名对。是日,上问南书房诸臣近日工作赋者谁?于是少詹事蒋公廷锡以尚书王公顼龄、掌院汤公右曾暨士奇三人名对。是年春,御试乾清宫,诗题"三十六宫都是春"。时满洲诸公不晓"三十六宫"之义,奏请再命题,因改"为有源头活水来"。士奇初不知有前题,止成诗一首文一篇进呈御览。问士奇科分、籍贯者再,士奇恭奏。适上又问曰:闻汝能背诵廿一史,有诸?士奇以不能对。上顾掌院揆公叙曰:此亦难事。是年,御试颇有黜陟三等者,皆罢官。同年储君在文、徐君葆光、李君绂皆知诗初题,以两首进呈,钦定超等三名。同年张君照在一等第一,士奇名在一等第五。先是甲午开列,主考先期御试,三等者先折卷,奉旨永不开列,唯一二等犹糊名。及是上谕书甲午御试等第,士奇名在一等一名。于是上改张照第五名,拔士奇一等一名,真异数也。

己亥春,皇太后升祔礼成,遣官祭岳镇海渎、历代帝王。士奇奉命祭炎陵、舜陵。先是,同年宋君筠内直。上谕近日翰林文章甚不点检,因指祭某郡王文清书有宗室头目之语。此文实士奇拟撰,以某郡王曾管宗人府兼大宗伯事,有入参宗正作九族之表仪,出掌春宗,总百郡之孝秀等语故也。上随问撰人姓名。掌院汤公右曾以士奇对。明日,宋君谓人曰:惠君将夺俸矣。甫数日而祭告令下。故事:祭告,乡贰以下、学士以上,得与是选。士奇以编修与焉。文学小臣,蒙上特达之知,天高地厚如此。谨纪此数事,以示子孙毋忘恩遇云。康熙五十八年十月编修臣惠士奇恭纪。

雍正元年八月二十三日,两广总督臣杨琳谨奏为回奏事,赍折人回,奉到朱批谕旨遵查云云。再广东学臣编修惠士奇,校士公明,一文不取。臣初亦未敢尽信。今三年已满,现在补考广额童生,亦将完毕(朱批已有旨再留三年矣)。则其始终如一,可以深信。似此清操特出之员,何敢匿不上闻。合并奏明。谨奏。朱批:据奏惠士奇操守廉,知道了。才情可宜于吏治否?尔其审视,更奏以闻。

雍正元年十一月十六日,广东总督臣杨琳谨奏为回奏事,本年十月二十九日奉到臣奏学臣惠士奇清操折内朱批。遵查惠士奇校士公明,臣深知灼见,是以敢为奏闻。臣与之共事三年,观其作用,惟有衡文乃其所长,恐非吏治之长才也。理合陈明。谨奏。朱批:如此据实直陈方是。知道了。

雍正二年八月十八日，钦奉旨谕学院惠士奇：大凡读书人谨安静，循规蹈矩，谓之瘦怯书生。如河南开封秀才罢考，就是强梁了，强梁尚得谓之书生？必将一二人正法，方能挽回士风。张廷璐朕念他做官清，资他薪水，又令地方官帮助他盘缠。几个士子也教训不来，岂不大负朕心。难道翰林中就少了做学院的人？朕决不恕他。张廷璐岂不自悔无及乎？此时审事大人尚未到京，朕将来是这样处分。你可先下旨与惠士奇：学院为士子表率，秀才甚多，岂能人人教训。于每县中择其品行端方、学术纯正者，奖励之，鼓舞之，成个明体达用之儒。俾一乡之人观感兴慕，则一乡化而一县之人无不学为端方纯正矣。总要不务虚名，躬行实践，士风方能挽回。将此亦下与惠士奇。钦此。

雍正三年　月吏部为　事广东学政惠　以革职知县翁廷资题补韶州府教授之处，毋庸议等因。奉旨：部议是。但惠士奇居官声明甚好，伊所举之人，谅非徇私。翁廷资患病既痊，着照惠士奇所请补授。后不为例。钦此。

雍正四年十月提督广东学政翰林院侍讲学士加二级臣惠士奇谨题：为鼓舞人才，据实陈请事。番禺岁贡生胡方，人品端方，学术醇正，请依古养老之礼，令有司致羊酒等因。奉旨：该部知道。

雍正四年十一月奉旨：惠士奇在任六年，声名甚好。着来京陛见。钦此。

乾隆四年六月，八旗志书馆告成。奉旨着纪录二次。

以此，研究吴派惠氏学行应当对《惠氏宗谱》加以充分利用，尤其是相关世系、图传资料在补充史传阙文方面有着特别的价值。当然，其间也有值得注意的问题。首先，后世族人修谱，免不了为尊者讳、为贤者讳，而时人所作记述文词尤应注意。前引《惠氏宗谱》卷五"纪恩录"关于惠士奇在清朝所获殊荣，"朱批"及地方官员"操守廉洁"等评语奏折，及雍正朱批，均著录颇详，借以表彰惠士奇蒙受朝廷知遇的荣光。事实上,惠士奇于广东学政任满进京面圣时,即因"造次失仪"、"奏对不实"而被雍正"罚修镇江城"。关于此事的"朱批"条目及内容,《惠氏宗谱》只字未载,"罚修镇江城"一事或别有隐情,但不著录于宗谱,自然有悖于客观的"实录"精神。其次,《惠氏宗谱》并非一时修成,亦非成于一手,有些记载存在讹误情形。例如《惠氏宗谱》所录王居正《宋文渊阁学士惠公传》言称惠元祐曾任"文林阁学士"一职,其后惠栋《九曜斋笔记》"扶风"条即本王氏之说。而依据钱大昕考证,"文林阁学士,宋时无此官名,谱牒所载未可信"①。

第二节 惠有声与惠周惕

东吴惠氏,"四世传经,咸通古义"②。所谓"四世",依叶昌炽《惠氏四世传经图跋》所言,"第一代为明经律和先生,名有声,原名尔节,号朴庵。明季以诸生贡成均。第二代为其子元龙先生;第三代为大令次子学士仲儒先生士奇,别号半农;第四代即征君栋,为学士之子,世所称定宇先生也,又号松崖"③。根据徐世昌《清儒学案》论惠氏家学所述,"惠氏之学,以博闻强记为初基,以尊古守家法为究竟。其治经要旨,纯宗汉学,谓汉经师之说,当与经并行。朴庵筚路蓝缕,研谿、半农继之,益宏其业,至松崖而蔚为大师。传授渊源,自当以世为序,以明一家之学"④。可以说,在吴派及惠氏家学传承中,第一代惠有声有着创始之功,追溯、讨论惠氏家学的渊源、流变及其传承必当自惠有声始。

一、惠有声

1926年春,李根源在苏州访古,到吴县光福镇两次求访惠栋墓而不得。其

---

① 惠栋:《九曜斋笔记》卷一《扶风》,第6页。
② 惠栋:《九经古义述首》,阮元、王先谦编:《清经解》卷三百五十九,上海书店1988年版,第743页。(按:后文所引《清经解》一书,其著录信息仅显示书名、卷册,省略作者、出版信息等)
③ 叶昌炽:《藏书纪事诗(附补正)》卷四《惠氏四世传经图跋》,上海古籍出版社1999年版,第419页。
④ 徐世昌著,陈祖武点校:《清儒学案》第1册《研谿学案》,第1497页。

后经吴地名士张一麐介绍得见惠氏后人惠而潜,见其家藏《四世传经象传赞》(附彭启丰、冯桂芬等二十余人题跋)以及《惠氏宗谱》、《红豆山人诗集》、《天牧定宇两先生函札》数通,言称:"世只知惠氏三世传经,而开其先之朴庵先生,仅于元龙先生传中见其名字,未详其事状。今观此册,则先生生丁阳九,凛然介节,足与亭林、船山并垂不朽,岂徒以经学鸣世者哉。"①惠有声的著述大多散佚,也未见碑铭传记行世,今依相关史料简述其生平行迹及著述情况。

依据《惠氏宗谱》卷三十二《东渚派居关上市浜世表》记载,惠有声"生于万历三十六年,终于康熙十六年,享寿七十岁,自有传"②;又,惠周惕《书徐昭法先生手札后》有云:"先生(徐枋)于丁未(1667)秋自莲华峰迁于东渚之宜桥……又稍西其地稍闲旷,有屋数十椽,翠竹千竿,桑柘百本,环其左右,先君之室在焉。先君弃诸生后,隐居于此,不妄交接,独喜先生之来。先生品行高一世,与先君为旧相识,于是相见欢甚,往来过从辄移日。……如是者三年,而先生复迁,又十余年先君无禄即世。"③据此推论,惠有声似应卒于1680年之后。那么,以上两则材料在惠有声生卒年问题上出现偏差。《惠氏宗谱》为陆续修成,所经并非一人之手,而《书徐昭法先生手札后》为惠周惕晚年所作,两种说法皆有出现讹误的可能。

笔者以为,惠有声生卒年,当以《惠氏宗谱》之说为准,尚有以下材料可资佐证。其一,惠周惕《砚谿先生遗稿》卷上《春日杂兴十首》第七首自注云:"戊午年,予名曾玷启事,以父忧不赴召。"④惠士奇《先府君行状》云:"戊午,(惠周惕)以博学宏词征,丁外艰,不起。"⑤戊午为康熙十七年(1678),惠周惕以丁外艰居家。又依惠有声六世孙惠世德所言"(惠有声)年七十卒于东渚"⑥。以此,惠有声生于明万历三十六年(1608)。其二,惠周惕《书徐昭法先生手札后》有云:"予兄弟自先君之亡,含艰履口,与吾母相守,而予又不肖蹙蹙焉,不能给

---

① 李根源:《祭惠氏三经师暨朱柏庐先生墓记》,《国闻周报》1926年第3卷第42期。
② 惠仰泉等主修,惠士阶等纂修:《惠氏宗谱》卷三十二《东渚派居关上市浜世表》。
③ 惠周惕:《砚谿先生遗稿》卷下《书徐昭法先生手札后》,《八年丛编》之《庚辰丛编》本。
④ 惠周惕:《砚谿先生遗稿》卷上《春日杂兴十首》。
⑤ 王欣夫撰,鲍正鹄、徐鹏标点整理:《蛾术轩箧存善本书录·癸卯稿》卷四,上海古籍出版社2002年版,第1036页。
⑥ 惠仰泉等主修,惠士阶等纂修:《惠氏宗谱》卷三《退隐朴庵公传赞》。

朝夕。于是北走京师以糊其口。"①惠周惕《砚谿先生集·北征集》之《寄顾孝廉雨若四十韵》有"与君初入京,记是丁巳岁"、"予时遭父丧,指日即南迈"句。② 惠周惕于康熙十六年丁巳(1677)北游京师,以父惠有声卒而返乡。综此而论,关于惠有声生卒年,当以《惠氏宗谱》所载生于万历三十六年、卒于康熙十六年可信。惠周惕记忆当有误。

关于惠有声的生平行事,主要散见于其后人著作及《惠氏宗谱》,汇辑附后。

惠士奇《先府君行状》云:

> 考讳有声,通经教授为明儒。见明政方乱,遂不就乡举,终于岁贡生云。③

惠士奇《四书文劝学篇叙》云:

> 先王父朴庵先生,于前明万历末补博士弟子员,试辄冠侪偶。家有藏书,手自校雠,以故书多善本。一日,社会名流群集,先王父后至。坐中有白须老儒,卒然问曰:"子得力何书?"先王父错愕无以应也,然心善其言。退而手钞《左氏春秋》及《太史公书》凡数十通。至老且病犹不废,其专如此。然则先辈无书不读,尤必有得力之书。④

惠栋《砚谿公遗事》云:

> 惠氏经学,权舆于曾王父。公少开敏,弱冠为通人。每侍膝前,曾王父犹令背诵九经,一字或讹,必予之以杖,其严如此。著述等身,乱后散佚。公传其学,因著《诗说》、《易传》、《春秋问》、《三礼问》诸书。而《诗说》先

---

① 惠周惕:《砚谿先生遗稿》卷下《书徐昭法先生手札后》。
② 惠周惕:《砚谿先生集·北征集》之《寄顾孝廉雨若四十韵》,《续修四库全书》本,上海古籍出版社2002年版,第82页。
③ 王欣夫撰,鲍正鹄、徐鹏标点整理:《蛾术轩箧存善本书录·癸卯稿》卷四,第1035页。
④ 转引王鸣盛:《蛾术编》卷八十二《读书必有得力之书》,《续修四库全书》本,上海古籍出版社2002年版,第84—85页。

行,秀水朱竹垞撰《经义考》,采其书,著于录。其《易传》、《春秋问》、《三礼问》,公悉口授大义,命先君书之。其后先君述两世之学,著《易说》、《春秋说》、《礼说》、《大学说》数十卷。初,曾王父极推汉学,以为汉人去古未远,论说各有师承,后儒所不能及。当时学者皆未之信,故其书藏于箧衍,未尝问世。及遭散迁徙,遂亡其书。既老,不复著述,以其说口授公,公授之先君。由是雅言古训,遂明于世。①

惠栋《易汉学自序》云:

栋曾王父朴庵先生,尝闵汉学之不存也,取李氏《易解》所载者,参众说而为之传。天、崇之际,遭乱散佚,以其说口授王父,王父授之先君子,先君子于是成《易说》六卷。又尝欲别撰汉经师说《易》之源流,而未暇也。②

惠栋《春秋左传补注序》云:

栋曾王父朴庵先生幼通《左氏春秋》,至耄不衰。因杜氏之未备者作《补注》一卷。传序相授,于今四世矣。③

惠栋《易例》有云:

先曾王父朴庵先生,讳有声,字律和。④

《惠氏宗谱》卷三十二《东渚派居关上市浜世表》(参前)。
惠世德《退隐朴庵公传赞》(参前)。
惠有声与徐枋来往甚密,又依惠栋《九曜斋笔记·曾王父友》所记:"金阶

---

① 王欣夫撰,鲍正鹄、徐鹏标点整理:《蛾术轩箧存善本书录·癸卯稿》卷四,第1039页。
② 惠栋:《松崖文钞》卷一《易汉学自序》,第270页。
③ 惠栋:《春秋左传补注序》,《清经解》卷三百五十三,第712页。
④ 惠栋:《易例》卷上,台湾商务印书馆影印文渊阁《四库全书》本(按:后文简称"《四库全书》本")。

升,字五贞;陈性,字身之,一作升之;朱镒,字金兼;张我城,德仲;陆坦,履长;章美,拙生;王节,贞明;陆康稷;薛寀,谐孟。"①诸人皆为吴地名士,从中亦可见惠有声交游范围。

惠有声博通经学,以汉人去古未远,各有师承,推崇汉儒之学,并有著述。其论《易》以李鼎祚《周易集解》为准绳,整理汉易,后遭乱散佚;治《春秋》以为杜预注《左传》未为完备而扶持贾逵、服虔之学,融会汉唐诸说,详为笺注,作《左氏春秋补注》一卷,今未见传世。惠栋自述"刺取经传,附以先世遗闻"成《春秋左传补注》六卷,其间引述惠有声《左氏春秋补注》者,则冠以"子惠子曰",及著录"子惠子曰:恨其语不审"②。惠栋《春秋左传补注》有"子惠子曰"五十余条,约合一卷之数。惠有声《左氏春秋补注》或"佚"而尚存,可于惠栋《春秋左传补注》得见大略。"子惠子"论学遗语,有云:"荀卿所称乃时王之礼,故左氏依以为说。杜元凯遂借以文其短丧之说,诞之甚!妄之甚!"③"汉注多旧典遗言,杜预尽去之而益以臆说。《正义》所载者千百之一而已。"④"盖唐以来始有不信古者。"⑤可见,惠有声抨击杜预论学之"诞"和"妄",而尊奉汉儒注经,已有吴派论学"信古"之特色,其著述虽多散佚,以口授而示后世为学门径,经惠周惕、惠士奇、惠栋发扬光大,故惠栋言称"惠氏经学,权舆于曾王父"⑥。近人萧穆认为"朴庵先生开创经术,以诒子孙,其功实不可没"⑦。

二、惠周惕

惠周惕(1641—1697),原名恕,字而行,又字元龙,号砚谿、研谿,江苏吴县人,所居曰红豆书屋,在吴城东冷香溪之北。吴郡东禅寺有红豆树,相传为白鸽禅师所种。惠周惕移一枝植阶前,自号红豆主人,朱彝尊诗有"他日招邀蓺

---

① 惠栋:《九曜斋笔记》卷二《曾王父友》,第 36 页。
② 惠栋:《春秋左传补注》,《清经解》卷三百五十八,第 743 页。
③ 惠栋:《春秋左传补注》,《清经解》卷三百五十三,第 712 页。
④ 惠栋:《春秋左传补注》,《清经解》卷三百五十八,第 739 页。
⑤ 惠栋:《春秋左传补注》,《清经解》卷三百五十三,第 712 页。
⑥ 王欣夫撰,鲍正鹄、徐鹏标点整理:《蛾术轩箧存善本书录·癸卯稿》卷四,第 1039 页。
⑦ 萧穆撰,项纯文点校:《敬孚类稿》卷八《记惠半农松崖先生阅明北监本〈汉书〉》,黄山书社 1992 年版,第 218 页。

田北，一帆风饱似张弓"①句。康熙三十年(1691)进士，后选庶吉士，因不习国书而改授密云知县，卒于官，其学行行事可参惠士奇《先府君行状》②。

惠周惕少传家学，以九经教授乡里，为惠氏汉学之发端，四库馆臣以为"惠氏三世以经学著，周惕其创始者也"③。惠周惕从徐枋游而"导源有自"④，又为汪琬入室弟子，有"十数年门墙洒扫之旧"⑤。汪琬和侯方域、魏禧号称清初三大家，论学主旨有儒者之文、才人之文、策士之文的区别。⑥ 汪琬工诗词古文，晚而有志于经学，论学大抵原本六经，追求经世有用之学。惠周惕评价汪氏："先生之学无所不通，而其指以六经为归。搜择融液，与之大适，然后浸淫于《史》、《汉》，反复乎欧、曾，折衷乎紫阳，博取于吴临川、元清河、黄金华诸君子之文，因得通其变，穷其神，极其理趣而卓然自成一家，故其立言命意皆有所本，即一字一句，其根柢亦有所自来。"⑦此外，陈居渊研究认为：吴派的导源发轫可以追溯到明清之际吴中名士丁宏度，丁氏首次尝试汉儒经说的系统研究，苏州地区在其带动下形成了研究汉代经学的学术氛围，有着一个不小的汉学研究群体；而惠周惕即为其中的佼佼者，经惠氏祖孙三代奠定了吴派规模。⑧

惠周惕为文有矩度，亦为经学名家，博通群经家法，有《易传》《诗说》《春秋问》《三礼问》等，今唯见《诗说》传世。⑨ 同时工于古文辞，为文亦有矩度，

---

① 朱彝尊：《和韵题惠周惕红豆书庄图》，《曝书亭集》（上），世界书局1937年版，第156—157页。
② 王欣夫撰，鲍正鹄、徐鹏标点整理：《蛾术轩箧存善本书录·癸卯稿》卷四，第1035—1036页。
③ 永瑢等：《四库全书总目》卷一六《经部·诗类二·诗说》，中华书局1965年版，第133页。
④ 钱泰吉：《曝书杂记》，辽宁教育出版社1998年版，合订本，第42页。
⑤ 惠周惕：《砚谿先生遗稿》卷下《书〈尧锋文钞〉后》。
⑥ 王钟翰点校：《清史列传》卷七十，中华书局1987年版。
⑦ 惠周惕：《砚谿先生遗稿》卷下《书〈尧锋文钞〉后》。
⑧ 《丁氏宗谱》卷二十二《艺文·孝介先生传略》记载："先生丁姓，讳宏度，字临甫，一字子临，别号舆舍，苏之长洲人也。幼颖敏，治《易》《春秋》，世家学，有闻于时。鼎革后，绝意举业，教授其徒专门经学，以汉时说经各有师承，贯穿钩穴，口诵如谰翻，执经问难者，接踵门墙，愿得先生一言定论，时人尊之曰经圣，亲炙弟子惠周惕、顾丁珮、顾嗣立其选也。世多以章句训诂之学推重先生。"转引自陈居渊：《乾嘉"吴派"新论》，《社会科学战线》1995年第5期。又，顾震涛云："丁宏度，字临甫，长庠生，孝友能文，教导乡里，如顾嗣立、惠周惕辈，并出其门。"参顾震涛著，甘兰经等校点：《吴门表隐》，江苏古籍出版社1999年版，第257页。
⑨ 惠周惕《诗说》，学界已有专门研究，参黄忠慎《惠周惕〈诗经〉学基本问题论述之检讨》(《孔孟月刊》1993年第31卷第5、6期)、《惠周惕〈诗说〉析评》(文史哲出版社1994年版)及姜龙翔《惠周惕〈诗说〉研究》(高雄师范大学经学研究所第一期青年经学学术研讨会提论文，2005年11月24日)、张素卿《惠周惕〈诗说〉的成书历程》(叶国良、王锷、许子滨主编《岭南学报》复刊第17辑《经学文献研究》，上海古籍出版社2023年版)。

"兼精吟咏"①,有《北征集》、《峥嵘集》、《东中集》、《红豆集》、《呓语集》、《谪居集》等诗集,沈德潜评谓"诗格每兼唐宋,然皆自出新意,风神转佳,不似他人摭拾宋人字面以为能事也"②;邓之诚则称其"诗奉王士禛之教,清词丽句。出于学人,弥觉隽永,文亦雅洁"③。

《诗说》分上、中、下三卷,朱彝尊《经义考》、江藩《国朝经师经义目录》及《四库全书总目》均持此说。全书二万余字,上卷通论《诗经》主旨,中、下卷则本诸《小序》,归依经文,阐述诗句内涵。《诗说》初成,田雯为之作序,署"癸亥(1683)秋七月"。关于《诗说》卷帙,《清经解》持四卷说,与前说的分歧在于如何看待惠著《答薛孝穆书》、《答吴超士书》、《再与吴超士书》。此三札本为《诗说附录》,并未单独成卷,《砚谿先生集》以《诗说附录》为名录入;《清经解》则析出此三札,单立一卷。依惠周惕《答薛孝穆书》所言"前致《诗说》三卷求正足下"语④,则《诗说》卷帙当以三卷更为准确。

《诗说》立说以"以经解经"为宗旨,言必有据,信而有征。此书初成,惠周惕求正于薛孝穆,薛氏指出《诗说》有"可删"、"可商"及"可疑"处。周惕以其所述"可删"处无大关系,可以从而删之,惟力驳薛氏所言"可商"、"可疑"之处:

> 仆立说之旨,惟是以经解经。……且仆之所言固有所本矣。足下乃谓古人以二至之后或纯阳或纯阴,不宜于男女之会,会则恐伤阴阳之和,男女有不永年者,不知足下据何经文也?……不知足下所据何书,而仆何未之前闻也?……足下谓疑而未决者,则仆论归宁非礼一条。此系仆之创见。宜足下之骇而未肯信也。然仆据孔子《春秋》以驳左氏、赵氏,不为无据。足下欲反吾说,亦必证据于六经,而后可与仆合要。今但引仆所驳左氏一语,则仆之所据者经,足下所据者传,以传驳经,已为轻重失类,而又无他事可援,则足下为不能举其契矣。且足下亦知左氏之传,有自相刺戾而不可从者乎?……仆所以据经以驳传也。……若以此尽疑《春秋》,

---

① 王昶著,周维德辑校:《蒲褐山房诗话新编》,第52页。
② 沈德潜编:《清诗别裁集》卷二十二,中华书局1981年版,第299页。
③ 邓之诚:《清诗纪事诗初编》,上海古籍出版社1965年版,第349页。
④ 惠周惕:《答薛孝穆书》,《砚谿先生集·诗说附录》,第162页。

则六经无全书可信。足下言此尤误,仆闻古人立说,彼此不妨异同,然其要归必折衷于六艺,未闻率臆任心,无所证据如前者云云也。①

《诗说》撰成之初,田雯、汪琬均为之作序,并称赞了惠周惕在《诗经》研究上的成就。田雯以为惠著《诗说》三卷,"其旨本于小序,其论采于六经,旁搜博取,疏通证据,虽一字一句,必求所自,而考其义类,晰其是非,盖有汉儒之博而非附会,有宋儒之醇而非胶执,庶几得诗人之意,而为孔子所深许者与"②。汪琬也盛赞其书"博而不芜,质而不俚,善辨而不诡于正",可称之为汉儒毛苌、郑玄之功臣,宋儒朱熹之诤子。③ 他如王士禛所言"言博而辨,不主故常,可备说《诗》一家之言"④,以及四库馆臣评价"于毛传、郑笺、朱传无所专主,多自以己意考证"⑤。就《诗说》所表现出的学术立场而言,罗振玉认为惠周惕"汉宋兼采,而不废《诗序》",在《诗经》理解上属于"无专主派"。⑥ 事实上,此说失之偏颇,惠周惕于《诗说》的学术去倾向化并非"无所专主"或"汉宋兼采",而隐隐表达出偏重汉儒立说,以诸经传解经,注重名物训诂,一定程度上蕴含着"尊汉抑宋"的学术取向,在方法上这既是清初学界"反理学"思潮的一个表征,亦折射出东吴惠氏汉学此后的为学立场。

---

① 惠周惕:《答薛孝穆书》,《砚谿先生集·诗说附录》,第163页。
② 田雯:《研谿先生〈诗说〉序》,徐世昌撰、陈祖武点校:《清儒学案》第1册《研谿学案》附录,第1508页。
③ 汪琬:《诗说序》,徐世昌撰、陈祖武点校:《清儒学案》第1册《研谿学案》附录,第1508页。
④ 王绍曾、杜泽逊编:《渔洋读书记》,青岛出版社1991年版,第6页。
⑤ 永瑢等:《四库全书总目》卷一六《经部·诗类二·诗说》,第133页。
⑥ 罗振玉述:《本朝学术源流概略》,《民国丛书》第一编,上海书店1989年版,第24页。

第二章 吴派奠基者——惠士奇学论

惠士奇(1671—1741),字仲孺,号天牧,晚年自号半农人①,江南吴县人。据说其初生之时,父梦东里杨文贞士奇来谒,遂名士奇。少工文辞,善为诗,有"柳未成荫夕照多"之句,为名流激赏。康熙四十八年(1709)进士,选翰林院庶吉士,授编修。后充任湖广乡试正考官,提督广东学政。雍正五年(1727)奏对不称旨,罚修镇江城,以产尽停工削籍。乾隆元年(1736)复起为侍读,免欠修城银,参与三《礼》纂修。其盛年兼治经史之学,晚尤邃于经学,著有《易说》、《礼说》、《春秋说》、《大学说》、《交食举隅》、《琴篴理数考》、《红豆斋小草》、《半农先生集》等。学界讨论吴派汉学创始者,或谓惠有声,或谓惠周惕,于惠栋为集大成者则无异辞,惠士奇居中承前启后,可谓吴派学术的奠基者。

第一节 "罚修镇江城"考论

一、"修城"钩沉

惠士奇的生平行迹,杨超曾《翰林院侍读学士惠公墓志铭》记载颇详,但对"修镇江城"一事惜墨如金,文云:"世宗宪皇帝御极,复以中允超授学士。……丙午(1726)补詹事府右春坊右中允,升翰林院侍讲学士,转侍读学士。丁未

---

① 关于惠士奇字号问题,张素卿指出:"上海图书馆藏明汲古阁刊《孟东野集》,此书卷二《路病》诗下有'惠印士奇'及'号曰天牧'二印,据此,'天牧'实为士奇之别号,非字也。又,惠氏晚年自号'半农人',典出《周礼注疏》,复旦大学图书馆藏有一部王大隆过录吴昕临惠栋批校本《周礼注疏》,贾《疏》云:'……廛里也,场圃也,宅田也,士田也,贾田也,官田也,牛田也,赏田也,牧田也,九者亦通受一夫焉,则半农人也。'此《疏》下地脚有惠栋批语,云:'先学士别字取此。'"参氏著:《博综以通经——略论惠士奇〈易说〉》,《吉林师范大学学报(人文社会科学版)》2017年第6期。

(1727），奉旨修理镇江城垣，辛亥（1731），以产尽停工，罢官。"①此后，《潜研堂文集》、《汉学师承记》、《国朝先正事略》、《清代朴学大师列传》、《清代学者象传合集》、《清代七百名人传》中的惠士奇传文，大多参考杨文所作，对于"修镇江城"事亦未能详述。据《清史稿·惠士奇传》所记："雍正初，复命留任。召还，入对不称旨，罚修镇江城，以产尽停工削籍。乾隆元年，复起为侍读，免欠修城银，令纂修三《礼》。"②《清史稿》此处点明惠士奇由于"入对不称旨"而"罚修镇江城"，此一"罚"字甚为关键。

惠士奇被"罚修镇江城"一事，关系其仕宦尤巨，亦是惠氏一族大事。今据雍正《上谕内阁》、《朱批谕旨》、"起居注册"等资料考察此事的来龙去脉。

雍正《朱批谕旨》五年（1727）正月二十五日：

> 惠士奇前在粤东，声称藉甚。及见其人，庸平之至，想系随波逐流、与时俯仰、到处逢迎、窃名邀誉之所致耳，此等欺世盗名之行为，断不可效法。③

雍正《上谕内阁》七年（1729）五月二十八日：

> 又奉上谕：翰林院侍讲学士惠士奇，前任广东学政时，该督抚人人称其善。巡抚年希尧极力保荐，乞再留粤三年，是以复令其留任。嗣后督抚等亦无不交口称扬，誉言日闻于朕。及差满来京，进见时，见其举止轻佻，奏对不实。至问以地方利弊，茫然不知；问以官员贤否，亦一味含糊。惟极力袒庇方愿瑛。又荐一年迈不能出仕之人，求朕旌奖。似此居心行事，与朕前此所闻迥异。况在粤两任，未闻陈奏地方利弊一事。其为沽取誉名，视国事如膜外，谄媚督抚，致令越格保荐也，明矣。其人甚属巧诈，朕留心细加察访，其在学政任内亦并非一尘不染之人。从前将伊留任三年，竟为所欺矣。似此巧诈奸诡之风，不可不遏。着交与祖秉衡，令伊修理镇江城

---

① 杨超曾：《翰林院侍读学士惠公墓志铭》，钱仪吉、缪荃孙等辑：《清代碑传全集》，第246页。
② 赵尔巽等：《清史稿》卷四百八十一《惠士奇传》，中华书局1977年版，第13179页。
③ 《世宗宪皇帝朱批谕旨》，五年正月二十五日，《四库全书》本，台湾商务印书馆1986年版。

垣效力，以赎欺诈之罪。①

《雍正朝起居注册》十二年(1734)九月十六日引《丝纶簿》：

> 镇守江南京口镇海将军王𬭚奏"原任直隶布政使杨绍、原任翰林院侍讲学士惠士奇奉旨修理镇江府城垣，查杨绍共用过银一万八百余两，惠士奇用过银三千九百余两，咸称家产已尽，应否令其回籍？候旨遵行"一疏。奉谕旨："杨绍准其回籍。惠士奇夤缘督抚，保留两任学政。伊在广东，惟事逢迎，巧诈沽名，致令士习浮嚣，毫无整顿约束，深负委用之恩。及离任回京，奸状毕露，派修镇江城垣，又复迟延推诿，将赀财尽为藏匿，只修三千余两之工程，兼欲邀清廉之名，希图脱卸，甚属奸鄙。着乃留镇江，再修二千金之工，该将军奏闻请旨，倘敢怠玩，即行纠参，另加重处。"②

依据上述史料可知杨超曾铭文所言惠士奇"修镇江城"的前因后果。惠士奇因"奏对不实"而被雍正帝罚修镇江城，后于家产殆尽、无力修城时罢官。然铭文、"起居注册"、《上谕内阁》所载"罚修镇江城"的时间表述多有模糊、抵牾处。

第一，陛见日期。据《惠氏宗谱·节旌录》记载：惠士奇于雍正四年(1726)十一月奉旨"惠士奇在任六年，声名甚好。着来京陛见"③；《朱批谕旨》则记述次年正月二十五日前，惠士奇已进京陛见。又依士奇广东学政职继任者杨尔德上奏所称"自去年(雍正四年)十月十八日自京城起程，于今岁正月初三日抵任"，可知京粤行程两个多月。如此，则惠士奇进京陛见当为雍正四年冬至次年正月二十五日间事。

第二，罚修镇江城。依杨超曾所述，惠士奇被罚修城为雍正丁未即1727年

---

① 《世宗宪皇帝上谕内阁》卷八十一，七年五月二十八日，《四库全书》本。按：此处《雍正朝起居注册》"雍正七年五月二十九日内阁奉上谕"条亦有收录，个别词语有异(中国第一历史档案馆编：《雍正朝起居注册》第四册，中华书局1993年版，第2834页)。
② 中国第一历史档案馆编：《雍正朝起居注册》第五册，第3999页。转引自漆永祥《东吴三惠著述考》注释语(袁行霈主编：《国学研究》第14卷，第61页)。
③ 惠仰泉等主修，惠士阶等纂修：《惠氏宗谱》卷五《节旌录》。

事,《上谕内阁》则署 1729 年,两说之间相差两年。若杨氏铭文为是,而《朱批谕旨》及《上谕内阁》言论、语气极为相似,当为同一时期。且铭文为惠栋亲奉其父士奇行状嘱托杨超曾为作铭墓①,杨氏所述修城时间不应存在偏差,铭文当不误。若以《上谕内阁》为是,上谕有"着交与祖秉衡"语。据《钦定八旗通志》:"祖秉衡,汉军正白旗人。雍正五年八月,任山西大同镇总兵。六年八月,升镇江将军。"②查《江南通志》"镇守京口处汉军中军"云:"金以坦,镶蓝旗人,雍正五年任。祖秉衡,正白旗人,雍正六年任。王钦,奉天人,雍正八年任。"③若《上谕内阁》署"七年"与所提及镇海将军为祖秉衡完全吻合,《上谕内阁》似亦成立。④ 如此,铭文和《上谕内阁》所述本身均无抵牾,则问题或在于铭文"士奇奉旨修城"之"旨"和《上谕内阁》"令伊修理镇江城垣"之"旨"所言为一事,却并非同一道"旨"。朱批为皇帝直接批示折上,交于内阁办理,由内阁发出宣示中外。其间,"朱批谕旨"与"上谕内阁"存在时间差。⑤ 至于两说何以相差达两年之久,则未详其由。据此,由铭文及《朱批谕旨》可确定,罚修镇江城当

---

① 杨超曾:《翰林院侍读学士惠公墓志铭》,钱仪吉、缪荃孙等辑:《清代碑传全集》,第 246 页。
② 《钦定八旗通志》卷三百四十二《八旗大臣题名四·各省总兵》。又《四库全书》本《山西通志》卷八十《大同总兵管》:"祖秉衡,正白旗人,雍正五年十月任。"两者虽月份有异,可以断定的是,祖秉衡雍正五年(1727)为山西大同总兵。
③ 《江南通志》卷一百一十二《镇守京口处汉军中军》,《四库全书》本。
④ 王钦奏折中提及"原任直隶布政使杨绍",亦于雍正七年(1729)被罚修镇江。据《世宗宪皇帝朱批谕旨》雍正七年二月:"杨绍以县令之职,朕特加超擢,数年之间用至两司,乃伊一味因循苟且,并不实心效力。其在山东臬司任内时,瞻顾徇情,目睹塞楞额之背公营私,并未奏闻一语。及为直隶藩司,仍然悠悠忽忽,诸务废弛。以宣化府之应给军粮,而杨绍迟延不发,纵容蠹役,向该弁讲求使费。现今弊端败露,及朕面加诘问训饬,伊毫无畏惧之心,且怨望之意,形于颜色,竟似藩司一官为伊分所应得,如负伊大忠大功,朕未加酬奖者,其不知感恩如此。凡属臣工,不肯实心办事,因循瞻顾之颓风,朕所深恶,力加整顿。杨绍仍蹈此习,罔有悛心,若不严加处分则此辈方以负恩旷职为得计,此风何由禁革? 杨绍历任之内所得养廉甚多,着革职,交与祖秉衡,令其修理镇江府城工,倘再怠玩,不实心效力,定行从重治罪。"《世宗宪皇帝朱批谕旨》卷七十八《王钦奏折》,七年二月,《四库全书》本。
⑤ 雍正朝普遍使用奏折文书,"官员具报奏折,是派亲近专差直送北京宫廷,入东华门,景运门至九卿房交奏事处的奏事官递进,由奏事太监直接递达皇帝,并由皇帝亲自拆封披阅,皇帝直接以朱笔批示折上。经过批示的奏折,名为朱批奏折。皇帝披阅后,将奏折交由军机处办理,凡已直接奉批之件,均由军机处另录一份,称作录副,其原折即发交原奏人按朱批执行。……朱批过的奏折在办理的过程中,除退回原奏人执行外,如果还需交给在京的有关衙门递照办理的,则以军机处的录副发给内阁,由内阁传各有关衙门派员抄录一份携回办理,这叫'发钞'。谕,也叫上谕,为皇帝特发的命令"。参刘子扬、朱金甫、李鹏年:《故宫明清档案概论》,中国社会科学院历史研究所清史研究室编:《清史论丛》第一辑,中华书局 1979 年版,第 84—85 页。

为1727年。

第三，罢官时间。铭文称惠士奇"辛亥(1731)，以产尽停工，罢官"，然雍正十二年(1734)九月十六日"着乃(惠士奇)留镇江，再修二千金之工，该将军奏闻请旨，倘敢怠玩，即行纠参，另加重处"。可知，惠士奇因家产殆尽、无力修城而罢官事，当在雍正十二年后。

二、考核士奇

作为惠士奇"受业门生"，杨超曾当熟知其师行谊。如何看待杨氏对"修镇江城"之"罚"讳而不言，或应从雍正"上谕"所言惠士奇入对不称旨的"劣迹"是否属实而定。若"上谕"所言不误，惠士奇获罪则"咎由自取"。门生故吏为师长先贤作传时，本着为尊者、贤者讳原则可能对事实有所隐匿，李翱曾言子弟门生所作传"虚美于所受恩之地，不足以取信"[1]。杨氏为其师作传，若未逃此弊，于情可恕，而于理不合；若"上谕"不实，则雍正之"罚"，就是欲加之罪，何患无辞了。如此，"上谕"所言真实性成为问题的关键。

康熙五十九年(1720)，惠士奇任广东学政[2]，后继任三年，其广东学政任内政绩如下：

第一，化导士习，倡言经学。惠士奇督粤，效法文翁，提倡经学，曾言："汉时蜀郡僻陋，有蛮夷风，文翁为蜀守，选子弟就学，遣隽士张宽等东受七经，还以教授，其后司马相如、王褒、严遵、扬雄相继而起，文章冠天下。汉之蜀，犹今之粤也。"[3]故而颁布条教，士子若能背诵五经、三《礼》、《左传》者，诸生食廪饩，童子青其衿。自是，粤地习经之风欣欣然起，文风为之一变，方志载云："学士天牧惠公，于康熙辛丑初，以编修来粤视学，至雍正丙午凡六年。一以经古之学为教，在广州先任所取士赏誉者数十年，惟罗石湖与何西池、苏古侪、陈时一、劳阮斋、陈鼇山、吴南圃、吴竺泉，每驻省暇，即启阁招集，论文赋诗，因得订

---

[1] 江藩：《行状说》，汪廷儒编纂：《广陵思古编》，田丰点校，广陵书社2011年版，第120页。
[2] 《清圣祖实录》卷二百九十，五十九年十一月丙寅："编修惠士奇提督广东学政。"(《清实录》第六册，中华书局1985年版，第819页)
[3] 钱大昕：《潜研堂文集》卷三十八《惠先生士奇传》，钱大昕著，陈文和主编：《嘉定钱大昕全集》(九)，江苏古籍出版社1997年版，第651页。

交于九曜官署。"①惠士奇提倡经学的文化政策,得到当地士子的拥护。三载期满,粤地士子获悉惠士奇留任消息,"皆凫踊雀跃,争弃兔园册,专事经籍,而通经者愈多";士奇学政任满还都,送行者"如堵墙",并以其"崇祀乡贤",设木主配食先贤,每元旦及生辰,诸生咸肃衣冠入拜。②

粤地多有名士,在引导士习方面最具影响力,惠士奇对此颇为看重,言称"今之校官,古博士也,博士明于今古,通达国体,今校官无博士之才,弟子何所效法"③,故而多方访诸舆论,广求贤良。试举三例。其一,"越权举荐翁廷资"。海阳进士翁廷资,通经博学。惠士奇求贤惜才,虽无题补官员之权,却毅然"越权"具疏题补翁为韶州府教授,雍正特批准奏。惠栋《松崖笔记》"特恩著令"条记云:"本朝各省学臣本无题补官员之例。雍正初,先君子官粤,悯司教者不得其人,以潮州进士翁君廷资可任教官,具疏题补韶州府教授。奉旨著照惠某所请补授,后不为例。"④其二,"礼下胡方"。胡方为新会大儒,接续理学传统,论学以倡明正学、敦尚实行为先务,处道学风气之末而独守坚确,粤人比诸陈献章。依《清史稿》所述:"元和惠士奇督学粤东,闻方名,舣舟村外,遣吴生至其家求一见。急挥手曰:'学政未蒇事,不可见!不可见!'出吴而扃其门。士奇乃索所著书而去。试事毕,仍介吴生以请,则假　冠投刺,至。长揖曰:'今日斋沐谢知己。方年迈,无受教地,不能执弟子礼。'数语遂起。惠握其手曰:'纵不欲多语,敢问先生,乡人谁能为文者?'答曰:'并世中无人。必求之,惟明季梁朝钟耳!'士奇遂求梁文并各家文刻之,名曰《岭南文选》。既而疏荐于朝。"⑤此事在粤地士子间传为佳话。其后,为鼓舞人才,惠士奇又奏言胡方人品端方、学术醇正,陈请依古养老之礼待之。⑥其三,惠士奇学政任满,还都陛见之际,仍心惦粤地名贤,向朝廷力荐方愿瑛及一名儒。

清代科考舞弊之风盛行,惠士奇上任伊始,即焚香设誓"不妄取一文,不妄

---

① 罗元焕撰,陈仲鸿注:《粤台征雅录》,商务印书馆1939年版,第9页。
② 钱大昕:《潜研堂文集》卷三十八《惠先生士奇传》,钱大昕著,陈文和主编:《嘉定钱大昕全集》(九),第651—652页。
③ 钱大昕:《潜研堂文集》卷三十八《惠先生士奇传》,钱大昕著,陈文和主编:《嘉定钱大昕全集》(九),第651—652页。
④ 惠栋:《松崖笔记》卷一《特恩著令》,《聚学轩丛书》本,第6页。
⑤ 赵尔巽等:《清史稿》卷四百八十《胡方传》,第13146页。
⑥ 惠仰泉等主修,惠士阶等纂修:《惠氏宗谱》卷五《节旌录》。

徇一情"①，以示取士公明。惠士奇曾任会试同考官、乡试正考官等职，熟谙科场情弊，主持粤地学政期间即整饬考风，"惩枪手顶替之习，一日发十五人奸。粤人咸诧为神明"②。

第二，扶植人才，奖掖后进。身居学政之职，惠士奇掌科考大权，唯以汲引士类、奖掖后进为任。粤地贤士俊秀，齐聚门下，其最著者有"惠门八子"及"惠门四子"之说。依《清史稿》所述，南海何梦瑶、劳孝舆、吴世忠，顺德罗天尺、苏珥、陈世和、陈海六，番禺吴秋为"惠门八子"③。"惠门四子"具体何指，说法不一。钱大昕《潜研堂文集·惠先生栋传》云："粤中高才生苏珥、罗天尺、何梦瑶、陈海六，时称'惠门四子'。"④江藩《汉学师承记·惠栋传》⑤、桂文灿《经学博采录》⑥均本钱氏之说。王欣夫先生对此持有疑义："考阮《通志·南海县志》，并云瑞一、履先、西池与劳阮斋为惠门四子，又或云履先、西池与钟铁桥狮、车蓼洲腾芳为惠门四子，未知孰是。按：苏瑞一为劳阮斋作《春秋诗话序》称罗履先、何西池、陈圣取诸子皆惠学使所赏，同在师门，又称阮斋并缔交则皆半农弟子也。"⑦钱氏作传当有所据，方志之说似亦可信，何说为是，殊难考实。然此处正可见粤地贤士多归惠门，谓之"九子"、"十子"亦不为过。

惠门子弟以学优行卓见称于时。今据史册移录相关传文，以见诸生学行之一斑：

何梦瑶，字报之，南海人。惠士奇视学广东，一以通经学古为教。梦瑶

---

① 钱大昕：《潜研堂文集》卷三十八《惠先生士奇传》，钱大昕著，陈文和主编：《嘉定钱大昕全集》（九），第651页。
② 杨超曾：《翰林院侍读学士惠公墓志铭》，钱仪吉、缪荃孙等辑：《清代碑传全集》，第246页。
③ 赵尔巽等：《清史稿·文苑二》，第13375页。又，黄佛颐《广东城坊志·番禺县续志稿》云："雁翅堂，在城西绣衣坊，邑人吴珍建，教弟子读书中。珍之长子孟旦，为学使惠士奇所识拔。次子秋与罗天尺等有'惠门八子'之目。"（黄佛颐撰，钟文点校：《广东城坊志》，暨南大学出版社1994年版，第301页）
④ 钱大昕："粤中高才生苏珥、罗天尺、何梦瑶、陈海六，时称'惠门四子'。"（《潜研堂文集》卷三十九《惠先生栋传》，钱大昕著，陈文和主编：《嘉定钱大昕全集》[九]，第661页）
⑤ 江藩、方东树著，徐洪兴编校：《汉学师承记（外二种）》，第30页。
⑥ "粤东自国初以来，诗坛最盛，讲学者承前明道学之遗，躬行实践。自东吴惠半农来粤督学，喜以经学提倡士类，时有苏瑞一珥、罗履先天尺、何西池梦瑶、陈圣取海六四君子称惠门四子。"桂文灿：《经学博采录》卷二，《八年丛编》之《辛巳丛编》本。
⑦ 桂文灿：《经学博采录》卷二。

与同里劳孝舆、吴世忠,顺德罗天尺、苏珥、陈世和、陈海六,番禺吴秋一时并起,有"惠门八子"之目。雍正八年,成进士,出宰粤西,治狱明慎,终奉天辽阳知州。性长于诗,兼通音律算术。谓蔡元定《律吕新书》本原《九章》,为之训释。更取御制《律吕正义》研究八音协律和声之用,述其大要。参以曹廷栋《琴学》,为书一编。时称其决择精当。又著《算迪》,述梅氏之学,兼阐《数理精蕴》、《历象考成》之旨。江藩谓近世为此学者,知有法,不知法之所以然;知之者,惟梦瑶也。①

劳孝舆,字阮斋。乾隆元年,召试鸿博,未用。以拔贡生廷试第五,出为黔中令。治古州屯务,足茧万山中。将去,民攀辕曰:"公劳苦以衣食我!"皆泣下。历锦屏、龙泉、镇远诸邑,皆有绩。卒于官。②

罗天尺,字履先。年十七,应学使试。士奇手录其赋、诗示诸生,名大起。征鸿博,念亲老不就,以举人终。雍正时修《一统志》,与孝舆同纂《粤乘》。孝舆忤俗,被口语,天尺力白之。所居里曰石湖,世以前有范石湖,因称后石湖以别之云。③

苏珥,字瑞一。为文长于序记,诗有别趣,书法亦工。惠士奇称之曰"南海明珠"。举鸿博,以母老,辞不试。乾隆初乡举,一试礼部,遂不出。④

---

① 赵尔巽等:《清史稿·文苑二》,第 13375 页。
② 赵尔巽等:《清史稿·文苑二》,第 13375 页。又,吴应逵《七先生传》载云:"劳孝舆,以字行,一字阮斋,南海人。神峰隽朗,受知于督学惠公士奇,名日起。就试鸿博,未用。以拔贡生廷试第五人,得点中令。是时苗乱初靖,民未安居。孝舆初至,即奉檄,委治古州屯务有效。历锦屏、清镇、龙泉、清溪、毕节诸邑。龙泉人思之,建劳公书院。毕节故有铸局,莅任者率满载去,孝舆则两袖清风如故也。最后调镇远,卒于官。著《春秋诗话》、《阮斋诗文集》。"(钱仪吉、缪荃孙等辑:《清代碑传全集》,第 702 页)
③ 赵尔巽等:《清史稿·文苑二》,第 13367 页。
④ 赵尔巽等:《清史稿·文苑二》,第 13367 页。又,吴应逵《七先生传》有载,云:"苏珥,字瑞一,顺德人。乾隆戊午举人,与孝舆同为惠督学所知,所谓惠门八君子者也。而两人者尤相得。性简易,不慕浮名,诗文皆不苟作,既脱稿亦不自珍惜。工书法,求其诗文而并得其书者,称为二绝。会大吏以鸿博荐,孝舆谓珥曰:'我辈毋堕处士虚声,盍偕往?'珥曰:'吾母年八十,愿违膝下。驰骋万里,不畏碧玉老人见哂乎?'遂不与试。"(钱仪吉、缪荃孙等辑:《清代碑传全集》,第 702 页)

车腾芳,字图南,一字蓼洲,番禺人。康熙庚子举人,督抚交荐,以亲老辞。县令亲为劝驾,乃逶迤就道。至京后,期即告养归。腾芳少失恃,事父至孝,虽出授徒,间日必归省。四方从学者甚众。庄殿撰有恭兄弟皆其门下士也。性狷介,新会何霁以诗交腾芳,筑室南门外,值千金。及归江门,以宅券授腾芳,腾芳不受,曰:"芳苟无宅,受之不为伤廉;今既有宅,复受君宅,于君不伤惠乎?"后出为海丰教谕,督学吴公鸿雅重之,从容问儿孙应试者几人。腾芳以失学对,吴益叹异。赋诗有"眼青敢谓因吾辈,头白何期识此翁"之语,其为名流心折如此。著《萤照阁诗文集》十六卷。①

钟狮,字作韶,番禺人。雍正壬子举人,荐试鸿博,不遇。丁巳成进士,授灵寿知县,旋乞病归。父瓒,别字萝山,为诸生有名。所居曰献玉堂,周遭植绯桃花时,灼灼出墙外。名流数十辈,时相过从,集先后题咏诗数百篇,合梓之曰《献玉堂雅集诗》。狮归,日栖息旧庐,重兴坛坫。越三十年乃卒。②

曹懁,字万为,保昌人。幼禀庭训,读《孟子》至"仲子廉士章",父诏之曰:"辟兄离母能廉,岂廉乡乃无母无兄之国哉?"即怵然志之。既为诸生,督学惠公士奇延入幕,命分校士,并授以经学,遂大进。雍正癸卯乡试,与谢仲坑俱拟解元,不得。抑置副车,荐试鸿博,放归教授。及门从游者甚重。著《四书详说》,行于世。自言所学,得读陆清献公之书而益进,择焉欲其精,语焉欲其详,主之以《集注》者十年,畅之以诸儒者十年,贯之以经传者又十年,乃返之己心,验之人事,而后成书云。③

就民心向背而言,惠士奇治粤可以说得到了地方官员及士子认可,其得以继任,即为广东巡抚年希尧力保而成。年氏上奏言谓:"广东学臣编修惠士奇,校士公明,一文不取。臣初亦未敢尽信。今三年已满,现在补考广额童生,亦将完毕,则其始终如一,可以深信。似此清廉操持出之员,臣何敢匿不上闻。"④李

---

① 吴应逵:《七先生传》,钱仪吉、缪荃孙等辑:《清代碑传全集》,第702页。
② 吴应逵:《七先生传》,钱仪吉、缪荃孙等辑:《清代碑传全集》,第702页。
③ 吴应逵:《七先生传》,钱仪吉、缪荃孙等辑:《清代碑传全集》,第702页。
④ 《世宗宪皇帝朱批谕旨》卷十四,元年八月二十三日,《四库全书》本。

绂以惠士奇督学岭南"公明澈底,超前绝后",有"粤东无两"之赞。①

以粤地学风而言,明中叶,新会陈献章崛起岭南,讲学江门,以心学倡,开"白沙学派"("新会学派")。心学之风,于兹而盛。此后,湛若水继而倡之,遂使白沙之学成为岭南学术大宗。惠士奇督粤六载,掌粤地文教大权,摒弃宋儒理说,讲求汉代经学,化导士习,提倡经学,推行一系列的文化政策。六载过后,广东学风"郁郁莘莘,堪比江浙"。惠士奇治粤举措在一定程度上扭转了士风,为岭南儒学注入新气息,亦为粤地学风从理学向经学的转变奠定了思想基石。陶澍称惠氏以经学世其家,"半农先生为粤东学政,用五经试士,士习丕变,彬彬然多通经,至今粤人思之,以配食韩子云"②。桂文灿有云:"粤东自国初以来,诗坛最盛,讲学者承前明道学之遗,躬行实践。自东吴惠半农来粤督学,喜以经学提倡士类。"③嘉道间,阮元继之而力倡经史之学,岭南儒学发展进入另一番天地,惠士奇的开拓之功则不可没。正如康有为、梁启超师徒所言,"惠半农督广东学政,始以朴学厉士"④,"广东经学,惠士奇开之"⑤。

从考核制度来看,清代官员,三载考绩,京官及地方督抚称"京察","以子卯午酉岁",地方官员考核,"较以四格,悬'才'、'守'、'政'、'年'为鹄。……纠以六法,不谨、罢软者革职,浮躁、才力不及者降调,年老有疾者休仕,注考送部"⑥。"京察"虽由皇帝考察,不妨以地方官员考核标准作参照。惠士奇官居学政,"提督学政,省各一人。以侍郎、京堂、翰、詹、科、道、部属等官进士出身人员内简用。各带原衔品级。掌学校政令,岁、科两考试。巡历所至,察师儒优劣。生员勤惰,升其贤者能者,斥其不帅教者。凡有兴革,会督抚行之"⑦。雍正也曾言"学政一官,所以化导士习,养育人才"⑧。由此,据惠士奇学政任内所致力事宜,以"才"、"守"、"政"、"年"考核,其才能、操守、年龄方面均无窒碍,

---

① 李绂:《穆堂初稿》卷四十一《复惠天牧》,《续修四库全书》本,上海古籍出版社2002年版,第66页。
② 陶澍:《书四世传经遗像后》,陶澍撰,陈蒲清主编:《陶澍全集》(六),第215页。
③ 桂文灿:《经学博采录》卷二,《八年丛编》之《辛巳丛编》本。
④ 梁启超:《近代学风之地理的分布》,《清华学报》1924年第1卷第1期。
⑤ 康有为:《康有为全集》第二册,上海古籍出版社1992年版,第551页。
⑥ 赵尔巽等:《清史稿》卷一百一十一《选举六》,第3221页。
⑦ 赵尔巽等:《清史稿》卷一百一十六《职官三》,第3345页。
⑧ 《世宗宪皇帝圣训》卷十八,雍正五年六月丁亥,《四库全书》本。

那么,问题或在其"为政"的"吏治"能力。

惠士奇于学政任内政绩可谓"中上",至少可算得上"合格"。雍正"谕旨"对惠士奇"巧诈沽名"、"甚属奸鄙"的评价颇难成立。如此,"罚修镇江城",岂非"天降之祸"？学界对此问题曾有论说,柴德赓认为:

> 竹汀《文集》三十八有《惠先生士奇传》,写士奇做广东学政时,雍正皇帝公开表扬他,说他"居官声名好"。竹汀写他"既去职,粤人尸祝之,为设木主配食先贤,潮州于昌黎祠,惠州于东坡祠,广州于三贤祠,每元旦及生辰,诸生咸肃衣冠入拜,其得士心如此"。真是说他再好也没有了。可是下文说"丙午(雍正四年)冬还朝,丁未五月,奉旨修理镇江城,即束装赴工所,弃产兴役,所修不及二十分之一,以产尽停工、罢官"。
>
> 此篇叙述士奇任广东学政时,极力铺张其行善政,得士心,返京以后,忽然说罚他修城,没有说一点理由。这种叙述方法,即是士人所谓"直书其事,其义自见"。其实中有深意,带严重的揭露和批判。清朝皇帝好用宰肥鸭的方法,听任官吏贪污巨款,到一定时期,把贪官法办了,赃款充公,或罚自费治河,自费修城,既有惩办贪官的好名,又是一种杀人不见血的剥削方法。当然被惩罚的人也是罪有应得,可也难免冤枉。竹汀这种写法,认为惠士奇是冤枉的,也是对宰肥鸭这种方法表示不满。广东学政当时人以为可以发财的,竹汀也做了半任广东学政,他写惠士奇的传不是无因的。可见了解一个人的思想,从议论上去找以外,还有无声之声,要在细心读书才能发现。①

漆永祥《〈汉学师承记〉札记》之"惠士奇罢官之真相"条有云:"明清皇帝之惩外任之大员,有俗所谓'杀熟'之法,即各省总督、巡抚、布政司、学政等要员,久任一地,必搜刮民脂,贪赃无度,故待其离任回京,则借一罪名,迫其以赃款或修城,或治河等,惠士奇之惩修镇江城者,盖亦受此祸耳。"②笔者以为,惠士奇"罚修镇江城"一事,归因为清廷"宰肥鸭"、"杀熟"观点,或可作一解。柴

---

① 柴德赓:《王西庄与钱竹汀》,顾吉辰主编:《钱大昕研究》,华东理工大学出版社1997年版,第92—93页。
② 漆永祥:《江藩与〈汉学师承记〉研究》,上海古籍出版社2006年版,第305页。

文据此以为钱大昕传文写法是对"宰肥鸭"方法表示不满,且是钱氏作传的原因,似难以成立。今所见惠士奇碑传资料最早者,为杨超曾《翰林院侍读学士惠公墓志铭》,钱大昕即以此文为本作传,其间所论惠士奇修镇江城事的措辞与之类同。杨、钱作墓志铭及传记对修理镇江城一事如此处理,可以说是本着"为尊者讳"的撰写原则。《惠氏宗谱》对于惠士奇所受朝廷恩遇记载详尽,而独阙修理镇江城一事,亦当作此解。

三、蠡测雍正

雍正的继位问题,各方论说不一,有"遗诏嗣位"、"矫诏篡位"、"弑君篡位"诸说,今已成悬案,然其继承大统后,不择手段,排除异己,以巩固独尊地位却是公认事实,年羹尧案即为其一。年氏为川陕总督,割据一方,权倾朝野。雍正三年(1725),皇帝以叛逆罪令其自裁,其兄年希尧亦被革职。实际上在年案前,雍正即对两广督抚杨琳、年希尧心存不满,搜罗其罪,以打击年羹尧朋党势力。雍正元年《朱批谕旨·董象纬奏折》指斥杨琳"怙恶不悛,徒欲掩盖已往之迹"、年希尧"懦弱庸愚,未能剔除现在之弊"[①]。同年十二月又谕告杨琳:"既自知当日奉行不力之愆,何得前折又有牵先扯后之奏?'身家性命'四字保全破败,皆在尔等自为之也!朕于其中并无成见。广抚之任甚属紧要,朕看年希尧童心犹未退,一切事胡涂,而又尚气任性。尔其据实奏闻,毋存一毫情面,代伊受过。如于地方无所济益,朕另有贤员更换,似此辜恩无用之物,何可姑容之耶!"[②]雍正威吓杨琳以寻年希尧之失。或"离间"未成而大为恼怒,雍正于翌年朱批广西总督孔毓珣折中对杨、年二人大加挞伐,谓杨琳"为人不识大体,每好护其已往之咎,因循自便。任谆谆教诫,不肯倾吐肝膈,振作旧习",年希尧"庸愚无识,自以为能。被杨琳所笼络,将从前弊政皆代为隐饰"。雍正同时密告孔毓珣:"倘伊等(指年)不肯用心兴利除弊,少有掣肘处,密奏以闻,朕即行迁调。"雍正二年(1724),杨琳病故;次年年希尧被革职。雍正认为"广东为第一难治",对杨琳、年希尧、惠士奇治粤成效颇为不满,言称:"广东风俗,百姓不

---

① 《世宗宪皇帝朱批谕旨》卷九十一《董象纬奏折》,元年九月二十六日,《四库全书》本。
② 《世宗宪皇帝朱批谕旨》卷十四《杨琳奏折》,元年十二月初六日,《四库全书》本。

以盗窃为耻。近年竟至劫掠公行。乃地方大吏十案外结八九。兵弁不被赏罚劝惩,孰肯用命?兼之武备废弛不堪,而小民鱼盐之利又尽为官有,资生无策,故易为不安分之事。至于官场中举劾百无一公。此所以吏治民生均至不可问也。"①此时,总督病故,巡抚革职,问责无人,学政惠士奇任满回京,自然成为雍正挞伐对象,而"奏对不称旨"之说,实为借口。况且惠士奇与杨琳、年希尧为同僚,杨、年曾力荐其继任学政,故而雍正谓惠士奇"诌媚督抚",显然视其与杨、年为"一丘之貉"。

雍正朝大兴文字狱,大案有年羹尧案、汪景祺案、查嗣庭案、吕留良案等数十起,据以打压士人,钳制思想。虽说惠士奇和"文字狱"并无关联,在此背景下审视雍正对于惠士奇的态度,亦有所得。雍正对"学臣"署理地方学务有着相当期待,曾以惠士奇为"反面教材"训诫杨尔德,指斥惠士奇为"随波逐流"、"与时俯仰"、"到处逢迎"、"窃名邀誉"之徒,又谓:

> 士为四民之首,学臣为董士之官,整饬风俗,正尔专责。若不加意惩奖,力行化导,一味模棱因循,唯唯否否,甚或袒护顽衿劣绅,其于求则惟言是听,阿奉权要廷臣。于请托则惟命是从,诌媚督抚,瞻顾提镇,以为和协安静、文武相安则大误矣!如此巧佞党比,自必誉言四布,但恐朕别有鉴察,不能掩蔽。岂特负恩之罪难逭,抑且身为名教中败类,亦甚属可耻。惟宜一秉公正,谢绝同年故旧、门生老师之私谊,斩断一切葛藤缠绕,而后能为所欲为也。士习官常,自宋元以来,其流弊不可问矣!朕欲竭力挽此千百年之颓风尔。②

在雍正眼中,吕留良为"名教中大罪魁"③,惠士奇为"名教中败类"。雍正以学臣为董士之官,职当整饬风俗,此言不误。事实上,雍正获取皇位有着诸多"蹊跷",朝野舆论对此亦有非议,反清势力或有复燃之势,此类风向断不为雍正所容。故其注重"整饬风俗"为学政之责,另有深意。传统士人的经世关怀情结,对时政的非议使得雍正如坐针毡、如鲠在喉,愤愤不平之情不吐不快,

---

① 《世宗宪皇帝朱批谕旨》卷七十一《孔毓珣奏折》,二年四月十九日,《四库全书》本。
② 《世宗宪皇帝朱批谕旨》,五年正月二十五日,《四库全书》本。
③ 《大清世宗宪皇帝实录》卷八十一,雍正七年五月乙丑,中华书局1986年版,第76页。

是以"欲竭力挽此千百年之颓风",文字狱即为激进手段之一。在此背景下,士子或趋科考入仕为官,或致力汉学考据之途,经世思想成为潜流,经世之风渐熄。

大体而言,在治国用人策略上,雍正尚实恶虚,即位伊始,下有训谕十一道,提出"名实"的政治理念。凡为政,当"兴利除弊","以实心,行实效。实至而名亦归之","名者,实之华也",并举例对"名"、"实"作解释云:"洁己爱民,奉公尽职",即为"实";治事优异,"民歌舆诵",即为"名"。雍正力斥"乡愿",认为此类人"居之似忠信,行之似廉洁",雍正自言"不敢言恶人之所恶,但知乡愿之所深恶耳"。① 在雍正的眼中,惠士奇似为"乡愿"一类。雍正治国重吏,认为"为政首重安民,安民必先察吏"②、"吏治惟在得人"③。雍正四年(1726)谕各省官员:"居官立身之道,自以操守廉洁为本。但封疆大吏职任甚巨,《洪范》所称有猷、有为、有守三者并重,则是操守不过居官之一节耳。安民察吏、兴利除弊,其道多端。倘但恃其操守,博取名誉,而悠悠忽忽,于地方事务不能整饬经理,苟且塞责,姑且养奸,贻害甚大。"④此处也可见其治国用人政策。

雍正元年(1723),惠士奇广东学政三载任满,得以留任三载,在于年希尧、杨琳力荐之功。雍正元年六月二十日,署理广东巡抚事务年希尧奏陈学臣清方公明折云:

> 窃臣到任后,闻学臣惠士奇清介自持,取士秉公,细加察访,岁科两试,果然不受贿赂,不徇情面。所取文武生童,多系孤寒之士,十府一州,莫不悦服。能仰体皇上作养人才之盛心,是诚不负圣恩。如此廉洁之员,未易多得。今考试已竣,现遵部文补试加额童生。据通省生童赴臣衙门具呈,恳请题留再任。臣不敢壅于上闻,相应具折据实奏知。伏乞皇上睿鉴。谨奏。⑤

---

① 李治亭主编:《清史》,上海人民出版社2001年版,第957—958页。
② 《世宗宪皇帝圣训》卷十八,雍正三年四月戊子,《四库全书》本。
③ 《世宗宪皇帝圣训》卷十八,雍正四年八月丙戌,《四库全书》本。
④ 中国人民大学清史研究所编:《清史编年》第4卷,中国人民大学出版社1991年版,第206页。
⑤ 《宫中档雍正朝奏折》第一辑,台北故宫博物院1977年版,第376页。

雍正朱批云："今另差一员前往,可保比惠士奇更胜也。"①
同年八月廿三日,两广总督杨琳奏陈年希尧官声折云:

　　广东学臣编修惠士奇校士公明,一文不取,臣初亦未敢尽信,今三年已满,现今补考特恩广额童生,亦将完毕,则其始终如一矣。臣遍历各省,所遇学臣中仅见者。有此清操特出之员,臣何敢掩没不为上闻,合并奏知。谨奏。②

雍正朱批:"早有旨留任三年矣!"又云:"惠士奇观其人吏治可以用得否?"③十一月十六日,杨琳奏覆惠士奇非吏治长材折云:"本年十月二十九日,奉到朱批。臣奏广东学臣惠士奇清操折内奉批'早有旨留三年矣!''惠士奇观其人吏治可以用得否?钦此。'查惠士奇校士公明,臣已试之三年,是以敢为奏闻。但惠士奇虽未做过临民之官,臣与之共事三年,观其作用,惟有衡文乃其所长,恐非吏治之长材也。理合面奏。"④雍正朱批云:"如此据实方是,知道了。"⑤

雍正二年(1724)十二月初九,惠士奇奏奉圣训叩谢天恩折云:

　　提督广东学政翰林院编修加一级臣惠士奇奏为恭谢圣训事。雍正二年十一月二十八日,新选广东粮道吴炯于舟次叩宣皇上面谕:"大凡读书人,谨厚安静,循规蹈矩。如河南开封秀才罢考强梁,张廷璐不能教训,大负朕心。可先下旨于惠士奇,学院为士子表率,于每县中择品行端方、学术纯正者,奖励鼓舞,成个明体达用之儒。俾一乡观感兴慕,则一县之人,无不学为端方纯正矣。总要不务虚名,躬行实践,士风方能挽回。将此亦下与惠士奇,钦此。"臣跪听圣训叩谢恩讫。钦惟我皇上兴廉举孝,褒德禄

---

① 《宫中档雍正朝奏折》第一辑,第 376 页。
② 《宫中档雍正朝奏折》第一辑,第 646 页。
③ 《宫中档雍正朝奏折》第一辑,第 646 页。
④ 《宫中档雍正朝奏折》第二辑,台北故宫博物院 1977 年版,第 66—67 页。
⑤ 《宫中档雍正朝奏折》第二辑,第 67 页。按:《世宗宪皇帝朱批谕旨》卷十四元年八月二十三日云:"惠士奇操守廉洁,知道了。才情可宜于吏治否?尔其审视,更奏以闻。"

贤。僻在海隅,咸知向化。恭承天语,弥切冰兢。现在遍行确核有端方纯正者加意奖励外,另造册报部,鼓舞一乡之善玉,成全粤之材。仰服期克副帝心,俯用竭尽臣力。又臣素系寒士,并无的当家人,谨封固附督臣孔毓珣代进。臣谨奏。①

针对此条奏折,雍正朱批"只要务实"②四字。

由上可见,杨琳、年希尧上奏赞赏惠士奇"校士公明"、"一文不取"、"始终如一"、"清廉操持"。杨琳与惠士奇为同僚,共事多年,知其所长在"衡文"而非"吏治"。雍正以为地方官员"最要者惟当甄别属员之贤否"③,强调"只要务实",对于官员"吏治"能力期待极高。惠士奇督粤期间,提倡经学,访诸贤良,然其毕竟是儒生,吏治终非其所长。惠氏多援经史论政,如论《周礼》引郑康成、贾公彦之说立论,并考之《宋史》、《隋书》、《金史》,此若施于实政,恐难言奏效。惠士奇返京面圣,举荐宿儒,雍正以举荐之人"年迈不能出仕"而驳回。其后惠士奇返京述职,奏对"官员贤否"亦未得君心,引起雍正极度不满。值得注意的是,雍正谕批杨琳的回奏云:"如此据实方是,知道了。"④雍正事前知而用之,事后怒而"罚修镇江城",难合情理。雍正朝重典治贪,曾云对贪官"若止予以参革,犹不足以蔽其辜",当"一面纠参,一面搜查其宦资,必使其囊橐一空也"。《上谕内阁》称惠士奇"非一尘不染之人",言外之意则有"贪污"之嫌。着一"贪"字,惠士奇"罪莫大焉",终因"莫须有"罪名而获冤。

惠士奇离任后,雍正钦点杨尔德继任广东学政。杨氏治粤措施约有两端。其一,尽学政职责,矫正风俗。上任伊始,即"训饬广东士子沐浴圣教,务使士习渐淳,士风渐厚。间有一二不率者,恪遵功令,轻则戒饬,重即褫革,不敢丝毫假借"⑤。"士习淳厚"亦可谓思想沉闷而毫无生机,这正是雍正所期待的。惠士奇督粤六年,粤地风气开化,思想活跃,学风可比江浙。士子或论时事,自不为雍正所容,惠士奇之功,反成其罪。其二,关注民生。杨氏督粤,于"学政之

---

① 《宫中档雍正朝奏折》第三辑,台北故宫博物院1977年版,第583—584页。
② 《宫中档雍正朝奏折》第三辑,第584页。
③ 《世宗宪皇帝朱批谕旨》,元年三月初三日,《四库全书》本。
④ 《世宗宪皇帝朱批谕旨》,元年十一月十六日,《四库全书》本。
⑤ 《世宗宪皇帝朱批谕旨》,五年正月二十五日,《四库全书》本。

外有关吏治民生者庶留心访问",曾就"米价"问题提出"彻底盘查以清积弊"、"专责任以严考成"、"审其地方以均积贮"、"核其损耗以杜妄报"四条建议,雍正朱批云:"见闻所及,只管敷陈,倘于事体有不协处,听朕训示亦可增长识见,开拓胸襟。若于献替之中,稍有补益于朕,则厥功大矣。毋因朕之采纳与否,而或言或不言也。"①可见杨氏治粤注重实效,这一点可谓深契君心,亦可见雍正治国用人之策略。

欲知晓惠士奇在入仕上的态度,且看其本人如何表态。据梁章钜《国朝臣工言行记》记录惠士奇舟中与子书曰:

> 犹记康熙六十一年秋,试初毕还省城,与将军管源忠、巡抚杨宗仁燕语,管谓予曰:"老先生不名一钱,固善,万一日后奉旨当差,如之何?"杨正色曰:"天理可凭,决无此事,吾能保之。"予摇首曰:"保不得!保不得!"杨愕然曰:"何谓也?"予曰:"男儿堕地,死生祸福已前定,万一吾命当死,公能保我不死耶?君子惟洁乃心,尽厥职而已,他非所知也。"管左右顾,笑曰:"好汉!好汉!"予当时已料及此事,君能致其身,即粉骨分所不辞,倘有几微难色,便非好汉。汝当仰体我心,欢欣鼓舞,以乐饥寒,则我快然无憾矣。②

从中很难判定惠士奇可以预料其后龙颜震怒之劫,但至少可见其"君子坦荡荡"的心境。

关于"罚修镇江城"事,惠士奇本人也有论及,其《祭从兄端明先生文》有云:

> 督学南越,尉佗之城。兄寄书来,属付丁宁。居官之道,第一廉清。况揆文教,惟公与明。贪夫徇利,懦夫徇情。苟有一眚,坠厥家声。余奉兄言,敬书之佩。率以周旋,弗敢失坠。叨蒙圣恩,再留三岁。精神并殚,心力两瘁。拙宦三年,幸无瑕颣。被召入都,声华炳蔚。请安宫门,延入大

---

① 《世宗宪皇帝朱批谕旨》,五年六月十七日,《四库全书》本。
② 梁章钜:《国朝臣工言行记》卷十三引《测海集》"惠士奇"条,《清代传记丛刊》本,第55册,第657—658页,转引自漆永祥:《江藩与〈汉学师承记〉研究》,第306页。

内。造次失仪,仓黄奏对。弗慎弗详,时时追悔。天子曰吁,池德不类。与朕所闻,前后相背。完为城旦,轻令赎罪。欲报皇恩,其如空汇。兄曰无伤,我心不愧。日远天高,无光不被。竭力致身,何忧何畏。①

由文中可见,对于署理广东学务事宜,惠士奇自认"拙宦三年,幸无瑕类"。其受罚修城之事,出于"造次失仪,仓黄奏对",其言外之意,显然未认可《上谕》所定诸罪。杨超曾所作铭文于"修镇江城"语焉不详,细绎其于惠士奇的赞誉言辞,或可体味其间深意。铭文称惠士奇大端有四,曰持品端严、律身孝友、取士公明、居官清廉,"平日汲引士类,经品题者,并显名于世。公之公明,洵不可及矣。公素励志节,取与不苟。通籍后,闭门扫轨,非德不交。屡持文衡,却苞苴,杜请寄,始终皭然,如白圭振鹭,纤尘不污";至其修城,则"亲自巡功,蘘城操表,寒暑不辍"。② 杨氏对惠士奇"居官清廉"、"纤尘不染",以及修城尽职尽责、躬身于役的记述,较之雍正"沽取名誉"、"欺世盗名"、"奸鄙巧诈"、"非一尘不染"、"名教中败类"的叱责,其差异何啻天壤。杨氏深知惠士奇获罪之冤,然囿于特殊的政治环境,难以摆明是非立场,故而铭文对"罚"字隐而不论,却对修城态度描述细微,对惠士奇道德品行推崇备至,其中有微言,即以委婉措辞表达出对惠士奇"冤屈"的抗议。

关于惠士奇"修城"之事,尚未见惠栋有专文讨论。在《松崖笔记》"人才命脉系于提学官"条有云:"(傅山)又论忠襄公云:'公抚晋,虽死实无功。公有功在为江西提学使时首识杨某、万某、曾某,皆公得意士。士之献公者,节义文章,争光日月,实先为朝廷物色之矣。本朝人才命脉系提学官只重如此。'山谓人才命脉系提学官,此至言也。东南之人言人才者从未及此。山意盖谓提学官贤则人才出,提学官不贤则人才不出,此至言也。"③ 惠士奇官居学政,推举贤

---

① 惠仰泉等主修,惠士阶等纂修:《惠氏宗谱》卷五《祭从兄端明先生文》。
② 杨超曾:《翰林院侍读学士惠公墓志铭》,钱仪吉、缪荃孙等辑:《清代碑传全集》,第246页。沈德潜编《清诗别裁集》"惠士奇"云:"视学广南,以通经术为先务,空疏旧习为之一变。操行之洁比于白圭。"(第387页)惠栋又云:"宣城吴晴严肃公曰:'吴富人死,往往重币速贵宾,谓荣吾亲也。宾亦往吊。姜贞毅之寓吴也,独否。君子以为介。'先君子以乾隆四年乞假里居。有云间富人,重币肃先君子,先君子辞而不往。此固小节,然今日士大夫守此者,鲜矣。"《松崖笔记》卷一《吴人以丧肃宾》,第2页。可见惠士奇里居退隐后,洁身自好,其端行亦难寻微疵。
③ 惠栋:《松崖笔记》卷三《人才命脉系于提学官》,第7页。

良,奖掖后进。时有苏珥、罗天尺、何梦瑶、陈海六,惠栋号为"惠门四子"。惠栋于"人才命脉系提学官"所发感慨"此至言也",其间抑或蕴含深意。

乾隆治国,宽严相济,对前朝"冤假错案"多加拨反。乾隆元年(1736),有旨调惠士奇进京以讲读用,后补侍读,所欠修城银两得宽免。惠士奇晚年复为朝廷启用,冤情可谓得以平反,归隐而终老于家,亦可谓人生之幸。"罚修镇江城"可谓惠门之一大厄,然惠士奇仕途不遇,勤力于学,晚岁学益精粹。其子惠栋,无志科场,沉潜著述,引领乾嘉汉学风尚,亦可谓学界之幸事。

第二节 惠士奇《易说》述论

明清鼎革之际,士大夫抨击宋明理学的"空言心性"及其"空疏无用",学术界掀起一股强劲的理学清算浪潮,在《易》学领域里主要表现为以黄宗羲、黄宗炎、胡渭等为代表的批判宋代易学图书派。正如梁启超所指出的,"清代易学第一期的工作,专在革周(按:周敦颐)、邵(按:邵雍)的命"[①]。乾嘉时期,汉学治易亦有鲜明的时代特征,主要表现为:在承袭前期"易学革命"基础之上,"从宋学对《周易》经传义理的阐发,转向对汉易的解说或依汉易解经的学风重新注解《周易》经传"[②]。惠士奇一生经历康熙、雍正、乾隆三朝,其易学思想承载着批判宋易及张扬汉易的双重使命,反映出清代易学转型期的特征。

一、《易说》与《半农先生易说》

东吴惠氏,四世传经,易学成就更是遗泽后世。刘师培论清儒《周易》学成绩:"惟东吴惠氏世传《易》学,自周惕作《易传》,其子士奇作《易说》,杂释卦爻,以象为主,专明汉例,但采掇未纯。士奇子栋作《周易述》,以虞注、郑注为主,兼采两汉易家之说,旁通曲证,然全书未竟。门人江藩继之作《周易述补》。

---

① 梁启超著,朱维铮校注:《梁启超论清学史二种》,第295页。
② 朱伯崑:《易学哲学史》,北京大学出版社1986年版,第294页。

栋又作《易汉学》《易例》《周易本义辩证》，咸宗汉学。"①惠士奇的易学思想秉承庭训，源自家学。惠栋在《易汉学自序》中提及惠士奇《易说》一书的由来，文谓："栋曾王父朴庵先生，尝闵汉学之不存也，取李氏《易解》所载者，参众说而为之传。天、崇之际，遭乱散佚，以其说口授王父，王父授之先君子，先君子于是成《易说》六卷。又尝欲别撰汉经师说《易》之源流，而未暇也。"②序文所谓"李氏《易解》"，是指唐代易学家李鼎祚《周易集解》。李著采子夏、孟喜、京房、荀爽、郑玄等数十家学说，"刊辅嗣之野文，补康成之逸象"以成《周易集解》，后世研究汉儒易说，多据之立说，此书也被《四库全书》纂修者誉为"可宝之古笈"③。自惠有声本诸《周易集解》揭橥汉易旗帜，惠士奇《易说》即据之选摘《易》卦爻，揆发汉易精义。《易说》一书可谓惠氏三世治《易》的集体结晶，讨论惠氏易学，自当由此书始。

《易说》凡六卷，卷一为乾卦至履卦，十卦；卷二为泰卦至复卦，十四卦；卷三为无妄卦至明夷卦，十二卦；卷四为家人卦至升卦，十卦；卷五为困卦至丰卦，九卦；卷六为旅卦至系辞。关于惠士奇所著《易说》的版本情况，学界多有论述。漆永祥指出：丁日昌《持静斋书目》卷一"《易说》六卷"云："坊本又有《半农先生易说》一卷，与《研谿先生诗说》 卷，两稿本同册，首有红豆书屋印，盖当时手稿。"④张素卿访查日本京都大学文学研究科图书馆所藏《研谿先生诗说 半农先生易说》，正两书合为一册，与《持静斋书目》描述相合，当系丁日昌当年所见之本，"抄本笔迹与传世所见惠周惕、惠士奇或惠栋之笔迹俱不相似，据此而言，此抄本绝非丁氏所谓'当时手稿'"。《半农先生〈易说〉》一书，惠栋《易汉学》卷八《辨先天后天》《辨两仪四象》两条曾引为佐证，有"半农先生《易说》"云云，内容不见于六卷本《易说》。经张素卿目验比对："京都大学藏《易说》抄本虽有类似文字，上下文却颇有出入，另核诸台北故宫博物院图书文献处所藏红豆斋抄本，则十九相合。经仔细比对，一卷本《易说》条目少且每条内容较为简略，应属初稿；故宫藏红豆斋抄本三卷，业经大幅补充修订，条目与内容与通行的六卷几乎相同，但仍有少数差异，属修订稿；六卷通行本经惠栋

---

① 刘师培著，陈居渊注：《刘师培经学教科书》，吉林人民出版社2013年版，第141页。
② 惠栋：《松崖文钞》卷一《易汉学自序》，第270页。
③ 永瑢等：《四库全书总目》卷一《经部·易类一·周易集解》，第4页。
④ 漆永祥：《东吴三惠著述考》，袁行霈主编：《国学研究》第14卷，第375页。

参与校对而后刊行,当系定稿。由一卷本到三卷本到六卷本,《易说》之撰述取向并无明显差异。"①

二、批判宋《易》图书派

关于传统易学的渊源流变,四库馆臣概括为互相攻驳的两派六宗:"汉儒言象数,去古未远也。一变而为京、焦,入于禨祥;再变而为陈、邵,务穷造化,《易》遂不切于民用。王弼尽黜象数,说以老庄;一变而胡瑗、程子,始阐明儒理;再变而李光、杨万里,又参证史事,《易》遂日启其论端。"②宋代易学又有义理、图书两派。义理派源于胡瑗,继之者程颐,对《周易》的解释摒弃阴阳灾异与天人感应的谶纬之说,注重阐发性命道德之理。自陈抟、周敦颐、邵雍出,图书派大兴。皮锡瑞论图书派发展大势云:"宋人图书之学,出于陈抟。抟得道家之图,创为太极、河洛、先天、后天之说。宋人之言《易》学者多宗之。周子稍变而转易之,为《太极图说》,宋人之言道学者多宗之;邵学精于象数,著《皇极经世》书,亦为学者所宗。"③朱熹为后出,杂糅图书、义理二派,又尊崇程颐义理学派,引入邵雍河洛及先天后天之说、周敦颐无极太极说,所作《周易本义》篇首即冠以九图。惠士奇对于宋《易》图书派的批判,即围绕"先天后天"、"两仪四象"、"读《易》三等"及"援释入儒"等议题而展开。

第一,辨"先天后天"。"先天"、"后天"语出《易传·文言》"先天而天弗违,后天而奉天时"句。自邵雍出,区分先天、后天之易,辟"伏羲卦"与"文王卦"的疆界。邵子以《先天八卦图》解《说卦》云:"起震终艮一节,明文王八卦也;天地定位一节,明伏羲八卦也。"又称先天者为伏羲所画之《易》,后天者为文王所演之《易》。④

《半农先生易说》论及"先天"、"后天"有云:

---

① 张素卿:《博综以通经——略论惠士奇〈易说〉》,《吉林师范大学学报(人文社会科学版)》2017年第6期。另参氏著:《京都大学藏惠士奇〈易说〉抄本初探》,"第十届中国经学国际学术研讨会"宣读论文,2017年10月。
② 永瑢等:《四库全书总目》卷一《经部·易类一》,第1页。
③ 皮锡瑞:《经学通论》卷一《论宋人图书之学亦出于汉人而不足据》,中华书局1954年版,第27页。
④ 《朱文公集》卷三十八《答袁机仲》,《四部丛刊》本。

道家创为先天后天图。以先天为伏羲卦,后天为文王卦,妄也。即以乾坤二卦言之,乾为寒为冰,南非寒冰之地,曷为而移在南?坤为土,王四季,在中央。西南者,中央土也,曷为而移之北乎?且天地定位,定位者,天尊地卑而乾坤定,卑高以陈而贵贱位也。如道家言,先天乾在南,后天在西北,先天坤在北,后天在西南,是天地无定位矣。又北极在上,南极在下,乾南坤北,是天在下,地在上也,谓之定位可乎?以此知道家之说,妄也。《庄子》曰:"至阴肃肃,至阳赫赫。肃肃出乎天,赫赫发乎地。两者交通成和而物生焉。"乾位西北,故至阴出乎天;坤位西南,故至阳发乎地。《礼家》亦云"天产作阴德,地产作阳德"者。以此,道家之老庄,犹儒家之孔孟。乾南坤北,其说不合乎老庄,必出于后世道家之说,故未闻乎古,至宋而后盛行焉。以后世道家之说,托为伏羲而加之文王、周公、孔子之上,学者不鸣鼓而攻,必非圣人之徒也。[①]

惠士奇认为先天、后天属于道家之学,从诠释乾坤二卦发起批判,其注《系辞》"天地定位"以证"先天"、"后天"说之"妄"。此论入室操戈,以"道家之老庄犹儒家之孔孟",发覆庄子之说,斥责后世道家"先天"、"后天"实为悖其祖训。邵雍谓乾卦在南,坤卦在北,惠士奇指出其不确,惠氏之说是矣。从表面上看,惠士奇严厉指责的是邵雍之"妄",然其最终目标远非只限于有"道家之实"的邵子。棒打邵雍,意在朱熹。众所周知,朱子对邵雍"先天"、"后天"说广为推衍,以先天八卦为伏羲《易》、后天八卦为文王《易》,致力先天卦之探讨成为此后宋《易》图书派的主导方向,易学的义理层面日趋形而上学化,虚之又虚,玄而又玄。当然,"先天"、"后天"之说为易学带来新气象,理学阐释体系因而趋于完善,易学哲学及其理论思维日渐精密,宋儒易学精神由此而独立,自有其重要的学术本体意义。惠士奇对此"鸣鼓而攻",严判儒道之界,而包裹在其《易》学之中,对于邵雍、朱熹不遗余力的批判,实为自清初蔚然而兴的理学清算浪潮对宋《易》图书派批判的余音。

第二,辨"两仪四象"。"两仪"、"四象",语出《易传·系辞》:"易有太极,是生两仪,两仪生四象,四象生八卦,八卦定吉凶,吉凶生大业。"朱熹解释"易

---

① 惠栋:《易汉学》卷八《辨先天后天》,引《半农先生易说》语,《四库全书》本,第65页。

有太极,是生两仪":"太极者,象数未形,而其理已具之称……太极之判,始生一奇一偶而为一画者二,是为两仪。"解"两仪生四象"云:"两仪之上,各生一奇一偶而为二画者四,是谓四象。"解"四象生八卦"云:"四象之上,各生一奇一偶而为三画者八,于是三才略具,而有八卦之名矣……八卦之上,各生一奇一偶而为四画者十六……四画之上各生一奇一偶而为五画者三十二……五画之上,各生一奇一偶而为六画者六十四……于是六十四卦之名立,而易道大成矣。"①

《半农先生易说》论"两仪"、"四象"有云:

> 易有太极,是生两仪,两仪生四象,四象生八卦。两仪,天地也;四象,四时也。四时有四正,有四维。震春、离夏、兑秋、坎冬为四正;巽东南、坤西南、乾西北、艮东北为四维。此四正四维,以时言之为四时,以象言之为四象,而八卦出于其中。不曰卦而曰象者,八卦以象告也。阴阳太少,可谓之仪,不可谓之象。宋儒遂以四象当之,误矣。太少在阴阳之中,有阴阳即有太少,非先有阴阳,后有太少也。若云始为一画以分阴阳,次为二画以分太少,是阴阳生太少,有是理乎?谓阴阳分太少可,谓阴阳生太少不可。《易》之言生不言分,父生子,子生孙,可谓之生,不可谓之分。邵子割裂太极,穿凿阴阳,一分为二,二分为四,四分为八,所谓加一倍法。朱子笃信,吾无取焉。②

朱熹所谓"太极者,象数未形,而其理已具之称","太极之判,始生一奇一偶而为一画者二,是为两仪",为其"理本体"在《易》学中的反映。"理"和"太极"这两个概念,在朱熹思想体系中趋于同一概念,皆指向宇宙之本源或最高的存在,朱子形上学即以此为基础而建立。惠士奇称"太少在阴阳之中,有阴阳即有太少,非先有阴阳,后有太少也",论阴阳与太少共生。从逻辑思维步骤来看,以宇宙本体论的模式将《易》之产生判断为"太极"(或"理")—阴阳—两仪—四象,当然较阴阳与太少共生论更加严密,也更富有理论的创造性。惠士

---

① 朱熹著,朱杰人、严佐之、刘永翔主编:《朱子全书》,上海古籍出版社、安徽教育出版社 2002 年版,第 218 页。
② 惠栋:《易汉学》卷八《辨两仪四象》,引《半农先生易说》语,第 66—67 页。

奇以"生"代"分",是一种处于"理学清算"余波下的对《易》学的新诠释,其底蕴在于将《易》学往"下"拉,而不是往"上"推,即赋予《易》学更加贴近"现实"的理解,而尽力摒弃其形上色彩。

第三,辨"读《易》三等"。朱熹解释《周易》,主"读易三等"说,认为"今人读《易》,当自分为三等。伏羲自是伏羲之《易》,文王自是文王之《易》,孔子自是孔子之《易》"①。又称:"学《易》者须将《易》各自看,伏羲《易》自作伏羲《易》看,是时未有一辞也;文王《易》自作文王《易》;周公《易》自作周公《易》;孔子《易》自作孔子《易》看。必欲牵合作一意看,不得。"②朱子提出伏羲画卦、文王作卦辞、周公作爻辞、孔子作十翼,将其分别观之,不当以伏羲《易》即为文王、周公、孔子《易》,此一说法大逆于《周易》古圣贤一脉相承的旧论,可谓传统易学观的颠覆之论。《易》道尚"变",易学是一个富有思想力的"生命体",自伏羲、文王、周公以至孔子,易学经历了不断发展变化的过程。从"变"的眼光来看,"读《易》三等"说本身并无不妥,甚至有其积极的学术意义。问题在于,朱子"读《易》三等"说在"变"的眼光之外,还包含着深层次的意蕴。朱子有言:"自伏羲以上,皆无文字,只有图画,最宜深玩,可见作《易》本原精微之意。"③"读《易》三等"说单独辟出伏羲之《易》,凸显伏羲之《易》在探讨易之本原中的关键作用,而伏羲之时,无文字而有图画,伏羲之《易》最宜深玩,可以"无所不谈"。"读《易》三等"说为朱子在形上思辨领域内对"理"、"道"、"性"、"命"等概念的探讨大开方便之门,也为此后理学"学者当于羲皇心地上驰骋,不当于周孔脚迹下盘旋"的论学理念夯实了根基。

在清初学界理学清算浪潮中,已有学者对朱熹"读《易》三等"说给予足够

---

① 黄士毅编,徐时仪、杨立军整理:《朱子语类》卷六十七《易三·纲领下》,上海古籍出版社 2023 年版,第 1471 页。
② 黄士毅编,徐时仪、杨立军整理:《朱子语类》卷六十六《易二·纲领上之下》,第 1449 页。
③ 《周易本义》所附九图之《卦变图》后,朱子按语谓:"易之图九,有天地自然之《易》,有伏羲之《易》,有文王、周公之《易》,有孔子之《易》。自伏羲以上,皆无文字,只有图画,最宜深玩,可见作《易》本原精微之意。文王以下,方有文字,即今之《周易》。然读者亦宜各就本文消息,不可便以孔子之说为文王之说也。"(朱熹著,苏勇校注:《周易本义》,北京大学出版社 1992 年版,第 204 页)

批判。如王夫之力主"四圣一揆"①,胡渭同样以为三圣易学不同风论"离经叛道,莫此为甚"②,王、胡二人均认同圣学宗旨一脉相承的易学观。惠士奇承之而起,对于宋《易》图书之学的批判矛头,首先指向"读《易》三等"说,言谓:"《易》始于伏羲,盛于文王,大备于孔子,而其说犹存于汉。不明孔子之《易》,不足与言文王;不明文王之《易》,不足与言伏羲。舍文王、孔子之《易》而远问庖羲,吾不知之矣。"③

惠士奇以为《周易》从伏羲、文王以至孔子,经历了"始"、"盛"、"大备"的过程,"其说犹存于汉"则凸显了汉儒保存及诠释孔子、文王、伏羲之《易》方面的特殊贡献。以惠氏此论与朱熹观点相比较,显然,朱熹所论伏羲、文王至孔子,各有各《易》,其间脉络并非"一以贯之",这也是胡渭批驳的重点所在。在胡渭看来,《周易》从伏羲、文王到周公、孔子有着一脉相承性,而惠士奇所言"始于伏羲,盛于文王,大备于孔子",其见解和胡渭相近,而与朱熹迥异。惠士奇自今推古、由实论虚的治《易》取径,较之朱熹自古推今、由虚论实的治《易》方法更为可靠可信。具体而言,惠士奇这一观点有着两层学术意义:其一,否定"读《易》三等"说。惠士奇提出阐释《易》理,当由孔子之《易》至文王之《易》,进而达伏羲之《易》,突出三圣传《易》的一脉相承,本质上是对朱熹"读《易》三等"说的宣战;对学者治《易》舍孔子、文王而远问伏羲发出"吾不知之矣"的感慨,流露出对宋《易》图书派的否定态度。其二,开辟新的治《易》取向,

---

① 王夫之:"孔子又即文、周《彖》、《爻》之辞,赞其所以然之理,而为《文言》与《彖》、《象》之传;又以其义例之贯通与其变动者,为《系传》、《说卦》、《杂卦》,使占者得其指归以通其殊致。盖孔子所赞之说,即以明《彖传》、《象传》之纲领,而《彖》、《象》二传即文、周之《彖》、《爻》,文、周之《彖》、《爻》即伏羲之画象。四圣同揆,后圣以达先圣之意而未尝有损益也,明矣。"(王夫之:《周易内传·周易内传发例·一》,山东友谊书社1992年版)又云:"大略以《乾》、《坤》并建为宗,错综合一为象;《彖》、《爻》一致,四圣一揆为释;占学一理、得失吉凶一道为义;占义不占利,劝戒君子、不渎告小人为用;畏文、周、孔子之正训,辟京房、陈抟日者黄冠之图说为防。"(王夫之:《周易内传·周易内传发例·二五》)
② 胡渭:"近时博士家承邵、朱之说,谓三圣不同《易》,病分经合传之非古,归咎王弼。此不能三年之丧,而缌小功之察也。夫谓经传不可合者,以书同而道异,言同而人异,如《春秋》诸传于经,则诚未可合也。羲、文、周、孔奚不合之有?由孔子视三圣为古,自视为传,由今视四圣则皆古也,皆经也,孔子何遂不如左、公、穀传《春秋》,世儒不病左、公、穀合《春秋》,而病《十翼》合《易》,以伸四圣不同《易》之说,谬也。""诋夫子《十翼》为一家言。离经叛道,莫此为甚!"(胡渭著,王易等整理:《易图明辨》卷十,巴蜀书社1991年版,第253—254页)
③ 江藩、方东树著,徐洪兴编校:《汉学师承记(外二种)》卷二《惠士奇》,第27页。

为乾嘉间汉学家论学从汉易入手,由汉学诸家之说阐发易学精义提供理论支撑。

第四,批判"援释入儒"。清初理学清算浪潮以"辟二氏",即摒弃宋明儒学中的佛道痕迹而展开。众所周知,宋儒援佛入儒,其易学包含着明显的二氏印痕。惠士奇对宋儒易学的批判即着力于此。根据《松崖笔记》"诞先登于岸"条所记:"《诗·皇矣》曰:'诞先登于岸。'郑《笺》云:'诞,大;登,成;岸,讼也。天语文王:欲广大德美,当先平讼,正曲直也。'半农先生云:'似此解方与下文合。佛家有彼岸之说,宋人取之,援释入儒,吾无取焉。'"① "诞先登于岸"语出《诗经·文王之什·皇矣》:"帝谓文王,无然畔援,无然歆羡,诞先登于岸。密人不恭,敢距大邦,侵阮徂共。王赫斯怒,爰整其旅,以按徂旅,以笃于周祜,以对于天下。"朱子释谓"诞,发语词","无然,犹言不可如此也。畔,离畔也。援,攀援也。言舍此而取彼也。歆,欲之动也。羡,爱慕也。言肆情以徇物也。岸,道之极至处。……人心有所畔援,有所歆羡,则溺于人欲之流,而不能自济。文王无是二者,故独能先知先觉,以造道之极至。盖天实命之,而非人力之所及也"。② 对于"诞先登于岸"问题,后来学者多有探讨,如洪迈、陈启源认同朱子之说,方濬师则以《毛传》为是。③ 经典的诠释,一则体现为对元典本义的探求,同时亦有诠释者的自我立场,反映出学者因为为学立场的不同而作出别样的疏解。洪迈、陈启源、方濬师等从"诞先登于岸"文意入手,或由文字训诂其义,或由语境推其意,而杭世骏④、魏源⑤则训之为"大"。从引文来看,惠士奇对郑《笺》的准确性持有疑义,"似此解方与下文合"语义模棱两可,未下断语。朱子援佛教语录解释《诗经》,惠士奇文中所言"宋人"实即暗指朱子。在郑《笺》与朱子意见的对比上,表达出明显的取舍态度。惠士奇援引郑《笺》立论,意在驳斥宋人取佛家彼岸之说解释儒经,言外之意,亦表达出对朱子"援释入儒"的批驳和否定。

---

① 惠栋:《松崖笔记》卷一《诞先登于岸》,第6—7页。
② 朱熹著,朱杰人、严佐之、刘永翔主编:《朱子全书》,第676页。
③ 方濬师撰,盛冬铃点校:《蕉轩随录　续录》卷四《诞先登于岸》,中华书局1995年版,第143页。
④ 杭世骏撰,陈抗点校:《订讹类编·续补》卷上《诞》,中华书局1997年,第239页。
⑤ 魏源:《魏源集·默觚上·学篇四》,中华书局1976年版,第11页。

三、尊崇汉《易》象数派

　　在理学清算浪潮的影响下,清初学风主实践、实学,舍"道"就"器"的治学理念浸染其中,学术各领域多有弃虚蹈实的倾向。就《易》学方面而言,汉代象数派论《易》以"数"说"象",宋代图书派在承袭象数派以"数"说"象"的传统之外,论《易》力主"先天"说,此种倾向蕴涵着舍"事"而言《易》象的意味。经历了黄宗羲、黄宗炎、胡渭等清初学者在易学领域对图书派的批判,延至惠士奇所处的时代,在一定意义上说已到了如何巩固"战果",重建易学统系的阶段,即如何从学术上给予清初易学批判运动以"学理"的支撑。梁启超指出:"他们(按:黄宗羲、黄宗炎、胡渭)对周、邵派的破坏算是成功了。建设的工作怎么样进行呢?论理,他们专重注疏,自应归到王韩一派,但王注援老庄以谈名理,非他们所喜。而且'辅嗣《易》行无汉学',前人已经说过,尤为汉学家所痛恨。所以他们要另辟一条新路来。"①惠士奇指出治《易》不可远问伏羲,而当自孔子至文王以达伏羲,拾级而上。那么,又何以知孔子、文王之《易》?"训诂之学,莫精于汉"②,惠士奇推崇汉儒,逻辑上自然地转入由汉学阐发元典精义。在惠士奇的观念中,易学发展史上有两厄:其一,魏晋时期,玄学盛行,王弼乱《易》,"今所传之《易》,出自费直。费氏本古文,王弼尽改为俗书,又创为虚象之说,遂举汉学而空之,而古学亡矣"③;其二,宋明之际,理学鼎盛,援佛入易学。"汉儒言《易》,孟喜以卦气,京房以适变,荀爽以升降,郑康成以爻辰,虞翻以纳甲,其说不同,而指归则一,皆不可废"④,而唯有抛开为王弼及宋儒所"紊乱"之《易》,归诸汉易,方能重建易学统系,这成为惠士奇开辟新路的自然选择。汉儒解《易》取象说,惠士奇治《易》专宗汉学,博引汉儒之说,以"事"取"象",反对"虚象"解《易》,力主"象数说"、"卦气说"。

　　第一,"六十四卦皆实象"。汉易象数派取八卦象征的物象解释卦辞、爻辞。惠士奇推崇汉儒,力主"实象论",称:"《易》者,象也。圣人观象而系辞,君

---

① 梁启超著,朱维铮校注:《梁启超论清学史二种》,第295页。
② 惠士奇:《易说》卷一,《四库全书》本,第686页。
③ 江藩、方东树著,徐洪兴编校:《汉学师承记(外二种)》,第27页。
④ 江藩、方东树著,徐洪兴编校:《汉学师承记(外二种)》,第27页。

子观象而玩辞。六十四卦皆实象。"①惠士奇取"象"而重"实",这一点很重要,其间折射出清初"弃虚蹈实"学风对易学领域的影响。重"实"的理念在惠士奇诠释《周易》大义的事例中也多有体现,如解《谦卦》云:"《易》象曰:地中有山,谦。说者谓山至高而地至卑,乃屈而止于下。非也。象曰地中,不曰地下见,乃谓之象。地下有山,其谁见之? 于是学《易》者谓《易》有虚象,妄矣! 六十四卦皆实象,安得虚? 圣人曷为设此虚象以惑人哉?"②惠士奇参天象,取天文、地理等自然之象诠论《易》理。如解《谦卦》:"天中有地,地中有山。地在天中,仅一点耳,山在地中,亦不过一抔土、一拳石而已。方存乎见少,又奚以自多? 此谦之情、谦之义、谦之象也。太元以少象,谦得之矣。若云至高而屈于至卑,无论其无此象,即有此象,而意中先作一高之想,复设一卑之形,又抱一屈之憾,何谦之有乎? 此不知《易》象亦不知地理也。"③惠士奇以"实象"解释《周易》,"《易》之取象,各以其类"④,多取"象"之实体意义。

由于主"实象论",惠士奇认为"事"与"象"关系,在于"象本事生,因事见象"。如解《中孚》卦爻辞"上九,翰音登于天,贞凶"云:"鸡栖于桀,岂能登墙。雉之高飞,不过一丈,无戾天之翼,而曰登天,《易》之取象不若是之妄也。"惠士奇论云:"凡《易》之取象皆然,无是事则亦无是象矣。"⑤由于"因事立象",《易说》一书"杂释卦爻,专宗汉学,以象为主。然有意矫王弼以来空言说经之弊,故征引极博,而不免稍失之杂"⑥。王弼治《易》,以卦意释卦、爻辞,以文意解经,"得意忘象"、"得象忘言",所谓"象者,出意者也;言者,明象者也。尽意莫若象,尽象莫若言。言生于象,故可寻言以观象;象生于意,故可寻象以观意。意以象尽,象以言著"⑦。惠士奇于《易说》多处考论王弼论《易》之失,如"王弼谓大畜之盛在四五,失之矣"⑧、"王弼谓甘者佞邪说媚不正之名,误矣"⑨、"王

---

① 江藩、方东树著,徐洪兴编校:《汉学师承记(外二种)》,第 27 页。
② 惠士奇:《易说》卷二,《四库全书》本,第 694 页。
③ 惠士奇:《易说》卷二,《四库全书》本,第 694 页。
④ 惠士奇:《易说》卷二,《四库全书》本,第 692 页。
⑤ 惠士奇:《易说》卷五,《四库全书》本,第 753 页。
⑥ 永瑢等:《四库全书总目》卷六《经部·易类六·易说》,第 41 页。
⑦ 王弼:《周易略例·明象》。
⑧ 惠士奇:《易说》卷一,《四库全书》本,第 688 页。
⑨ 惠士奇:《易说》卷二,《四库全书》本,第 698 页。

弼以遁二为小人,不知易象者矣"①、"王弼曰:'阴不能自革,革己乃能从之'。爻言革不言从。此王弼之臆说,何足信哉?"②等等。

第二,卦气说。"卦气说"为汉易象数派的又一特征。通过卦象解说节气之变化,以六十四卦配四时、十二月、二十四节气;以阴阳奇偶之数解释阴阳二气;以卦象奇偶之数的变化阐述阴阳二气之消长。汉儒孟喜《周易章句》、京房《京氏易传》均主"卦气说"。惠士奇对于《周易》的解释,尊崇汉儒而主"卦气说"。《易说》解"天在山中,大畜"云:"物生乎气,气本乎天。故山能生草木而兴宝藏者,天气在其中也。如中无天气,则山块然一拳石耳,焉能起肤寸之云,不崇朝而雨遍天下哉!不知天观诸日月,无时不行,行乎地上为昼、为明、为晋,行乎地下为夜、为暗、为明夷,明夷,诛也。……学者不明历象,焉能明易象哉?不大畜则不大行,畜之厚斯行之远。故山中之天取象于天衢,天衢之大道,黄道之所经也。盖天道于是大通矣。故传曰:山川精气上为列星,此之谓也。《生气通天论》曰:夫自古通天者,生之本于阴阳、天地之间,六合之内,其气九州、九窍、五藏、十二节,皆通乎天气。故小而一物,大而山川,莫不有窍而天气通焉。《释名》曰:山,产生物也。《说文》曰:山,宣也。谓能宣散,气生万物也。山中无天,何以宣气而生物乎? 天在山中,实象也。"③惠士奇所主"卦气"说,与其"实象"论灵犀相通,均将卦象解释落于"实在"的物质基础,是在理学清算思潮逼仄之下,有着唯物论倾向的新易学,亦可视为易学发展史上开出的新动向。

第三,引老庄、纬书解《易》。在清初学界的理学清算运动中,"辟道"是批判宋《易》图书派的关节所在。黄宗羲、黄宗炎、毛奇龄等围绕图书派展开初步清算。胡渭承之而起,以《易图明辨》严判儒道疆界,批评宋明诸儒特别是朱熹援道入儒,是清初易学的重要特点。在《易说》中,惠士奇对于老庄所持的立场也值得关注。惠著引述《庄子·在宥篇》解乾卦《彖传》"大明终始",叹言"孰谓庄周不闻道哉? 庄周精于《易》,故善道阴阳,后儒说《易》者皆不及,故特揭以待后之学者焉"④。可以说,援引老庄学说以解《周易》为惠士奇易学思想最值得玩味之处。《易说》全书,引老子解《易》九处,引庄子解《易》七处。在"辟

---

① 惠士奇:《易说》卷三,《四库全书》本,第716页。
② 惠士奇:《易说》卷五,《四库全书》本,第737页。
③ 惠士奇:《易说》卷三,《四库全书》本,第706—707页。
④ 惠士奇:《易说》卷一,《四库全书》本,第677页。

二氏"思潮影响下,类似惠士奇如此肯定老庄学说对易学的积极意义,尤其是汉学家阵营的学者少之又少。此后,四库馆臣斥责惠士奇此论"尤未免失之不经",其中既透露出"汉宋之争"的意味,同时从侧面反证出四库馆臣拘滞不化的门户偏见,以及惠士奇为学广博的特点。对于惠士奇这种治学倾向,可以从两个方面来认识。胡渭对老庄批判不遗余力,完全否定老庄用阴阳说《易》的学术成果,既带有清初仇恨二氏、贱视老庄的情绪化色彩,同时也是对老庄阴阳学说的诋毁。惠氏三世传《易》,在易学领域本有着精深造诣,惠士奇并不认可宋儒图书派的易学,在批判图书派的问题上,与胡渭并无不同,唯在老庄阴阳学说的理解上,惠士奇并未对老庄阴阳学说的积极效用一笔抹杀,而是将其和宋儒学说区别对待,在批判宋儒图书派易学的同时,对老庄阴阳学说给予充分肯定,从而形成了惠氏易学中,不同于胡渭,也不同于彼时学界"辟二氏"倾向的独特风格。老庄的阴阳论经过魏晋玄学,特别是王弼借助其对《周易》的诠释而得到进一步的升华。胡渭批判老庄,其否定用阴阳观念看待易学的治学倾向,连带着否定了魏晋玄学中借助老庄而构建的阴阳理论。惠士奇对老庄学说作一分为二的看待,其谓庄周精于《周易》,故善道阴阳,因之援述老庄之说解《易》,在很大程度上肯定了老庄的阴阳学说。惠士奇看待老庄阴阳学说的立场,反映出其易学并未局限于恢复汉学本身面貌。这是其易学思想的一个亮点。

　　纬者,为经之支流,衍及旁义。六经皆有纬,《易》经之纬称《易纬》,或谓其出于先秦,或谓西汉,魏晋南北朝颇为盛行,其后散佚。《易纬》属于象数派易学,以阴阳解释《周易》。汉儒将《易纬·乾凿度》、《易纬·乾坤凿度》、《易纬·坤灵图》列为"十翼"之属,尤以《乾凿度》最为重要。纬书在易学史上有其特别的地位。郑玄遍注群经,曾广注《易纬》,李鼎祚《周易集解》于《乾凿度》征引最多,是以四库馆臣认为《周易乾凿度》"皆于《易》旨有所发明,较他纬独为醇正。至于太乙九宫、四正四维,皆本于十五之说,乃宋儒'戴九履一'之图所由出。朱子取之,列于《本义·图说》。故程大昌谓:汉魏以降言《易》者皆宗而用之,非后世所托为,诚稽古者所不可废矣"①。惠士奇解《易》,即多征引《周易乾凿度》。《易说》解《益卦》云:"其说本先汉诸儒,而后汉以其出《乾凿

---

① 　永瑢等:《四库全书总目》卷六《经部·易类六·周易乾凿度》,第46页。

度》,为不可信,愚独有取焉。"后文引诸经解说,称其所言皆出于《乾凿度》,不可"以其纬书而废之"①。其后,惠栋继之,同样认为"纬书所论多周秦旧法,不可尽废"②。由此,注重纬书在诠释儒家经典中的特别价值,成为惠氏论学颇有意思的一个方面,即如章太炎所言:惠栋治《易》杂引纬书,且信纳甲爻辰之说,"吴中学派传播越中,于纬书咸加崇信"③。

惠士奇治《易》虽宗汉儒,却并不拘泥。《易说》多处批评虞翻论《易》"失之巧"而"穿凿最多"。④ 惠著《易说》诠解《易》理,本着"以经解经"理念⑤,并于经史之外博引《墨子》、《淮南子》、《荀子》、《管子》、《内经》等书,以至四库馆臣有"爱博嗜奇,不能自割"之讥,而此类批评并非中肯之论。像《墨子》、《淮南子》、《荀子》、《管子》以及《内经》等书,虽非儒家经典,其中包含经典所未记述或语焉不详的典制史事,这一点毋庸置疑。乾隆年间的汪中、毕沅研治墨学,即关注到《墨子》可补经书断文阙简之弊。惠士奇援诸子入易学,恰恰可视为乾隆年间"以子补经"治学路径的先声,而不应如四库馆臣以"爱博嗜奇,不能自割"论断之。

惠氏四世传经,《易说》为其三世治《易》的集体结晶。其后,惠栋承先辈所开辟的学术方向,批判宋易图书之学,从事汉易的整理与阐释:《荀子微言》以易理释荀学;《易汉学》追考两汉易学源流;《周易述》依古义阐发汉易要旨。惠士奇的易学上承清初学界的理学清算浪潮,下启乾嘉时期汉易复兴之风,吹响了汉易复兴的号角,在清代易学史上亦有其重要的学术意义。

第三节 惠士奇的《春秋》学

东吴惠氏,家世业儒,在《春秋》学领域均有著述。惠有声《春秋左传补注》、惠周惕《春秋问》散佚未见;惠士奇《春秋说》、惠栋《春秋左传补注》皆为

---

① 惠士奇:《易说》卷四,《四库全书》本,第724—725页。
② 惠栋:《易例》卷上,《四库全书》本,第22页。
③ 刘光汉:《南北学派不同论》(续第6期),《国粹学报》1905年第1卷第7期。
④ 惠士奇:《易说》卷三,《四库全书》本,第710页。
⑤ 惠士奇:《易说》卷四,《四库全书》本,第724页。

《四库全书》著录。惠氏四世传经,其《春秋》学论著有着一脉相承的特点,《半农先生春秋说》即为惠士奇承续惠有声、惠周惕两世之学而成,一定程度上可谓惠氏《春秋》学成绩的集中反映,在清代《春秋》学史上也有其重要的学术地位。

《春秋说》十五卷,《四库全书》经部《春秋》类有著录。在《春秋说》中,惠士奇自述其撰述初衷:"学者合而观之,则惟《左传》纪事为可信。凡史无文,《左氏》皆无传,盖无征不信,故不敢以异说乱经。或以为《左氏》纪事诞妄不足信,始自赵匡,南北宋诸儒从而和之,于是学者胸驰臆断,异说并兴,《左传》虽存而实废矣。吾恐《左传》废而《春秋》亦随之而亡也。独抱遗经,力排异说,非吾徒之责而谁责欤?"①这里,惠士奇认为在《春秋》三传中,《左传》纪事本诸国史,"无征不信",故所言最为可信,与《公羊传》、《穀梁传》相比,地位也最为重要。自从宋儒"胸驰臆断",《左传》处于存而犹亡的境地,所以他"独抱遗经,力排异说",这也是其作《春秋说》动机之所在。

惠士奇《春秋说》编纂特色及其思想要旨,前人多有论及,其间以四库馆臣及钱大昕所见最为精到。四库馆臣称《春秋说》"言必据典、论必持平,所谓元元本本之学",其书编排"以礼为纲,而纬以《春秋》之事,比类相从,约取三传附于下,亦间以《史记》诸书佐之。大抵事实多据《左氏》,而论断多采《公》、《穀》,每条之下多附辨诸儒之说,每类之后,又各以己意为总论"②。钱大昕则概论其书主要观点谓:

> 《春秋》三传,事莫详于《左氏》,论莫正于《穀梁》。韩宣子见《鲁春秋》,曰:周礼尽在鲁矣。然则《春秋》本周礼以记事也。《左氏》褒贬,皆春秋诸儒之论,故纪事皆实,而论或未公。《公羊》不信国史,惟笃信其师说,师所未言,则以意逆之,故所失常多。要之,《左氏》得诸国史,《公》、《穀》得之师承,虽互有得失,不可偏废。后世有王通者,好为大言以欺人,乃曰三传作而《春秋》散。于是啖助、赵匡之徒,争攻三传以伸其异说。夫《春秋》无《左传》,则二百四十年盲如坐暗室之中矣。《公》、《穀》二家,即七

---

① 惠士奇:《春秋说》,《清经解》卷二百三十八,第176页。
② 永瑢等:《四库全书总目》卷二九《经部·春秋类四·易说》,第240页。

十子之徒所传之大义也。后之学者,当信而好之,择其善而从之,若徒据孟子"尽信书则不如无书"之说,力排而痛诋之,吾恐三传废而《春秋》亦随之而亡也。《左氏》最有功于《春秋》,《公》、《榖》有功兼有过,学者信其所必不可信,疑其所必无可疑,惑之甚者也![1]

上述两家见解,大体概括出惠士奇《春秋说》之特点及要义,而由《春秋说》具体内容则可以进一步理解惠氏《春秋》观。

第一,以"礼"说《春秋》。《春秋》一书记述诸多朝聘、会盟、祭祀等事,其中牵涉礼制问题,太史公即以《春秋》为"礼义之大宗"。在《左传》、《公羊传》、《榖梁传》中,三传又以《左传》涉及礼制最多,郑玄论及三传特点即认为《左传》善于礼,《公羊》善于谶,《榖梁》则善于经。在惠士奇看来,"《春秋》本《周礼》以纪事,学者不明《周礼》,焉识《春秋》"[2],故其《春秋说》多援据《左传》记述的礼制解释《春秋》经文。惠士奇对礼制问题有专门探究,著有《礼说》一书,《春秋说》即多引用《礼说》相关论断诠释《春秋》。[3] 本诸礼以解释《春秋》可以说是《春秋说》最为显著的特点。对于《春秋说》的重"礼"取向,应当给予积极正面的评价。惠士奇提出不明礼制无法读懂《春秋》,这一见解的精神实质和章学诚"六经皆史"论同符合契,礼为典制,事则史实,一而二,二而一。乾嘉汉学者多为古文家,所信奉者为经史同源说,基于此种理念衍生出治学注重考据的"实事求是"学风。

第二,论《春秋》三传。《春秋》为经,释其大义者为《左传》、《公羊传》、《榖梁传》三传,惠士奇如何看待三传在解释《春秋》经文中的地位,亦为考察其《春秋》学思想的一个关键问题。在《春秋说》中,惠士奇对三传特点及其得失多有论述。如"《左传》褒贬皆春秋诸儒之论,见于晋《乘》、楚《梼杌》诸书,而左氏取之,故纪事皆实,其论未公"、"左氏据国史作传,确然可信"、"《左传》纪事详而核,学者当从之"、"《春秋》事莫详于《左氏》,论莫正于《公》、《榖》"、"左氏详于事而略于义,《公羊》好言义"、"盖《榖梁》之徒,以意说而非本于师说,有

---

[1] 钱大昕:《潜研堂文集》卷三十八《惠先生士奇传》,钱大昕著,陈文和主编:《嘉定钱大昕全集》(九),第652—653页。
[2] 惠士奇:《春秋说》,《清经解》卷二百二十八,第136页。
[3] 参《春秋说》,《清经解》卷二百二十八,第110、112、123页;卷二百三十六,第167页。

所受之者为师说,无所受之者为意说。后世无师,唐宋俗儒皆好以意说"、"左氏据国史纪事,前后详密。《公》、《穀》不信国史而以意逆之,得失常参半"、"《左传》最有功于《春秋》,《公》、《穀》有功兼有过"、"《公羊》不信国史,亦不详玩经文,止据师传而说,故其失如此"、"《公》、《穀》皆不信国史,惟笃信师传"、"其师之所未言则以意逆之,故失者常多"①等等。

　　以上摘引所列,仅为《春秋说》有代表性的论说,其中已折射出惠士奇对三传学术价值高下之判断。惠氏对《春秋》三传地位的认识,涉及今文家、古文家对《春秋》的不同态度,以及《春秋》是重"事"抑或重"义"的问题。一般而言,古文家将孔子视为史学家,亦不排斥史家同时兼具政治家的意味。《春秋》则是一部历史著作。此种理念显然和"六经皆史"论息息相通,即经典大义出于史事,史学家的政治理念(经义)来自其个人对史事的体悟和抽象。惠士奇论三传和《春秋》的关系,实际上是借助传与经的关系问题,探讨史与经的关系。古文经学重《左传》之"传"《春秋》,正是着眼于"义"从"史"出的理念。东汉桓谭《新论》以为,若无《左传》,即便圣人读《春秋》十年,亦不能理解其间微言大义,此论所表达的正是古文经学"义"从"史"出的《春秋》观。由此,古文经学家大多信奉"经史同源"说或"六经皆史"说。清初自顾炎武以下所士均为古义一派,下至惠士奇亦然。以此,在三传解经的地位问题上,惠士奇《春秋说》着力表彰《左传》的特别价值亦在情理之中。

　　在惠士奇看来,《左传》、《公羊传》和《穀梁传》对《春秋》的解读也各有其特点。《左传》重"史(事)",《公羊传》、《穀梁传》重"论(义)"。惠士奇诠解《春秋》,在注重史实的同时并非不讲义法,虽有言称《左传》"详于事而略于义",但"略"并不等同于"无",对于《春秋》大义的探求,同样是《春秋说》所关注的议题。惠士奇强调:"《春秋》事同而文异者,必有微旨在其中,学者不可以不察。"②然而考察《春秋》之"义",不可"以意逆之"。所谓"意"的含义,当指个人的主观理解。惠士奇此处对于"意"的批判,并非指向个人在认知活动中的主观能动性,而是对随意诠释经典文本倾向的批判。惠士奇认为《公羊传》、《穀梁传》诠释《春秋》经之所以"得失参半",在于此两家"不信国史",即缺乏

---

① 惠士奇:《春秋说》,《清经解》卷二百二十八,第 147、122、154、109、187、148、140、116、168、132 页。
② 惠士奇:《春秋说》,《清经解》卷二百三十八,第 177 页。

一定的事实依据而作出过于主观的解释。惠士奇认为："孟子善说《春秋》，其说《春秋》也，则曰其事、其文、其义，其义在经，其事、其文在传。后世俗儒蔑传而尊经，则其事、其文尽亡，而其义亦亡矣。名为尊经而实蔑之，何尊之有哉？"①并且举例，"如齐子叔姬，《公》、《榖》不知其事而以意说。又《公羊》不知秦穆公名任好而以康公䓨为穆公，是不知其人而以意说。孟子所谓'以意逆志'者，谓既知其事，又知其人，然后以我之意逆彼之志，乃为得之。如不知其事与其人，而徒以意逆，未有不失者也"②。

"事"、"义"之论，源出《孟子·离娄下》："晋之《乘》，楚之《梼杌》，鲁之《春秋》，一也；其事则齐桓、晋文，其文则史。孔子曰：'其义则丘窃取之矣。'"惠士奇引述此文论《春秋》三传之"事"和"义"称："《左氏》所据者晋《乘》、楚《梼杌》、鲁《春秋》，孟子所谓其事与其文也。《公》、《榖》二家不征事，不考文，惟言义，义在事与文中，舍事与文而独言义，往往失之。"③此处"义在事与文"一语，正是惠士奇诠解《春秋》的阐述原则，正是抱持这一解经理念，惠氏解说《春秋》大体经历"事"—"文"—"情"—"义"之过程，基于可靠的事实以诠释经典大义，"说《春秋》者，详其事、核其文，乃得其情，则其义可知也"④。由此，《春秋说》各条目下附录三传之文，所取以《左传》之说居多，而《公羊传》、《榖梁传》之解则较少。如《春秋》僖公八年秋七月记"禘于大庙用致夫人"，《春秋说》选录《左传》而略《公羊传》和《榖梁传》，言称"《公》、《榖》二传，不见国史，得之传闻，未足信也"⑤；又如《春秋》文公七年夏四月戊子记："晋人及秦人战于令狐"，《春秋说》摘录《左传》之说，因《公羊传》、《榖梁传》"不知其事而以意逆之"⑥，略而未言。

第三，论《春秋》灾异之说。重灾异之说、天人感应说，为两汉儒学思想的主要特点。惠士奇尊信汉儒，对于《春秋》及有关史籍所载灾异之说也颇为关切，并于《春秋说》第十四卷选辑灾异现象有关记述，申明董仲舒的符瑞灾异说。文云：

---

① 惠士奇：《春秋说》，《清经解》卷二百四十二，第205页。
② 惠士奇：《春秋说》，《清经解》卷二百二十八，第139页。
③ 惠士奇：《春秋说》，《清经解》卷二百三十七，第174页。
④ 惠士奇：《春秋说》，《清经解》卷二百二十八，第126页。
⑤ 惠士奇：《春秋说》，《清经解》卷二百二十八，第106页。
⑥ 惠士奇：《春秋说》，《清经解》卷二百三十三，第145页。

孔氏颖达曰:"日月食可推而得,则是数自当然,而以为变异者,所以鉴戒人君也。故有伐鼓用币之仪、贬膳去乐之数。而好言灾异者,有时而验,或亦人之祸衅偶与相遭。故圣人假为劝戒,使智达之士识神道设教之深情,中下之主亦信妖祥以自惧焉尔。"其说近是,然以为神之则惑众,去之则害宜,其言若有若无,其事若疑若信,则非也。《鲁论·乡党》纪仲尼之行而曰"迅雷风烈必变",夫以雷风之恒,犹以迅烈为之变,况日月之食而不为之恪恭震动哉?且《春秋》纪日食,非志灾也。历家置闰易,定朔难,《春秋》天子不班朔,诸侯不视朔。鲁历往往失闰,乃于其易者失之,安有于其难者而顾得之。历法乱矣,君子修《春秋》特书日食以正之。若夫梓慎之对,史墨之占,存而不论可也。①

惠士奇又曾指出:

《鲁论》称子不语怪。说者遂谓圣人不言灾异,而《春秋》灾异皆书于策。汉儒董胶西治《公羊春秋》,始推阴阳灾异,为儒者宗。宣元之后,刘中垒治《穀梁春秋》,数其祸福,传以《洪范》与胶西错,互不合。及其子歆治《左氏春秋》,言五行传,又颇不同。宋儒尽斥之为妄,由是学者绝口不言灾异。愚以为文王演《周易》,孔子述《春秋》,天人之道,粲然明备。而《春秋》灾异、《洪范》咎征,确然可信者,焉可尽斥之为妄乎?②

惠士奇认为在春秋大乱之时,"天子不班朔,诸侯不视朔",引发"鲁历往往失闰"、"历法乱矣"的后果,并指出"君子(按:指孔子)修《春秋》特书日食以正之"。这里,惠士奇突出孔子作为一位史家所具备的根本精神——"求真",而绝非论灾异而定人事。下文紧接言称"梓慎之对,史墨之占",孔子的态度是"存而不论"。对于早期典籍中灾异的记载,是否可以作出比较符合自然的解释,是古文家和今文家的主要区别点。当然,由于处在文化发展初期,无论《左传》抑或《公羊传》、《穀梁传》,其中存有大量的灾异记载,此类记述其来有自。

---

① 惠士奇:《春秋说》,《清经解》卷二百三十八,第181页。
② 惠士奇:《春秋说》,《清经解》卷二百四十一,第197页。

《尚书·洪范》、董仲舒、刘向、刘歆等均言灾异,其间存在着一条从未中断过的精神链条。对于这一历史的存在,后人自然无法断然否定。惠士奇注意到宋代以后,学者不断夸大《论语》中孔子"不语怪力乱神"论,进而否定六经及传世典籍中所言灾异的存在。惠士奇显然不认同这一观点,因而强调《春秋》灾异、《洪范》咎征不能尽斥之为妄。问题在于,对历史上传世典籍中灾异的记录,主要是将其视为一种自然现象,抑或作为一种有人格意志的"天"施加于人类的惩罚或褒扬。在此问题认识上的差异,往往可以显示出学人见识之高下。惠士奇显然没有从根本上否认灾异现象的存在,而主要是将灾异定位为自然现象,因此认为孔子书日食是正"鲁历往往失闰"、"天子不班朔,诸侯不视朔"的历史缺陷。由此而论,四库馆臣评价惠士奇《春秋说》于灾异之类"反复辩诘,务申董仲舒《春秋》阴阳,刘向、刘歆《洪范》五行之说,未免过信汉儒,物而不化"①,未免有失严苛。

继惠士奇而起,惠栋对《春秋》三传的认识,整体承袭其父,其自序《春秋左传补注》言称:

> 《春秋》三传,《左氏》先著竹帛,名为古学,故所载古文为多。晋宋以来,郑、贾之学渐微,而服、杜盛行,及孔颖达奉敕为《春秋正义》,又专为杜氏一家之学。值五代之乱,服氏遂亡。尝见郑康成之《周礼》、韦宏嗣之《国语》,纯采先儒之说,末乃下以己意,令读者可以考得失而审异同。自杜元凯为《春秋集解》,虽根本前修,而不著其说,又其持论间与诸儒相违。于是乐逊《序义》、刘炫《规过》之书出焉。栋少习是书,长闻庭训。每谓杜氏解经,颇多违误。因刺取经传,附以先世遗闻,广为《补注》六卷,用以博异说,祛俗议,宗韦、郑之遗,前修不掩,效乐、刘之意,有失必规,其中于古今文之同异者尤悉焉。传之子孙,俾知四世之业,勿替引之云尔。②

惠栋已有《春秋左传补注》删杜注,扶贾、服;又有《春秋条辨》论《春秋》书年月日、日食等十余条,下论《春秋》之名,有正经之名、事同辞同之正例、事同

---

① 永瑢等:《四库全书总目》卷二十九《经部·春秋类四·易说》,第240页。
② 惠栋:《春秋左传补注序》,《清经解》卷三百五十三,第712页。

议论之变例、三科九旨、《春秋》之穿凿及记年之起讫等。① 当然,惠栋《春秋》学亦有别于其父之处。例如在《穀梁传》看法上,惠士奇认为《穀梁传》"不见国史,得之传闻",故其史实不足以征信,而惠栋则肯定《穀梁》传经之功,校勘汲古阁本《春秋公羊传注疏》、《春秋穀梁传注疏》校语谓"穀梁子真圣人之徒"、"穀梁子之书,有功于名教"。显然,较之惠士奇,惠栋对于《穀梁传》的评判更为公允客观。洪亮吉认为惠栋之学识"方驾古人"②,在《春秋左传诂》中对松崖之说采录最多。③ 嘉庆时期,马宗琏作《春秋左传补注》三卷推衍惠著之义,自序有云:"东吴惠先生栋,遵四代之家学,广搜贾、服、京君之注,援引秦汉子书为证,继先儒之绝学,为左氏之功臣,余服膺甘载,于惠君《补注》,间有遗漏,复妄参末议焉。"④惠士奇《半农先生春秋说》、惠栋《左传补注》均为《四库全书》经部《春秋》类著录,惠氏之《春秋》学在清代《春秋》学史中占有重要地位。

---

① 漆永祥:《东吴三惠著述考》,袁行霈主编:《国学研究》第 14 卷,第 396 页。
② 洪亮吉:《邵学士家传》,洪亮吉著,刘德权点校:《洪亮吉集》之《卷施阁文甲集》卷第九,中华书局 2001 年版,第 192 页。
③ 洪亮吉:《惠定宇先生〈后汉书训纂〉序》,洪亮吉著,刘德权点校:《洪亮吉集》之《卷施阁文甲集》卷第九,第 195 页。
④ 马宗琏:《春秋左传补注·自序》,转引自戴维:《春秋学史》,湖南教育出版社 2004 年版,第 451—452 页。李慈铭:"稚存(按:洪亮吉)好攻惠松崖氏,屡举其《左传补注》之失,然惠氏湛深古学,实非稚存所能及。此如虞剌郑违,刘规杜过,虽各存其说,终难遽掩前贤。"(李慈铭:《越缦堂读书记》,上海书店出版社 2000 年版,第 94 页)

第三章 吴派集大成者——惠栋学论

惠栋(1697—1758),字定宇,一字松崖,以有诏书征召而未仕,故而时有"征君"之称。[1] 初为吴江县(今属江苏苏州)生员,后改归元和籍。祖父周惕、父士奇皆长于经学,多有著述,惠栋秉承家学,自幼笃志向学;又以家多藏书,日夜讲诵,"雅爱典籍,得一善本,倾囊弗惜。或借读手钞,校勘精审,于古书之真伪,了然若辨黑白"[2]。年二十,补元和县学诸生,后随父至广东,与粤地学子往来论学。乾隆九年(1744)参加乡试,以《汉书》立论,为考官所黜,自此息意科考,沉潜著述。乾隆十六年(1751),朝廷诏举经明行修之士,两江总督黄廷桂、陕甘总督尹继善以惠栋博通经史、学有渊源而交相举荐,大学士、九卿索所著书,因未及呈送而罢归。乾隆十九年(1754),两淮盐运使卢见曾重其品,延聘入幕,为校《乾凿度》、《高氏战国策》、《郑氏易》、《郑司农集》、《尚书大传》、《李氏易传》、《匡谬正俗》、《封氏闻见记》、《唐摭言》、《文昌杂录》、《北梦琐言》、《感旧集》,辑《山左诗抄》诸书[3],讲授之暇,篝灯撰著,说经论文,亹亹甚乐。[4] 惠栋博览群书,于经史诸子、稗官野乘及七经谶纬之学,靡不津逮。其小学本《尔雅》,六书本《说文解字》。五十后专力经学,以著述授业终老。其生平行述可参看王昶、顾栋高、陈黄中所撰墓志传文。

惠栋之学,上承惠周惕、惠士奇,下启江声、余萧客,可谓吴派之集大成者,同时代学者抑或民初以来学术界对此已有共识。谢无量编纂中国文学史,论

---

[1] 赵翼:"有学行之士,经诏书征召而不仕者,曰征士,尊称之则曰征君。《后汉书·黄宪传》:天下号宪为征君。《魏志·王肃传》:魏初征士敦煌周生烈注经传,颇行于世。又《管宁传》注引《傅子》曰:胡征君怡怡无不爱也,年八十而不倦于书,吾于胡征君见之矣。胡征君谓胡晦也。后魏高允作《征士颂》,凡四十二人,皆与允同征者。"(赵翼:《陔余丛考》卷三十六《征君征士》,中华书局1963年版,第800—801页)
[2] 钱大昕:《潜研堂文集》卷三十九《惠先生栋传》,钱大昕著,陈文和主编:《嘉定钱大昕全集》(九),第661页。
[3] 李斗著,周光培点校:《扬州画舫录》卷十《虹桥录上》,江苏广陵古籍刻印社1984年版,第220页。
[4] 惠栋:《松崖文钞》卷二《秋灯夜读图序》,第278页。

乾嘉汉学亦言:自苏州惠氏祖孙,而汉学始有统绪可理,"惠氏世治经学,以汉学为归,而松崖承家学,益为精博"①。

第一节 惠栋宋《易》批判思想

惠栋治学广博,在群经子史领域多有著述,且最精于《周易》,本诸李鼎祚《周易集解》立论,采纳群经注疏以及史籍注文,发明汉儒学说。王鸣盛《蛾术编》论"惠氏易"云:惠士奇力宗古义,著《易说》"独得汉易之传",传子惠栋,"(栋)恨王辅嗣以假象说《易》,根本老氏之虚玄,而汉经师之业不存也。于李鼎祚《集解》取虞翻之说,以上溯孟喜,推明卦气,衍以纳甲,作《周易述》二十卷。……又别撰汉经师说《易》之原流,作《易汉学》七卷……又《易微言》二卷、《易例》二卷、《明堂大道录》八卷、《禘说》二卷,皆已刻"。② 有关惠栋易学思想的讨论,学界主要侧重于其整理、恢复汉易方面的贡献。事实上,对于宋代易学尤其是对图书派的批判,也是惠栋易学思想体系的重要一面。观察惠栋在宋《易》图书派上所持的批判立场,并将之置于乾嘉间批判宋儒易学思潮下加以申论,有助于更为全面地把握其易学思想。

一

惠栋对于宋儒易学图书派的态度,散见其经史著述,其中以《周易本义辨证》及《易汉学》第八卷最为集中。在《周易本义辨证》中,惠栋考辨朱熹《周易本义》之不足,卷首"凡例"十条说明"辨证"的缘由及内容,以批驳朱熹《周易本义》所附《九图》及河洛之学为主。在《周易》研究中,惠栋主张"汉人传《易》各有源流","识得汉易源流,乃可用汉学解经",故而批评朱震《易传》、毛奇龄《仲氏易》。③ 惠著《易汉学》追考汉易源流,前七卷辑录孟喜、虞翻、京房、郑

---

① 谢无量著,林昭整理:《中国大文学史》,安徽文艺出版社2022年版,第514—515页。
② 王鸣盛:《蛾术编》卷三《惠氏易》,第65—66页。
③ 惠栋:"余尝撰《汉易学》七卷。"(《九曜斋笔记》卷二《趋庭录》,第39页)

玄、荀爽诸家观点,第八卷有"四辨两说"①,其中,辨《河图》、《洛书》,辨先天后天,辨太极图,皆批驳宋《易》图书派。与前七卷相比,《易汉学》第八卷在内容、体例上存在很大差异。惠栋《易汉学自序》、《九曜斋笔记·趋庭录》均自述《易汉学》"成书七卷",《易汉学》原作当为七卷。又据漆永祥研究,《易汉学》第八卷"四辨两说"本属于《周易本义辨证》,恐为后人编此书时掺入惠氏旧说。②

由上可知,《周易本义辨证·凡例》与《易汉学》第八卷蕴涵着共通的学术见解,均以宋《易》图书派为批判矛头,在观点上也有诸多相同处。因此,对于惠栋易学著作的相关内容作一整体观照,以《易汉学》"四辨两说"之"三辨宋《易》图书派"之论为纲,辅以惠栋《周易本义辨证》、《易例》、《周易述》等内容,有助于理解惠栋宋《易》学论的思想内涵。

二

第一,辨《河图》、《洛书》为五行九宫方位图。《周易·系辞上传》云:"河出图,洛出书,圣人则之。"北宋刘牧《易数钩隐图》提出"象由数设"的主张,自"太极"至"八卦"均以数求象而为之图。其"河图四象"为六、七、八、九黑白点数,各取其三为坎、离、震、兑,以所余三、四、五、六配乾、巽、艮、坤,谓之"四象生八卦"。《河图》为"戴九履一,左三右七,二四为肩,六八为足,五为腹心"的九宫之数,《洛书》为五行生数与成数的黑白点数图。如此,《河图》、《洛书》与《系辞》之说发生关联,成为"《易》图"。此后,邵雍作《皇极经世》阐述先天后天学说,并作《先天图》。其后朱熹以天地之数为"河图",九宫之数为"洛书",所著《周易本义》、《易学启蒙》卷首均载《河图》、《洛书》,并认为:"是皆自然流

---

① 辨《河图》、《洛书》,辨先天后天,辨两仪四象,辨太极图;重卦说、卦变说。"四辨两说"为李开先生所提出的名词。(李开:《惠栋评传》,南京大学出版社1997年版,第243页)又,《松崖文钞》卷一《重卦考》署"己未稿",为乾隆四年(1739)稿,内容与《易汉学》卷八所附"重卦说"字句有增减而旨意无异。

② 漆永祥:"是书(《周易本义辨证》)上海图书馆藏有手稿本,大题原作《周易本义旁通》,'旁通'涂改为'辨证',足见是书初名《旁通》也。原本五卷,《附录》一卷,后《附录》入《易汉学》末。""上海图书馆藏《周易本义辨证》,五卷附录一卷,手稿本,一册。《附录》一卷:《周易附录》入《易汉学》末卷。第一论河图洛书,第二论先天后天,第三论两仪四象,第四论重卦,第五论卦变,第六论太极图。"(《惠栋易学著述考》,《周易研究》2004年第3期)

出,不假安排,圣人又已分明说破,亦不待更著言语,别立议论而后明也。此乃易学纲领,开卷第一义。然古今未有识之者。至康节先生始终传先天之学而得其说,且以为伏羲氏之《易》也。"①自朱子学说立于官学,元明因之,后世言《易》者必及《河图》、《洛书》,"图书之学"的名称缘此而生,在宋代易学占主流地位。

惠栋治《易》,强调"说经无以伪乱真,舍《河图》、《洛书》、先天图,而后可以言《易》"②。《易汉学》"辨河图洛书"条即不遗余力地批评宋儒河洛之说:"宋姚小彭氏曰:'今所传戴九履一之图,乃《易·乾凿度》九宫之法。'自有《易》以来,诸易师未有以此为《河图》者。至本朝刘牧以此为《河图》,而又以生数就成数,依五方图之,以为《洛书》。又世所传关子明《洞极经》亦言《河图》、《洛书》,如刘氏说而两易之,以五方者为图、九宫者为书。按:唐李鼎祚《易解》尽备前世诸儒之说,独无所谓关氏者,至本朝阮逸,始伪作《洞极经》,见后山陈氏《谈丛》之书,则关氏亦不足为证矣。"③姚小彭认为戴九履一图为《易·乾凿度》九宫之法,与《河图》、《洛书》并无关联,惠栋认可姚氏的意见,并进一步指出九宫之法方位与《说卦》相似,以及《乾凿度》所含大衍之数为宋代刘牧、阮逸伪作的事实,进而分析:"九宫之法,一、二、三、四、五、六、七、八、九,一北、九南、三东、七西、四东南、六西北、二西南、八东北、五居中,方位与《说卦》同。《乾凿度》所谓:'四正四维皆合于十五'是也。以五乘十即大衍之数,故刘牧谓之河图。阮逸撰《洞极经》以此为洛书,而取杨子云'一六相守、二七为朋'之说,以为河图。"④接着,惠栋又以汉儒郑玄、虞翻为例,认为二人注"大衍之数五十"虽与河图相似,却并没有明言此即河图,从而论证河图为伏羲时代所出的说法,实为后人所"造"之妄说,故而不可信从;惠栋又引桓谭之说论证汉以来并无图书之象。

在《周易本义辨证》中,惠栋称"河图、洛书乃五行九宫方位,阮逸、刘牧伪撰以为图书,先儒已辨其讹"⑤。此处"先儒"当指明清之际批判宋儒援道入儒

---

① 朱熹著,朱杰人、严佐之、刘永翔主编:《朱子全书》,第212页。
② 惠栋:《九曜斋笔记》卷二《趋庭录》,第39页。
③ 惠栋:《易汉学》卷八《辨河图洛书》,第65页。
④ 惠栋:《易汉学》卷八《辨河图洛书》,第65页。
⑤ 惠栋:《周易本义辨证·凡例》,《续修四库全书》本,上海古籍出版社2002年版,第290页。

的一批学者,如毛奇龄,其《河图洛书原舛编》推究《河图》、《洛书》谬误,认为宋儒所谓《河图》实为大衍之数,后世所传"一六居下"图式是宋人据郑玄"大衍之数"注加以绘制并伪托"河图"之名;所谓《洛书》实为太乙行九宫之法。惠栋对毛氏学行评价并不高,而于此论则颇为推崇,《松崖笔记》"河图洛书"条云:"毛西河牲谓陈抟《河图》见郑康成《大衍注》,但当名之曰'大衍图',非然则名'天地生成图',非然则名'五行生成图',而断断不得名之为《河图》,盖郑注'河出图'并无此说也,注书亦然;今之《洛书》则《易》纬家所谓太乙下九宫法也。二说颇得作伪人要领。详西河所撰《河图洛书原舛编》。西河言《易》舛讹甚多,惟此论可以不朽。"①

在《周易述》中,惠栋解释"河出图,洛出书,圣人则之"云:"天不爱其道,故河出图。地不爱其宝,故洛出书。圣人则之,体信以达顺,遂致太平也。"②又引述郑玄《纬书注》疏通其义:"天不爱其道,地不爱其宝,《礼运》文。郑氏《易注》据《春秋纬》云:河以通乾,出天苞,是天不爱其道,故河出图也。又云:洛以流坤,吐地符,是地不爱其宝,故洛出书也。《河图》、《洛书》,为帝王受命之符。圣人则象天地以顺人情,故体信以达顺,而致太平,为既济定也。"③在惠栋看来,河洛之说仅仅被视为帝王受命之符,是祥瑞之征,圣人以此作为"神道设教"的工具。《河图》、《洛书》究为何物,已难以确考。问题在于,《河图》、《洛书》经由宋代儒者的解读渲染,已然"当于羲皇心地上驰骋,不当于周孔脚下盘旋",成为构架宋儒"形上之思"的理论支撑。惠栋批驳此说,所秉持观点仍承袭清初弃虚蹈实的学风,故而宁以"帝王受命"解释"河图洛书",也要斩断其与宋学形而上思辨之间的瓜葛。

第二,辨先天、后天为道家之学。"先天"、"后天"概念源于《易传·文言》:"先天而天弗违,后天而奉天时。"自从邵雍在《皇极经世书·观物外篇》以《先天八卦图》解释《说卦》,以为"起震终艮一节,明文王八卦也;天地定位一节,明伏羲八卦也",辟出"伏羲八卦"与"文王八卦"之间疆界,并且区分先天、

---

① 惠栋:《松崖笔记》卷一《河图洛书》,第9页。
② 惠栋撰,江藩补,袁庭栋整理:《周易述》附《易微言》,巴蜀书社1993年版,第437—438页。
③ 惠栋撰,江藩补,袁庭栋整理:《周易述》附《易微言》,第443页。

后天之《易》云:"先天者,伏羲所画之《易》也;后天者,文王所演之《易》也。"①此后,朱熹《易学启蒙》推演此说,以先天八卦为《归藏易》(伏羲)、后天八卦为《周易》(周文王),学界乃有先天八卦与后天八卦之分。惠栋《易汉学》引其父《易说》之论,考辨宋儒先天、后天之误,语谓:

> 道家创为先天后天图,以先天为伏羲卦,后天为文王卦,妄也。即以乾坤卦言之,乾为寒为冰,南非寒冰之地,曷为而移在南?坤为土,王四季,在中央。西南者,中央土也,曷为而移之北乎?且天地定位,定位者,天尊地卑而乾坤定,卑高以陈而贵贱位也。如道家言,先天乾在南,后天在西北,先天坤在北,后天在西南,是天地无定位矣。又北极在上,南极在下,乾南坤北,是天在下,地在上也,谓之定位可乎?以此知道家之说,妄也。庄子曰:"至阴肃肃,至阳赫赫。肃肃出乎天,赫赫发乎地,两者交通成和而物生焉。"乾位西北,故至阴出乎天;坤位西南,故至阳发乎地。礼家亦云"天产作阴德,地产作阳德"者。以此,道家之老庄,犹儒家之孔孟。乾南坤北,其说不合乎老庄,必出于后世道家之说,故未闻乎古,至宋而后盛行焉。以后世道家之说,托为伏羲而加之文王、周公、孔子之上,学者不鸣鼓而攻,必非圣人之徒也。②

惠氏以邵雍之易学为妄,这是棒打邵雍,意在驳斥朱熹。朱子有三圣传《易》不同等之论,而邵子实开其论之先河。从学术本体看,邵雍谓乾卦在南,坤卦在北,惠栋辨析其说之失。事实上,包裹在惠氏易学之中的,实为自清初蔚然而兴的理学清算浪潮,即这一浪潮中易学清算余波在乾嘉年间的回响。联系惠氏所言"邵氏之学,本之庐山老浮屠"一说,亦可显然看出其承袭清初诸儒辟二氏的立场。

引述惠士奇《易说》为佐证,惠栋进一步作按语谓:"宋人所造纳甲图,与先天相似。蔡季通遂谓先天图与《参同契》合。殊不知纳甲之法,乾坤列东,艮兑

---

① 朱熹:《朱文公文集》卷三十八《答袁机仲》,《四部丛刊》本。邵雍《皇极经世·观物外篇》又云:"文王八卦,乃入用之位,后天之学也。"
② 惠栋:《易汉学》卷八《辨先天后天》,第65页。

列南,震巽列西,坎离在中。别无所谓乾南、坤北、离东、坎西者。道家所载乾坤方位,亦与先天同,而以合之《参同契》,是不知《易》,并不知有《参同》者也。盖后世道家亦非汉时之旧,汉学之亡,不独经术矣。"继而又引《易说》立论云:"圣人作八卦,所以奉天时。道家创为先天之学而作先天八卦位,托之伏羲,诞之甚!妄之甚!所为先天者,两仪未判,四象未形,八卦何从生?天地定位,乾坤始作,六子乃索,八卦相错,阴阳交感,山泽气通,水火雷风,各建其功,明明后天,安得指是为先天哉?然则卦无先天乎?曰有。一卦各有一太极,圣人以此先心,退藏于密,所谓先天而天弗违也。学者不知来观诸往,不知先观诸后,知后天则知先天矣。舍后天而别造先天之位,以周孔为不足学,而更问庖羲,甚矣!异端之为害也,不可以不辟。"①事实上,"诞"、"妄"此类带有强烈讽刺意味的用词,为清初理学清算运动中批判佛老二氏的专门用语,惠栋借用此语正反映出其对宋儒易学援道入儒的批判。

在《易例》一书中,惠栋曾经辟出"卦无先天"条目②,文虽未存,但其于先天之说的批判立场不言而自明。惠栋解释《荀子·成相篇》"文武之道同伏戏"句,语谓"宋人异说有先后天,以为伏戏胜文王,读此可知其妄。伏戏之《易》即文王之《易》,此义惟汉儒知之,宋儒未曾梦见"③。惠栋校勘《熊氏经说》,于"先天后天图"条云"看来唐人犹胜宋人,宋人作伪以乱经,未有若先天之甚也";又以周敦颐为大士,邵雍为道人,"一仙一道,总与吾儒不同"。④ 对于《周易》经文"先天而天弗违,后天而奉天时"中"先天"、"后天"说,惠栋解释:"先天指内卦也,后天指外卦也。内外皆天,人无二天,故有先后之称。圣人神以知来,先天之义。圣人先心至诚,前知皆先天之义。"⑤

第三,辨《太极图》为道家之学。《太极图》本为道家修炼之术的产物,北宋道士陈抟刻太极图于华山石壁。其后陈抟传穆修、李溉、许坚、种放等,再传刘牧、邵雍、周敦颐。周氏撰《太极图说》杂糅儒道学说,以"无极"为中心生成天地万物,为理学发展奠定形而上的基础。程颢、程颐的易学立场属于义理一

---

① 惠栋:《易汉学》卷八《辨河图洛书》,第 66 页。
② 惠栋:《易例》卷上,第 17 页。
③ 惠栋:《荀子微言》,《续修四库全书》本,上海古籍出版社 2002 年版,第 559—560 页。
④ 王欣夫撰,鲍正鹄、徐鹏标点整理:《蛾术轩箧存善本书录·辛壬稿》卷一,第 412—413 页。
⑤ 惠栋:《周易本义辨证》卷一,《续修四库全书》本,第 295 页。

派,阐述《周易》大义以探究性命道德之理,因而对周敦颐《太极图》理论不甚措意。到了朱熹整合易学义理、图书两派,成为宋代易学的集大成者。朱子易学既承袭二程的义理论,同时发挥周氏太极图说,所著《太极图说解》阐释"无极而太极"理论,构建宋学形而上的本体世界,"太极"说成为朱熹学说的理论基石。

在清初理学批判思潮中,诸儒对《太极图》的批判主要通过考辨《太极图》授受源流,揭露其本质为道士修炼之图,进一步揭示宋儒理学援道入儒,由此批判易学图书派,从而达到清算理学之目的。其中,朱彝尊《太极图授受考》初步理清《太极图》本质,惠栋对《太极图》的批判即引述朱氏观点为佐证,认为"道教莫盛于宋,故希夷之图、康节之《易》、元公之《太极》,皆出自道家。世之言《易》者,率以是三者为先河,而不自知其陷于虚无,而流于他道也";继而又引王应麟之说,以为二程之学和道家并无瓜葛:"王伯厚言:程子教人《大学》、《中庸》,而无极、太极一语未尝及。夫程子言《易》,初不知有先天,言道初不知有无极,此所以不为异端所惑,卓然在邵、周之上也。"①程颐属于宋易义理派阵营的代表,其论《易》追究阐发易学的义理层面,对于图书之学并不满意,惠栋援引王氏之论力辨二程易学与道家无关,所看中的正是这一点。惠栋以程子为例批判宋易图书学,认为程子言《易》卓然在周敦颐、邵雍之上,其扬程贬周、邵之意了然,而其最终矛头所向依然是朱子的图书之说。

《松崖笔记》卷三《道学传》条云:"梁元帝撰《孝德传》、《道学传》。道学者,道家之学也。《宋史》以周、程、张、朱入《道学传》,误袭其说,而濂溪之太极、朱子之先天,实皆道家之学也。"②张舜徽指出,惠氏此处所言道家"实即道教,非周秦诸子之道家","程朱既推演其义,而徒友从之。于是宋代言义理者,已多渗入道教之理论,自成一种风气"。③惠栋对周敦颐、程颐、程颢、张载、朱熹,尤其是对周、朱所作出的"一分为二"分析,考证认为其"道学"是"道家之学",若将周、朱入于"道学传",实属偏颇之论。事实上,周敦颐和朱熹论学的确承受佛老二氏,尤其是在易学领域接受道家思想。即此而言,惠栋对周、朱学说的学理性评论,实际上隐隐含有对二人"援道入儒"的批判。

---

① 惠栋:《易汉学》卷八《辨太极图》,第68页。
② 惠栋:《松崖笔记》卷三《道学传》,第14页。
③ 张舜徽:《学林脞录》(中),南开大学出版社2018年版,第315页。

值得注意的是,惠栋对于老庄之学并无恶感,以为"道家之学未尝不源出于圣人",炼丹道士若"求之忠孝友悌仁义之间而致力者",亦可谓"圣人之徒"。[①] 因此,钱穆《清儒学案·序目》有云:"二氏之学,吴人耽之甚深。惠氏经学喜涉谶纬,亦其变也。"[②]杨向奎也以为惠栋是"汉学家而有浓厚的道士气息"[③]。

乾嘉间的易学研究承明清之际的理学清算浪潮而起,黄宗羲、黄宗炎、胡渭等著述立说,以"辟二氏",尤其是辟道家之学为切入口,批判图书派易学,力斥先天、太极说,将佛老二氏革出儒庭。惠栋立足于彰扬汉儒易学的前提,即导源于此。惠栋引经据典,博采他说,以辨《河图》、《洛书》,先天、后天以及《太极图》,其最终旨意均落在辨证宋易图书之学为道家之学,从而否定宋代易学立说的理论依据。惠栋的这种治学取向上承明末清初"弃虚蹈实"之学风,下启乾嘉时期"实事求是"的治学宗旨,一定程度上反映出清初至乾嘉年间学术思潮的风向转换。

第二节 惠栋的《尚书》学

《尚书》一案,聚讼纷纭,汉代已有今古之分。自西晋永嘉之乱,《古文尚书》散失,东晋梅赜献《古文尚书》并孔安国传注,后得立学官。唐代陆德明《经典释文》、孔颖达《五经正义》于《尚书》皆采梅本。至宋代合《孔传》与《正义》为《尚书注疏》;明清时期又纳入《十三经注疏》,孔传《古文尚书》成为官定文献。对于梅本《古文尚书》,世人多有怀疑。宋代欧阳修、郑樵、吴棫、陈振孙、朱熹,元代赵孟頫、吴澄、王充耘,以及明代郑晓、郑瑗、梅鷟、陈第等均质疑其书真实性。及至清初,顾炎武、姚际恒、朱彝尊、阎若璩等细为考辨而指斥其为伪作。至惠栋出,梅本之伪遂成定案。惠栋的《尚书》学研究,主要基于批判宋儒"十六字心传",并由此展开,代表作有《古文尚书考》和《尚书古义》。

---

① 惠栋:《松崖文钞》卷一《太上感应篇注自序》,第273页。
② 钱穆:《中国学术思想史论丛》(八),安徽教育出版社2004年版,第611页。
③ 杨向奎:《中国古代社会与古代思想研究》,上海人民出版社1964年版,第909页。

一、舍"十六字心传"言《书》

惠栋《松崖文钞》"趋庭录"条有言:说经无以伪乱真,"舍'十六字心传'而后可以言《书》",此语可谓惠氏研治《尚书》之精魂所在。清初学界的理学清算浪潮,大多围绕抉发"十六字心传"之源流而展开。在时代思潮影响的学风背景下审视、评判惠栋在其间所持有的立场及见解,有助于进一步认识其《尚书》学。

"十六字心传"又称"虞廷十六字",语出《伪古文尚书》之《大禹谟》篇,即"人心惟危,道心惟微,惟精惟一,允执厥中"。究其史源,学界已有断案:"人心之危,道心之微"语出《荀子》;"允执厥中"语出《论语·尧曰》。《荀子·解蔽篇》有言:"昔者舜之治天下,不以事诏而万物成。处一之危,其荣满侧,养一之微,荣矣而未知。故《道经》曰:'人心之危,道心之微。'危微之几,惟明君子而后能知之。"① 东晋时期,梅赜采之以入《古文尚书·大禹谟》篇,成"人心惟危,道心惟微,惟精惟一,允执厥中"。

到了宋代,理学家程颐阐述"十六字心传"精义云:"人心惟危,道心惟微。心,道之所在;微,道之体也。心与道,浑然一体也。对放其良心者言之,则谓之道心;放其良心,则危矣。惟精惟一,所以行道也。"② 又称:"人心,私欲,故危殆;道心,天理,故精微。灭私欲则天理明矣。"③ 又说:"人心,私欲也,危而不安;道心,天理也,微而难得。惟其如是,所以贵于精一也。精之一之,然后能执其中,中者,极至之谓也。"④ 细绎程氏之义,"危"是人心,是私欲,故其状态处于"危殆"、"危而不安";"微"是"道心",是天理,其形态是"精微"、"微而难得"。"危"、"微"之间,有着一条天然的鸿沟;而沟通两者的桥梁则是"灭人欲而存天理",在于"精之一之"、"精一"而"执中"。程子由"十六字心传"阐发微言大义,奠定了宋明理学的理论基石。然而,程颐过于关注"天理"、"人欲"之辨,即

---

① 王先谦:《荀子集解》下册,中华书局1988年版,第400页。
② 程颐:《河南程氏遗书》卷二十一下《伊川先生语七下》,程颐、程颢著,王孝鱼点校:《二程集》上,中华书局2004年版,第274页。
③ 程颐:《河南程氏遗书》卷二十四《伊川先生语十》,程颐、程颢著,王孝鱼点校:《二程集》上,第312页。
④ 程颐:《河南程氏粹言·心性篇》,程颐、程颢著,王孝鱼点校:《二程集》下,第261页。

思想的形而上层面,而未曾留意于形而下部分,即"人欲"如何达成和"天理"的契合。"十六字心传"所构建的理学哲学体系,尚未得到全面的完善,这也为其后朱熹就此问题的发挥留下了足够余地。朱熹继起,承袭二程之说,进一步阐述"十六字心传",尤其是如何促成两者间的沟通。朱子对"危"、"微"的解释和程子大体无异,如解"危"为"易陷"、"危殆";解"微"为"难著"、"微妙"、"微昧"、"微晦"、"微而难见"、"精微难见"、"微隐"等。然朱熹在去"危"至"微",即如何"精"而"一"的解释上,较之程颐似更胜一筹。朱熹将"惟精惟一"视为认识层面不断深化的过程:"'惟精惟一'是两截工夫。'精'是辨别得这个物事,'一'是辨别了又须固守他。若不辨别得时,更固守个甚么?若辨别得了,又不固守,则不长远。惟能如此,所以能合于中道。"①由是,"惟精"与"惟一"在朱子这里得到统一,"惟精"在先,"惟一"在后,"惟精"重于认识,"惟一"偏于实践。朱子曾经明确指出:"'惟精'是致知,'惟一'是力行。二者不可偏废。"②由此,朱熹已将"惟精惟一"置于哲学层面。从认识论、实践论角度解读"惟精惟一","惟精"是认识论,是知;"惟一"是方法论,是行,知在行先。朱子说"二者不可偏废",先"惟精"的前提仍是"知在行先"。二程以"十六字心传"构建了理学思想的形而上学体系,但就儒学传承而言,仍处于有"实"而无"名"的境地。如何给予"十六字心传"适当的名分,使得理学在儒学道统中"有名有实",亦为朱子所特别关切的问题。朱熹《中庸章句序》开头曰:"《中庸》何为而作也?子思子忧道学之失其传而作也。盖自上古圣神继天立极,而道统之传有自来矣。其见于经,则'允执厥中'者,尧之所以授舜也;'人心惟危,道心惟微。惟精惟一,允执厥中'者,舜之所以传禹也。尧之一言,至矣,尽矣! 而舜复益之以三言者,则所以明夫尧之一言,必如是而后可庶几也。"③至此,"虞廷十六字"被奉为儒家道统的圣传心法,镀上了神圣光环,而二程、朱熹借之以构建的理学思想体系,也顺理成章地接续圣学真脉。自是,不论程朱学派抑或陆王学派,莫不奉此为心法。

在清初理学清算运动激荡下,诸多学者辨析《古文尚书》之伪,从而否定"十六字心传",阎若璩即是其中一员骁将。阎氏所著《尚书古文疏证》考辨梅

---

① 朱熹著,朱杰人、严佐之、刘永翔主编:《朱子全书》,第2664页。
② 朱熹著,朱杰人、严佐之、刘永翔主编:《朱子全书》,第2670页。
③ 朱熹:《中庸章句序》,《四书章句集注》,中华书局1983年版,第14页。

赜所献《古文尚书》之伪,指出"虞廷十六字"袭用《荀子》。与此同时,阎氏也不得不赞叹"十六字心传""造语精密"、"精密绝伦"①。惠栋后出,对于"十六字心传"极为关注,其《荀子微言》援引唐代杨倞注文,"舜能一于道,但委任众贤而已,未尝躬亲以事告人。一,谓心一。《成相》曰:思之精,志乃荣。处心之危者有形,故其荣满侧而可知;养心之微者无形,故虽荣而未知。言舜之为治,养于未萌。所谓独也,危者,戒惧也。微,精妙也"②。在《古文尚书考》、《易微言》中,惠栋又对"十六字心传"作出具体阐述。《古文尚书考》认可阎若璩对"虞廷十六字"源出《荀子》的考证,然而惠栋对阎氏以"造语精密"评价"十六字心传"不以为然,"《荀子》之言危、微与俗解异,'危'犹《中庸》之'慎独'也,'微'犹《中庸》之'至诚'也。荀子言'一',故能'精',非先'精'而后'一'也,且'微'则已造至极,不须更言'精'又言'一'也。《荀子》所言七十子之大谊,推而上之,即圣人之微言也。梅氏用其说以造经,而谊多疏漏,阎氏谓其'造语精密',殊未然"③。惠栋之意,"惟一"而后可以"惟精","惟精惟一"并不准确,阎若璩称其"造语精密"并不符合事实。惠栋指出《荀子》所言"危"、"微"与俗解存在差异。依据上文所言,"俗解",显然是指程颐、朱熹的解释。惠栋以为程朱的解释背离了《荀子》本义,故而引入《中庸》"诚"的概念,阐述"危"、"微"、"精"、"一"之内涵:"'人心之危',《中庸》所谓诚之者也,所谓慎独也;'道心之微',《中庸》所谓诚者也,《荀子》所谓独也"④;"危不如微,犹诚不如独,微与独皆全体之诚。夫微之显,诚也,《荀子》至人,即《中庸》至诚"⑤;"诚之者,功之始也;独者,功之全也。故《荀子》曰:不诚则不能独"⑥。由此,惠栋以《中庸》之"诚"解释"危"、"微"之义,称"危"是"慎独","微"是"至诚","危"不如"微",在"诚"的程度上,"危"略逊一筹,但两者仅在"诚"的程度上存在差异,其本质依然属于"诚"的范畴。这一点和程颐、朱熹解释"危"为"人心",为"危殆","微"为"道心",为"精微",两者截然不同。惠栋以《中庸》之"诚"解说《荀子》"微"、"危"之义,而宋儒曾言荀子不明"诚"字。《明儒学

---

① 阎若璩:《尚书古文疏证》卷二,上海古籍出版社2023年版,第244—245页。
② 惠栋:《荀子微言》,第471页。
③ 惠栋:《古文尚书考》,《清经解》本,第707页。
④ 惠栋撰,江藩补,袁庭栋整理:《周易述》附《易微言》,"人心道心"条,第681页。
⑤ 惠栋:《荀子微言》,第472页。
⑥ 惠栋撰,江藩补,袁庭栋整理:《周易述》附《易微言》,"诚独之辨"条,第681页。

案》:"荀子曰:养心莫善于诚。周子曰:荀子元不识诚,既诚矣,心安用养耶?到得心不用养处,方是诚。"①在《荀子微言》中,惠栋入室操戈,将周子、朱子袭用荀子"诚"之处一一点出,如惠栋注"君子养心,莫善于诚"谓"欲正其心者,先诚其意。故养心莫善于诚。宋儒谓荀子不识'诚'字。周子曰:诚则无事矣。正用荀子语,然则周子亦不识'诚'字耶?"注"致诚则无它事矣"谓"朱子曰:诚则众,理自然无一不备,不待思勉而从容中道矣";注"唯仁之为守"谓"周子所谓诚之通";注"唯义之为行"谓"周子所谓诚之复"。惠栋此处考论宋儒论"诚"袭用荀子,诚为确论。②

惠栋解"精"、"一"也和朱熹不同。朱子强调"惟精惟一"为两截工夫:"惟精"是致知,在前;"惟一"是力行,在后。惠栋则以为:"荀子言'一',故能'精',非先'精'而后'一'也,且'微'则已造至极,不须更言'精'又言'一'也。"又说:"精者精微;一者道本。得一而加功焉,然后精。伪《尚书》'惟精惟一',此误解《荀子》也。吾闻一而后精,不闻精而始一。盖后人以为精察之精,故误耳。"③惠栋强调"一"而后"精","不一则不能精"④,即,"一"为收敛,为"专一"之一,"精"则含有"精致"之义。"惟精惟一",将"精"置于"一"之前,所关注者在于"精致",思维的趋向化为思辨性的"精致",而忘却或忽略"专一",由此引发的治学取向,自然与惠栋所处乾嘉时代的学风不符。汉学考证之要在寻得"确诂",不论六书、九数、音韵、地理,凡涉考证者,无不可视为专门之学,尤其须以坚定不移之"一"贯穿其间,故而重"一"。惠栋指出伪《尚书》误解《荀子》,"惟精惟一"当是"惟一惟精",这一见解显然是此前诸儒所未触及的。阎若璩仍赞叹"十六字心传""造语精密"、"精密绝伦",惠栋此处则完全颠覆宋儒的话语系统,主张"惟一惟精",以此解释"十六字心传",实带有革命之精神。所以钱穆论及吴派惠氏治学"趋新",有着"创新"、"革命"的精神。

客观地说,对于宋儒和惠栋的解说,很难以优劣的标准加以衡量。宋儒以"十六字心传"构建了宋明理学形而上思辨的世界,形成传统儒学发展的又一

---

① 黄宗羲著,沈芝盈点校:《明儒学案》卷十六《东林学案三》"答归绍隆问",中华书局1985年,第1485页。
② 上述引文均为《荀子·不苟》篇惠栋注文,参《荀子微言》,第469页。
③ 惠栋撰,江藩补,袁庭栋整理:《周易述》附《易微言》,"精一之辨"条,第681页。
④ 惠栋:《荀子微言》,第470页。

高峰。惠栋则批判理学,讲求实学,由治学经验出发注重专门之学,由"一"而"精",对乾嘉汉学具有指导意义。惠栋指出宋儒"惟精惟一"说违背《荀子》本义,进而主张"惟一惟精"。倘若从荀子重"积"思想来看,"惟一惟精"强调积累,两者的确存在一定的思想契合。杨向奎《清儒学案新编》之"三惠学案"指出:"在学术方法上,惠栋强调了荀子一派所主张'积'的学说及'以类行杂'的方法。……他(惠栋)也鼓吹'以类行杂'和'以一持万'的方法,这都是荀子的主张。"①

从思想史意义来看,惠栋舍"十六字心传"而言《尚书》,抽离了宋明理学至为关键的理论根基。宋儒依"十六字心传"所构建的形而上大厦,在惠栋的考辨中轰然倒塌,其后虽有学者仍乐道"十六字心传",但清代学术主流已转为汉学。在《尚书》学领域,继惠栋而起的汉学家,在认可《古文尚书》真实性的前提下,对之展开更为专门而深入的探讨。

二、《尚书古义》与《古文尚书考》

《尚书古义》为惠栋《九经古义》之一种,有十八卷、二十二卷两说,二十二卷者,乃为增《左传补注》六卷之故。② 十六卷本,《周易》、《尚书》、《毛诗》、《周礼》、《仪礼》、《礼记》和《公羊》各两卷,《穀梁》与《论语》则各一卷。据王欣夫先生考证,《尚书古义》为惠栋早岁之作。王氏于苏州文物管理委员会得见《周易古义》手稿一册,序题乙卯,即雍正十三年(1735)。③ 据惠栋《古文尚书考》所言:"予少疑后出古文,年大来文理未进,未敢作书指斥。甲寅(1734)夏秋间,偶校九经注疏,作《疑义》四条、辨《正义》四条。继又作《古文证》九条、辨《伪书》十五条,又先后续出两条,其为一卷。其二十五篇,采摭传记,兼录其由来,藏箧衍数年矣。"④据此可知,惠栋"偶校九经注疏"即指从事撰写《九经古义》,《尚书古义》当在此期间成书。

惠栋少时质疑梅赜所献《古文尚书》为伪书,三十八岁校定九经注疏,开始

---

① 杨向奎:《清儒学案新编》第3册,齐鲁书社1985年版,第129页。
② 漆永祥:《东吴三惠著述考》,袁行霈主编:《国学研究》第14卷,第394—395页。
③ 王欣夫撰,鲍正鹄、徐鹏标点整理:《蛾术轩箧存善本书录·甲辰稿》卷三,第1316—1317页。
④ 惠栋:《古文尚书考》,第705页。

着手《古文尚书考》撰写,最初写成两卷,第一卷包括《疑义》四条、辨《正义》四条、《古文证》九条、辨《伪书》十五条以及续出两条,第二卷则采撷传记兼录二十五篇的由来。此稿藏箧衍数年,当为《古文尚书考》初稿。又依惠栋所言:"癸亥(1743)春,于友人许得太原阎君《古文疏证》,其论与予先后印合。……阎君之论,可为助我张目者,因采其数语附于后。其博引传记逸书别为一卷,亦间附阎说,后之学者详焉。"①由此可见,惠栋1743年得见阎若璩《尚书古文疏证》,采纳阎著观点以为佐证,修订初稿,完成《古文尚书考》定本。

《古文尚书考》成书,多得益于前人既有成果,除惠栋本身家学渊源以及阎若璩的影响外,抑或受教于朱彝尊。朱、惠两家颇有交谊,朱彝尊和惠周惕为莫逆之交②,惠栋作客卢见曾幕府时曾协助朱彝尊之孙朱稻孙参校《经义考》③,两家可谓有三世之谊。《松崖笔记》"古文疏证"条有云:"《经义考》:阎若璩《尚书古文疏证》十卷,姚际恒《古文尚书通论别伪例》十卷,钱煌《壁书辨疑》六卷。朱竹垞曰:三家皆攻《古文尚书》。"④惠栋关注《尚书古文疏证》或与朱彝尊有所关联。

唐代孔颖达《尚书正义》采用梅本《古文尚书》为定本,其书大行于世,后之学者多尊信梅氏所献伪书而怀疑郑玄逸书。惠栋以为唐代注疏儒经,以孔颖达、贾公彦为功最大,唯《周易》用王弼,《尚书》用伪孔传,二书皆不足传,"《书》之传自伏生也,保残守缺,二十八篇而已。梅氏以伪书汩之,而汉学陋矣,胡隋唐诸儒不信郑学而信伪古文也?"⑤《清史稿》简述《古文尚书考》主旨为"辨郑康成所传之二十四篇为孔壁真古文,东晋晚出之二十五篇为伪"⑥,此说甚确。《古文尚书考》宗旨正如惠栋所言:"《尚书》后出,古今通人皆知其伪,独无以郑氏二十四篇为真古文者。余撰《尚书考》力排梅赜而扶郑氏。"⑦

---

① 惠栋:《古文尚书考》,第705页。
② 惠栋说"竹垞与先大父为莫逆"(惠栋:《松崖文钞》卷二《范湖诗钞序》,第280页)。
③ 《经义考》卷首朱稻孙跋语:"岁甲戌,德州卢公重掌江南皒政,稻孙谒公邸上。公一见即询及《经义考》,因具陈颠末。公为叹息者久之。遂首捐清俸为同志倡,还以其事属诸马君,君由是与令弟半查尽发二酉之藏,偕钱塘陈君授衣、仪征江君宾谷、元和惠君定宇、华亭沈君学子,相为参校。"朱彝尊:《经义考》,中华书局1998年版,第6页。
④ 惠栋:《松崖笔记》卷三《古文疏证》,第4—5页。
⑤ 惠栋:《九曜斋笔记》卷二《趋庭录》,第38页。
⑥ 赵尔巽等:《清史稿》卷四百八十一《儒林二·惠栋传》,第13181页。
⑦ 惠栋:《松崖文钞》卷二《沈果堂墓志铭》,第287页。

在《古文尚书考》卷首"自序",惠栋就著述旨趣及考辨原则已有说明,大旨有二:第一,厘清西汉《尚书》与梅献《尚书》之界限。惠栋以为"大氏后出古文,先儒疑者不一,第皆惑于孔冲远之说,以郑氏二十四篇为伪书,遂不得真古文要领,数百年来终成疑案"①;又称"梅氏伪书,如吴才老、朱晦庵、陈直斋、吴草庐、赵子昂诸人皆能辨之,但不知郑氏二十四篇为孔氏真古文"②。惠栋以刘歆、班固、郑玄著作引述《古文尚书》为证,考论其书在两汉并未亡逸,所谓古文乃壁中文,并非梅赜之书。宋、元、明以来学者则致力于辨梅献《尚书》之伪,对于西汉真《古文尚书》论述不多,而后者正是惠著《古文尚书考》着力的关键处。第二,"文异而篇殊"的考辨原则。《伪古文尚书》得以盛行于世,梅赜献伪《书》及孔颖达《尚书正义》为其中最大关节。惠栋尊逸《书》的首要前提在于辨伪,即驳斥梅、孔二氏之说,辨析伪《古文尚书》之非。梁启超言"无论做那门学问,总须以别伪求真为基本工作。因为所凭借的资料若属虚伪,则研究出来的结果当然也随而虚伪"、"'求真'为学者的责任。把古书真伪及年代辨析清楚,尤为历史学之第一级根据"。③"辨伪"是手段,而"求真"则为目的。惠栋《古文尚书考》在考辨梅献书之伪、孔冲远说之非外,更多地具有存真立论的价值,即论证逸《书》之真,进而辑佚探研,光大《古文尚书》学。

惠栋的考辨围绕伪《古文尚书》"文异而篇殊"展开:"孔氏之书,不特文与梅氏绝异,而其篇次亦殊。"《古文尚书考》亦侧重真伪《尚书》篇次及其内容。惠栋有言:"别白古文真伪,如易牙之辨淄、渑,且以平心易气出之。虽笃信梅书者,亦当转而致思也。"④《古文尚书考》真切地表现出惠栋"别白"的能力。

此书全文两卷,上卷从宏观入手,以具体篇数考辨,有孔氏《古文尚书》五十八篇、郑氏述《古文逸书》二十四篇、辨《正义》四条、证孔氏《逸书》九条、梅氏增多《古文》二十五篇、辨梅氏增多《古文》之谬十五条、辨《尚书》分篇之谬,后有"附阎氏若璩《尚书古文疏证》"十二条。其内容则集中于三个方面:第一,辨梅献《古文尚书》篇次及内容之非。惠栋作"梅氏增多《古文》二十五篇"、"辨梅氏增多《古文》之谬十五条"以及"辨《尚书》分篇之谬"。第二,辨孔颖达

---

① 惠栋:《古文尚书考》,第 705 页。
② 惠栋:《古文尚书考·序》,第 703 页。
③ 梁启超著,朱维铮校注:《梁启超论清学史二种》,第 382、394 页。
④ 沈彤:《果堂集》,《清经解》卷三百二十九,第 613 页。

《尚书正义》诸说之非。梅赜所献《古文尚书》得立学官,孔颖达据以撰《尚书正义》,自是伪《古文尚书》大行天下。惠栋辨伪即以《尚书正义》为突破口。其辩驳集中于两个方面:其一,孔颖达称郑玄述《古文逸书》十六篇为张霸伪造,而以梅赜献《尚书》为本作《尚书正义》。惠栋从四个方面对孔氏之说展开批驳:引述《汉书·儒林传》论证逸书非《百两》,即"《传》先述逸书,后称《百两》,明逸书非《百两》";以刘向校书论证逸书非《百两》,"《经典序录》曰:'《百二》篇文意浅陋,成帝时刘向校之,非是,后黜其书。'校古文者,向也。识《百两》之非古文者,亦向也。岂有向撰《别录》仍取张霸伪书者乎";以刘歆、郑玄、王充著述引逸书为例,以证逸书、《百两》之别;"王充《论衡》曰:霸造《百二》篇,成帝黜秘尚书以校考之,无一字相应者,夫霸书不与百篇相应,何后出古文独与之同?"其二,作"辨《正义》四条",驳斥孔颖达《尚书》五十八篇之说;驳斥张霸伪造《古文尚书》二十四篇之说;驳斥孔颖达、郑玄述逸书二十四篇为伪书之说;驳斥孔颖达、郑玄逸书非传古文说。惠栋辨《正义》称"郑意师祖孔学,传授胶东庸生、刘歆、贾逵、马融等学者,而贱夏侯胜、欧阳等何意?郑注《尚书》亡逸并与孔异","孔冲远必欲黜郑扶梅,使梅氏伪书得以行世,岂非弃周鼎而宝康瓠欤"。① 第三,证《逸书》之真。惠栋作"证孔氏《逸书》九条"从正面论证郑玄《逸书》二十四篇为真《古文尚书》。

此书下卷从微观着眼,探赜索隐,论证梅献《古文尚书》内容之伪。主要引述先秦诸子、《史记》、《汉书》及《后汉书》等以辨梅献《尚书》之伪。其最有力之论证在《泰誓》一篇。惠栋论《泰誓》驳阎说之误,指出汉《泰誓》为真,晋《泰誓》为伪,称:"阎氏云:'伪《太誓》无《孟子》诸书所引用',是指谓西汉之《太誓》也。案:西汉之《太誓》,博士习之,孔壁所出,与之符同,是孔子所定之旧文也。自东晋别有伪《太誓》三篇,唐宋以来诸人反以西汉之《太誓》为伪。阎氏既知东晋之《太誓》是伪作,何并疑西汉之《太誓》亦伪邪!此其谬也。"②

三、惠栋与阎若璩《尚书》学之比较

关于惠栋和阎若璩在"十六字心传"问题上的立场,前文已有所论述。惠

---

① 惠栋:《古文尚书考》卷上,第 703 页。
② 惠栋:《古文尚书考》卷上,第 705 页。

栋《古文尚书考》引述阎著《尚书古文疏证》以资佐证。《尚书古文疏证》次第成书,传本较多,而惠栋所据为何本,关系到如何认识阎若璩对于惠著的影响。

依史料记述,阎著《尚书古文疏证》有抄本①、四卷本②、八卷本③以及十卷本行世。④ 阎詠《尚书古文疏证后序》云:"家大人征君先生著《尚书古文疏证》若干卷,爱之者争相缮写,以为得未曾有。……书凡数十万言。……康熙甲申端午前三日。"⑤由此序内容,可推知以下讯息:其一,康熙甲申端午前三日,此时阎若璩已卒月余,阎詠称"若干卷",则阎若璩卒后《尚书古文疏证》未有定本;其二,"爱之者争相缮写",则阎著未刊时已有抄本行世;其三,阎詠谓"数十万言",《古文尚书疏证》前四卷约八万余言,八卷本则三十余万言,则此处所言当指八卷本。

1745年秋,阎学林所刻眷西堂本《尚书古文疏证》为阎著第一次刊刻。惠栋1743年即从友人处得见此书,则惠栋所见者当为抄本。那么,其所见为四卷本,抑或八卷本?《古文尚书考》上卷末有"附阎氏若璩《尚书古文疏证》",选录阎说十二条为其张目。核对文本可知,惠著《古文尚书考》所录前七条摘自阎著第一卷,后五条出于第二卷,相关内容并未超出阎著第一、二卷。惠著《古文尚书考》下卷"博引传记逸书"、"间附阎说"以驳梅《书》之伪,"增翼阎若璩揭梅说"凡九十七条⑥,所引述的内容均未超出阎著前四卷。由此而论,则惠栋所见阎著当为四卷本钞本可能性最大。

---

① 阎詠:《尚书古文疏证后序》,阎若璩:《尚书古文疏证》,第7—8页。
② 黄宗羲:"淮海阎百诗,寄《尚书古文疏证》,方成四卷,属予序之。"(黄宗羲:《尚书古文疏证序》,阎若璩:《尚书古文疏证》,第3页)
③ 阎学林于"乾隆乙丑(1745)之秋,刻《尚书古文疏证》成",是为眷西堂刻八卷本。《四库全书总目》谓:"其书初成四卷,余姚黄宗羲序之,其后四卷,又所次第续成。若璩没后传写,佚其第三卷。其二卷第二十八条、二十九条、三十条,七卷第一百二条、一百八条、一百九条、一百十条,八卷第一百二十二条至一百二十七条,皆有录无书。编次先后,亦未归条理。盖犹草创之本,其中偶尔未核者。"永瑢等:《四库全书总目》卷一二《经部·书类二·古文尚书疏证》,第101—102页。
④ 朱彝尊:"阎若璩《尚书古文疏证》十卷存"(朱彝尊:《经义考》卷九十二,第502页)。《国朝经师经义目录》朱维铮注云:"《古文尚书疏证》原为九卷,但卷三原缺,故为八卷。"江藩著,徐洪兴编校:《汉学师承记(外二种)》附录,第167页。
⑤ 阎詠:《尚书古文疏证后序》,阎若璩:《尚书古文疏证》,第7页。
⑥ 李开先生于《惠栋评传》统计惠栋"增翼阎若璩揭梅说"为95条。据笔者核对,实为97条,李氏统计之误在于:《五子之歌》4条,实5条;《嗣征》6条,实5条;《太誓中》2条,实3条;《武成》2条,实3条;《君陈》2条,实4条;《同命》3条,实1条。

从阎若璩、惠栋两书题名来看，《尚书古文疏证》之名，阎若璩子咏所作序文云："至征君所以名其书之义，实尝与闻。盖读《汉书·儒林传》：'孟喜得《易》家候阴阳灾变书，诈言师田生枕喜膝，独传喜，诸儒以此耀之，同门梁邱贺疏通证明之。'颜师古注：'疏通，犹言分别也；证明，明其伪也。'摘取此二字。首曰'《尚书》'，尊经也；次曰'古文'，传疑也。"[①]可见，阎若璩之精神贯注于梅献《古文尚书》的"疏证"而传疑；惠栋《古文尚书考》首曰"古文尚书"，次曰"考"，则其意旨立足于西汉《古文尚书》的"考"而立信，阎、惠两家旨趣之不同即在于此。

清初学界，理学清算是时代的学术课题。阎若璩身处其中而受影响，同时亦是此学风的有力助推者。《尚书古文疏证》属于考证学著作，其背后有着极强的理学清算目的。阎若璩沉潜三十年著成此书，其视域重点落在"辨伪"上。就阎、惠两书之内容而言，阎著虽然也曾论及西汉时孔安国所传"真古文"，如阎若璩据荀悦《汉纪·成帝纪》谓《古文尚书》系武帝天汉之后孔安国"家"献之，而非孔安国自献，足以解释《汉书》所言"天汉之后孔安国献之"之惑，然而这一点并非阎若璩《尚书》学"关注焦点"之所在；而惠栋的着力点则在于力求西汉《古文尚书》之"真"，这是阎若璩和惠栋《尚书》学研究的重要区别，明白乎此，有助于进一步理解惠栋学风及其意义。惠栋秉持"惟汉是古，惟古为是"的治学理念，"惟汉"中有着一个"真汉"还是"伪汉"的辨伪问题，需要先行了断，然后可以"去伪存真"，在真《古文尚书》中汲取汉学的养分以充实、证明唯汉为古、唯汉是信。惠栋写成《古文尚书考》数篇，得见阎若璩《尚书古文疏证》，认为阎著"可为我助目者"，在此种甚高的自我期许中，可以想见的是，惠栋与阎若璩走上怀疑《古文尚书》之路，各有一定偶然性。惠、阎二氏当有不同的撰述动机，阎若璩怀疑《古文尚书》的主要动机在于理除掺杂于儒学的老庄之论，而惠栋考辨真伪则是为了肃清孔颖达之论。阎著多有论真古文处，惠著也不乏驳斥宋明理学之语，但二人重心则各有偏重：阎著重于辨伪，惠著偏于存真。《尚书古文疏证》仅迈出第一步，系停留在"辨伪"的阶段而尚未行至"存真"。惠氏不仅辨伪，其《尚书》学兴奋点更在乎"存真"——存真《古文尚书》。就此而言，惠栋完整地走完了《尚书》学的"两步"。这是惠栋不免受到阎若璩

---

① 阎咏：《尚书古文疏证后序》，阎若璩：《尚书古文疏证》，第8页。

之影响，却又显然高于阎氏处，也是惠栋《尚书》学的特别贡献。

身处清初理学清算的时代浪潮，阎若璩专主考据，独喜"实学"，却不能不被卷入时代思潮的大浪中，从而不自觉地充当起理学清算运动的重要成员。惠栋处于乾嘉之世，时代学风已有所转变，理学清算余波仍然荡漾于学界，然复兴汉学之势已渐成时代主流，由顾炎武、黄宗羲、王夫之以及阎若璩等开创的"弃虚蹈实"学风既已成型，途辙已立，下一步的学术工作，自然就落在何谓"实学"内涵的确定上。清初学风尚实，但未能就实质问题予以明确界定。惠栋提出"惟汉是崇"、"惟汉是尊"理念，既是惠氏之大贡献，亦是其大局限。其崇汉、尊汉，从学风和家法的判定上着眼，惠氏之"汉"，要在"东京"之学而非"西京"之学，在古文经学而非今文经学。正因惠氏所重，其不能不蹈汉儒贾逵、马融、郑玄之途辙，从而在音韵训诂、校勘辑佚等方面，在史料发掘与整理上作出了巨大成就。惠著《古文尚书考》的目光在关注"舍'十六字心传'而言《书》"的同时，已经有意识地触及到西汉真《古文尚书》本身，并且展开具体的论证、辑佚、诠释工作，彰扬汉学，以示后来者为学之门径。

在乾嘉汉学界，惠栋处于执牛耳的地位，其《尚书》学在乾嘉汉学阵营颇有影响，时人对于《古文尚书考》已有极高评价。如沈彤将惠著与阎著相较，称惠说最具"卓识"，而阎若璩"先得定宇之指，定宇书不谋而与之合，文词未及其半，而辨证益明，条贯亦清益"[①]；钱大昕对于惠栋在《泰誓》问题上的辨析大加赞赏，称道"此千四百余年未决之疑，而惠松崖先生独一一证成之，其有功于壁经甚大。先是，太原阎征士百诗著书数十万言，其义多与先生暗合，而于《太誓》犹沿唐人《正义》之误，未若先生之精而约也"[②]；邵晋涵也高度评价惠著的学术地位，"惠氏《古文尚书考》，余最爱其'辨正义'四条、'证孔氏逸书'九条，议论精当，为竹垞、亭林所未逮"[③]。

对于清代学者《尚书》学功绩，梁启超有一段精到评述："清初学者对于《尚书》第一件功劳，在把东晋《伪古文尚书》和伪孔安国传宣告死刑。这件案最初的告发人，是宋朝的朱子，其后元吴澄、明梅鷟等继续控诉。到清初，黄梨洲当

[①] 惠栋：《松崖文钞》卷二《沈君果堂墓志铭》，第287页。
[②] 钱大昕：《潜研堂文集》卷二十四《古文尚书考序》，钱大昕著，陈文和主编：《嘉定钱大昕全集》（九），第368页。
[③] 黄云眉编著：《邵二云先生年谱》，金陵大学中国文化研究所1933年印行，第15页。

原告律师,做了一部《授书随笔》给阎百诗。百诗便自己充当裁判官,著成《古文尚书疏证》八卷,宣告那部书的死刑。还有一位姚立方际恒可以算作原告律师,他做一部《尚书通论》,关于这问题搜出许多证据,其书似已失传,但一部分已被阎氏采入《疏证》了。同时被告律师毛西河不服判决,做了一部《古文尚书冤词》提起上诉。再审的裁判官是惠定宇,著了一部《古文尚书考》,把被告的罪名越发弄确实了。还有两位原告律师:一是程绵庄廷祚做一部《晚书订疑》;一是段茂堂做一部《古文尚书撰异》,把毛律师强辩的话驳得落花流水,于是这件案总算定谳了。"①诚如梁氏所言,自从"再审的裁判官"惠栋舍"十六字心传"而言《尚书》,抽去宋明理学《尚书》学至为关键的理论根基,由"十六字心传"所构建的形而上思想大厦,在惠栋的考辨中轰然倒塌。继惠氏而起者王鸣盛、孙星衍、江声等延其路而拓之、续其作而全之、考其误而正之,以成《尚书后案》、《古文尚书马郑注》、《尚书集注音疏》,清代《尚书》学研究成为专门之学。

第三节　惠栋《后汉书补注》述略

乾嘉史坛以考据史学最为发达,惠栋为汉学吴派宗主,经学融洽,在史学领域亦颇有建树,时有以"九经三史"概其大略,李慈铭则谓其"史次于经,而两汉则致力亦甚深"②。在两汉历史研究方面,惠栋有《汉事会最》、《汉事会最人物志》、《诸史会最》、《后汉书补注》等著作传世,其中以《后汉书补注》成就最大。今简述惠栋史学渊源、《后汉书补注》著述特点及其学术影响。③

---

① 梁启超著,朱维铮校注:《梁启超论清学史二种》,第299—300页。
② 李慈铭:《越缦堂读书记》,第1290页。
③ 关于吴派史学,李开《惠栋评传》第十章《惠栋的史学》对《后汉书补注》及惠栋的史地学、人物志、方志学、称谓学和姓氏学作出专门探讨。张桂《惠栋与〈后汉书补注〉》(《南都学坛》2018年第4期)肯定惠著在李贤、刘昭注的基础上,吸纳已有研究成果,既补充前人注解之不足,纠误考实,并且解读《后汉书》体例及史法,其补注方法大致包括辑佚材料、旁征博引、辨析驳正和附己见四种。赵四方《惠栋的史学思想及经史研究关系论析》(《中国典籍与文化》2021年第2期)围绕惠氏家族在史学上的代表著作《后汉书补注》、《汉书纂录》,专门探讨了吴派史学渊源与思想特质。

一、惠栋的史学渊源

　　东吴惠氏,四世传经,惠栋的经学研究秉承家学而发扬光大,其史学同样源出家学传授。惠栋的祖父惠周惕即于史学多有探究,论及读经史次第云:"每日先本经次及五经,次及史,功贵不断不贵多","古人于六经、《史》、《汉》皆能熟读,其余经史则涉猎,然需记忆"。至于读史方法,"读诸史,必先看《通鉴》,使胸中有界画,读史乃不汗漫于一朝中,有一二大事,必要记得,知之思之"①。惠栋父亲惠士奇年少时代即能记诵《史记》、《汉书》、《三国志》②,中进士后进入史馆纂修《三朝国史》,充春秋馆、八旗志书馆、三礼馆纂修官,与其同居史馆的李绂称士奇"长于史学"③。

　　惠栋幼闻庭训,弱冠知晓遵尚古学,熟读史籍,"史兼裴、张、小司马、颜籀、章怀之注"④。惠栋论学,"反复研求于古与今之际",以"明于古今,贯天人之理"为儒林之业,而其大要在乎"推今说而通诸古"⑤。对于传统士子而言,在学术层面打通古今隔阂、明古而通今,有"通经"和"明史"两条途径。正如王鸣盛所言,"欲通古今,赖有字,亦赖有史,故字不可不识,史不可不读"⑥。惠栋为一代经师,亦未曾忽略史学的重要意义,其论学以汉儒为尊,两汉史籍本身属于汉学范畴,惠栋勤读两汉史事,论著大多引述汉代史事发为议论。《松崖文钞》之《送汪国子序》、《蓬亭诗草序》、《三贤祠记》,《松崖笔记》"颜师古注《汉书》"条、《九曜斋笔记》"五代史志"条等,承续家学,集中两汉史籍的整理研究。上海图书馆所藏劳格抄本《汉书纂录》,其间多有惠士奇、惠栋批校语录。

---

① 惠周惕:《砚谿先生遗稿》卷下《家书一通》。
② 江藩:"(惠士奇)尝与名流宴会,座中有难之者,曰:'闻君熟于《史》、《汉》,试为诵《封禅书》。'先生朗诵终篇,不遗一字,众皆惊服。"(江藩、方东树著,徐洪兴编校:《汉学师承记(外二种)》卷二《惠士奇》,第26页)又,康熙三十四年(1695),惠周惕于京师寓所作《家书一通》,云:"字付二男,闻汝肯读书,又能读《史》、《汉》,略皆上口。此大男信中云云。吾甚喜。"周惕有二子,长子士麟,次子士奇。
③ 李绂:《穆堂初稿》卷四一《复惠天牧》,第66页。
④ 王昶:《惠定宇先生墓志铭》,王昶著,陈明洁、朱惠国、裴风顺点校:《春融堂集》卷五十五,第944页。
⑤ 惠栋:《松崖文钞》卷二《学福斋集序》,第279页。
⑥ 王鸣盛著,黄曙辉点校:《十七史商榷》卷六十七《通古今》,上海书店出版社2005年版,第378页。

有惠栋题记云："此先曾王父百岁堂藏书也。朱笔为先君阅本，墨笔及注乃栋参也。余家世通汉学，尝谓乱《左传》者杜预，乱《汉书》者颜籀，故《左传》扶贾、服，《汉书》用古注。一经一史，淆乱已久，他日当为两书删注以存古义，诏后学。"①

二、《后汉书补注》体例及特点

《后汉书》为范晔根据《东观汉记》，同时参考谢承、薛莹、司马彪、华峤、谢沈、张莹、袁山松诸家著作而成，原定十纪、十志、八十列传以合百卷之数，其《律历》、《礼仪》、《祭祀》、《天文》、《五行》、《郡国》、《百官》、《舆服》八志为晋司马彪《续汉志》之文，是研究汉代历史的重要史籍。刘知幾有云："世言汉中兴史者，唯范、袁二家而已。"②后世为《后汉书》作注者，有梁刘昭以及唐章怀太子李贤，两家注文历来被视为范著的经典史注。其后，进一步完善《后汉书》注解并未为学界关注。惠栋治学尊汉、信汉而对此书极为关注，认为范晔《后汉书》缺略遗误较多，自范著行而《东观汉记》及诸家之书皆亡佚，于是广征博引，作《后汉书补注》，所谓"补注"者，意为补刘昭、章怀太子注文之阙。

《后汉书》属于先后成书，范晔完成本纪十卷及列传八十卷，其志三十卷则为晋司马彪《续汉志》之文。司马彪著述部分在唐代以前大多各自为书。至宋乾兴中，国子监校刊乃取之以补范书。自此诸家征引此书，多称《后汉书》某志，梁章钜曾撰文言明此说之误。③ 惠栋所作《后汉书补注》二十四卷，前二十卷题署《后汉书补注》，后四卷则署《续汉志补注》，以示有所区分。《后汉书补注》全书三十余万字，北京大学藏有稿本、钞本以及刻本数种，上海图书馆藏有嘉庆九年（1804）冯集梧刻本，《续修四库全书》即据冯氏刻本影印。关于《后汉书补注》书名、卷数、原书情形及写作时间，漆永祥先生《东吴三惠著述考》之《后汉书补注》条已有精详考论。④

就著述体例而言，《后汉书补注》属于史注体，且为专史之注。史注体裁盛

---

① 王欣夫撰，鲍正鹄、徐鹏标点整理：《蛾术轩箧存善本书录·甲辰稿》卷二，第1175页。
② 刘知幾著，浦起龙释：《史通通释》，上海古籍出版社1978年版，第343页。
③ 梁章钜：《退庵随笔》卷十九，江苏广陵古籍刻印社1997年版，第401—402页。
④ 漆永祥：《东吴三惠著述考》，袁行霈主编：《国学研究》第14卷，第399—401页。

于魏晋时期,其后渐呈衰微之势。到了清代中期,在乾嘉汉学风尚影响下,考史注史之风复兴。杜维运将乾嘉时代学者整理史学的总成绩分为补作旧史、补旧史表志、考释旧史三类,《后汉书补注》即被归诸第三类。从书名来看,以"训纂"、"补注"命名史著,并非始自惠栋,远者如南朝宋姚察之《汉书训纂》,近者如惠有声之《左氏春秋补注》。在惠栋的著作中,除《后汉书补注》之外,尚不乏以"补注"、"训纂"命名者,如《春秋左传补注》、《山海经补注》(初名《山海经训纂》)、《渔洋山人精华录训纂》,等等。在著述取材上,《后汉书补注》"仿裴松之注《三国》之例,以范史为主,悉本《东观汉记》及皇甫谧《帝王世纪》、谢承、谢沈、袁山松所撰《后汉书》及司马彪《续汉书》,袁宏、薛莹《后汉纪传》为之附"①。

据顾栋高所言:惠栋"弱冠即覃精经史,三十以前撰此书及《左传补注》六卷,三十以后专意经学,所著经说数十种"②。漆永祥据北京大学图书馆所藏《后汉书补注》稿本中惠栋识语,指出惠著始撰于雍正七年(1729),乾隆七年(1742)成书。③ 据此则《后汉书补注》成书于惠栋三十五岁之后,前引顾栋高之说显然有误。在《后汉书补注》中,惠栋分别两次提及《易汉学》、《九经会最》④,可知《后汉书补注》成书之前,惠栋已有专门经学著作。明乎此,若以《后汉书补注》著述为标尺,正可理解惠栋治学由经入史、以史证经的经史观。

从《后汉书补注》内容来看,惠栋治史大致体现出以下几方面的特点。

第一,广征博引,增补传文。惠栋作《后汉书补注》,于经史子集广为征引。所引典籍主要包括《周易》、《尚书》、《春秋》、《诗经》、《古文孝经》、《周礼》、《礼记》、《古文论语》、《说文解字》、《释名》、《魏书》、《史通》、《通鉴考异》、《尔雅》、《广雅》、《荀子》、《墨子》、《尸子》、《淮南子》、《连丛子》、《管子》、《庄子》、《抱朴子》、《楚辞》、《北堂书钞》、《吕氏春秋》、《竹书纪年》、《华阳国志》、《水经注》、《山海经》、《战国策》、《论衡》、《先贤行状》、《唐六典》、《程氏考古编》等。除了征引典籍以注释《后汉书》所涉及的字句、典章,惠栋还有意识地

---

① 顾栋高:《后汉书补注序》,惠栋:《后汉书补注》,《续修四库全书》本,上海古籍出版社2002年版,第511页。
② 顾栋高:《后汉书补注序》,惠栋:《后汉书补注》,第511页。
③ 漆永祥:《东吴三惠著述考》,袁行霈主编:《国学研究》第14卷,第401页。
④ 惠栋:《后汉书补注》,第552、584、582、603页。

增补范著所未著录确有特别价值的传文,其于《循吏传》后作案语:"范氏所载循吏,犹多未备。今依裴松之注《三国》例补之。"①惠栋参考《东观汉记》、谢承《后汉书》于《后汉书补注》增有沈丰、百里嵩、巴祗、王阜等传文。

第二,详为考证,以求其实。为了探究《后汉书》中字词音义、典章制度以及历史事实,惠栋运用了多种考证方法。其一,诸本对勘。自宋初有活字版本之后,《后汉书》传世版本颇多,如宋之淳化本、景德本、乾兴本、景祐本、熙宁本、绍兴本,明之南北雍本、闽本等。惠栋以宋本为底本,比勘北宋本与近世传本内容,辨其异同,校正字句之脱讹,择善而从。如《舆服下》"注各有秩品",惠栋注:"秩,北宋本作科。"②又如《郡国五》"古今注光武中元二年",惠栋注"诸本脱'古今注'三字"。③同卷"明帝永平十八年,户五百八十六万五百七十三",惠栋注:"近本皆作二"④。其二,碑文证史。惠栋以"范蔚宗去汉二百余年,传闻失真,当以碑为证"⑤,于《后汉书补注》多引金石、鼎铭、碑传,与范著互为印证,所引各家碑文如《朱公叔碑》、《曹娥碑》、《杨震碑》、《陈球后碑》、《太尉汝南李公碑》、《刘镇南碑》、《郃阳令曹全碑》等等。其三,避讳考辨。惠栋以史家著述、后人誊写遵循的避讳原则考辨字词。如《崔骃传》有"注非熊非黑"语,惠栋以唐高祖李渊祖父名李虎,故唐人讳虎,辨云:"案《六弢》及《史记》皆云'非龙非彲,非虎非罴',无'非熊非罴'语。当因章怀避唐讳,改虎为熊。故李翰《蒙求》亦有'吕望非熊'之句。后人承其讹,不及改耳。"⑥

第三,阙疑存异,无征不信。惠栋治史,讲求言必有据,注解《后汉书》,于未知所出之史事记载皆标识"未见所出"⑦,于史籍记述抵牾而无法确考者则附录相关记载,明言"未详孰是"⑧。与此同时,惠栋看重史料的可信度,言称:"孝灵之梦,载在干宝《搜神》,范氏撰《方术传》多取材于干氏,非实录也。"⑨对神话传说所抱持的怀疑态度,反映其治史可贵的"求真"精神。

---

① 惠栋:《后汉书补注》,第 604 页。
② 惠栋:《后汉书补注》,第 653 页。
③ 惠栋:《后汉书补注》,第 646 页。
④ 惠栋:《后汉书补注》,第 646 页。
⑤ 惠栋:《后汉书补注》,第 623 页。
⑥ 惠栋:《后汉书补注》,第 576 页。
⑦ 惠栋:《后汉书补注》,第 580 页。
⑧ 惠栋:《后汉书补注》,第 532、545 页。
⑨ 惠栋:《后汉书补注》,第 534 页。

第四，博采众说，择善而从。惠栋为学博览群书，对前贤诸说及时人论说极为关切，所著读书笔记即于顾炎武《日知录》、《菰中随笔》及阎若璩《潜邱札记》之说多有采录，《后汉书补注》亦就诸家成果广为引用，以资佐证。《后汉书补注》所采清代学者有顾炎武、朱彝尊、李因笃、徐乾学、阎若璩、惠士奇，其中引述惠士奇、顾炎武之说最多，对前贤成果则采纳何焯最多。惠栋引录前人之说，并未盲从其说，而是就相关论断的误读处详加辨析，拨乱而反诸正。如何焯解《陈宠传》"祖腊"一词，认为"祖腊，犹言先祖相承所用之腊，非祭名"，惠栋考辨指出"祖腊"一语为祭名，拨正何氏之误。此外，惠著围绕顾炎武、惠士奇相关论说也间有驳正。因此，顾栋高评价道："《后汉书》有脱字、衍字及差舛者，复据家宁人先生及何义门所评三史，一一校正，使读者一见易了，无复有鲁鱼亥豕之讹，其用心可谓勤矣。"①

第五，史学评论意识。惠栋为经师，多以考据学方法治史，其中亦蕴涵着一定的史学评论意识。在《松崖笔记》中，惠栋引述《太平御览》解释"史"之含义云："《春秋元命苞》曰：屈中挟一而起者为史，史之为言纪也，天度文法以此起也。"②将"史"视为"纪"，即具有道德及法律约束的准绳，看作"天度文法"之缘起，这一观点或未充分涵括"史"之大义，至少反映出"史"原初内涵的一面。"补注"类似史注文体，考释字词音义、典章制度自然是《后汉书补注》着力重点，而其中一些论断也反映出惠栋的史学批评意识。如惠著卷五于《后纪》所作案语，论道："范史大要，本华峤《汉后书》。先是，《东观汉记》依班固之例，作《外戚传》。峤以为皇后配天作合，前史作《外戚传》以继末编，非其义，故易为《皇后纪》，以次《帝纪》。其后，王隐撰《晋书》，亦从华峤之例。范书因之。何君焯以为东京皇后临朝者六，范氏作《皇后纪》，合史家之变，为得其实。此臆说也。"③惠氏以《后纪》编排次序变化的考述，指出何焯之误。

三、《后汉书补注》的学术影响

乾嘉时期汉学鼎盛，学者论学崇奉儒家经典，经学发展态势如日中天，而

---

① 顾栋高：《后汉书补注序》，惠栋：《后汉书补注》，第511页。
② 惠栋：《松崖笔记》卷二《史》，第2页。
③ 惠栋：《后汉书补注》，第532页。

史学研究并不尽如人意，即如钱大昕所言：自从惠栋、戴震之学盛行于世，"天下学者但治古经，略涉三史，三史以下，茫然不知"①。吴派后学江藩亦直言："近时，讲学者喜讲六书，孜孜于一字一音，苟问以三代制度、五礼大端，则茫然矣；至于潜心读史之人，更不能多得也。"②从钱大昕、江藩的陈述中，可以大体了解彼时学界"重经轻史"的整体风向。惠栋为汉学吴派之集大成者，论学自以经学为重心，而旁及其余，其史学研究即有鲜明的援史证经、据史明经倾向。惠著《尚书古义》、《古文尚书考》以诸子、《史记》、《汉书》补释经书，史学仅可谓经学之辅佐及旁支。正如李慈铭所言，惠栋论史"史次于经"，于两汉致力亦深。近人李详肯定惠氏研讨史部之学，"于史有《后汉书训纂》"③，同时也强调惠氏毕竟为经生，就惠氏经史观及其学术身份作出允当定位。

梁启超有言："乾嘉以还，考证学统一学界，其洪波自不得不及于史。"④惠栋以经学考证移以治史，所著专书《后汉书补注》对清代史学尤其是考证史学产生积极影响。《后汉书补注》初刊，顾栋高即盛赞其书"援据博而考核精，一字不肯放过，亦一字不肯轻下，洵史志中绝无仅有之书"⑤；洪亮吉以为惠栋之史学"非近时所能及"⑥；王先谦则服膺惠著，言称"近儒致力于《后汉书》，莫勤于惠栋所著《后汉书补注》"⑦，诸家均给予《后汉书补注》极高的学术评价。

继惠栋《后汉书补注》后，清代学界探研《后汉书》之风欣欣然起，有侯康《后汉书补注续》、周寿昌《后汉书注补正》、沈铭彝《后汉书注又补》以及王先谦《后汉书集解》、《续汉志集解》等系列论著问世。诸家之作，皆可谓承绪惠著而补其未备，从不同方面深化了《后汉书》研究。其间，王先谦《后汉书集解》、侯康《补后汉书艺文志》、姚振宗《后汉艺文志》等对惠著注文多有征引，反映出《后汉书补注》的学术价值与影响。惠栋经学研究引领一代风尚，其两汉史学成绩在乾嘉考据史坛同样占有举足轻重的地位。

---

① 江藩、方东树著，徐洪兴编校：《汉学师承记（外二种）》卷三《钱大昕》，第 60—61 页。
② 江藩、方东树著，徐洪兴编校：《汉学师承记（外二种）》卷七《凌廷堪》，第 144 页。
③ 李详著，李稚甫点校：《药裹慵谈》卷一，江苏古籍出版社 2000 年版，第 35 页。
④ 梁启超著，朱维铮校注：《梁启超论清学史二种》，第 43 页。
⑤ 顾栋高：《后汉书补注序》，惠栋：《后汉书补注》，第 511 页。
⑥ 洪亮吉：《惠定宇先生〈后汉书训纂〉序》，洪亮吉著，刘德权点校：《洪亮吉集》，第 195—197 页。
⑦ 王先谦：《后汉书集解述略》，王先谦等：《后汉书集解（外三种）》，上海古籍出版社 2006 年版，第 178 页。

第四节　惠栋荀学思想刍议

　　明末清初,学术界掀起了理学清算浪潮,有力批判了宋明理学"援二氏入儒",形成"弃虚蹈实"的学风。乾嘉时期承此学风之余绪,汉学兴起。汉学家在治学上摒弃形而上思辨之"理"的探究,转入对形而下践履之"礼"的考察。先秦儒家荀子"隆礼"思想,引起学者的广泛关注,探究《荀子》论著频出,一股荀学复兴思潮悄然涌起。整体而言,乾嘉时期的荀学著述可以分为两类:一是在版本上对《荀子》的校勘,如卢文弨《荀子笺释》、顾广圻《荀子异同》、王念孙《荀子杂志》、郝懿行《荀子补注》、刘台拱《荀子补注》以及陈奂《荀子异同》等;二是在思想上诠释《荀子》,如惠栋《荀子微言》、钱大昕《跋荀子》、王昶《荀子跋》、汪中《荀卿子通论》、凌廷堪的《荀卿颂》等,官方所编纂的《四库全书总目》也对《荀子》有较高评价,这是秦汉以来荀学发展未有之盛况。

　　《荀子微言》是惠栋在经史领域之外的一部重要的诸子学著作,也是汉学家专治《荀子》之肇始。惠栋节选《荀子》相关篇章,以按语的形式阐述其中微言大义。如以《周易》理解《荀子》之义,以"绘事后素"解释"礼后",由"尊儒"讨论重"师法",均透露出惠氏论学旨趣,体现出《荀子微言》真正"微言"之所在。在《松崖笔记》、《九曜斋笔记》、《易微言》、《九经古义》等著作中,惠栋也多处论及《荀子》,反映其"尊荀"思想。在清代中叶的荀学复兴运动中,惠栋占有重要的一席。《荀子微言》稿本现藏于上海图书馆,《续修四库全书》子部据以影印出版。以下据《续修四库全书》本梳理《荀子微言》旨趣,结合荀学复兴的学术背景评述惠栋的荀学思想。

一、《荀子微言》释名及内容

　　荀子名况,又称荀卿、孙卿,战国后期赵国人。自周末至秦汉常以孟荀并立,太史公司马迁《史记》即孟荀并传。荀卿著作,后世称《荀子》,西汉刘向校定《孙卿书》三十二篇。至唐代,始有杨倞为《荀子》作注。宋明之世,理学盛行,学者论学鲜及《荀子》,荀学趋于式微。在荀子思想中,以"性恶"说最为理学家所诟病。程颐说:"其(韩愈)言荀、杨大醇小疵,则非也。荀子极偏驳,只一句性恶,大本已失。"朱熹以为:"韩退之谓荀、杨'大醇而小疵',伊川曰'韩子责人甚恕'。自今观之,他不是责人恕,乃是看人不破。"[1]到了清中叶,汉学鼎盛,荀学复兴。学者校勘《荀子》,阐释微言。惠栋、卢文弨、谢墉、汪中、王念孙等均有专著,而创始之功则当推惠栋《荀子微言》。

《汉书·艺文志》开篇云:"昔仲尼没而微言绝,七十子丧而大义乖。"[2]李奇注解"微言"之意在于"隐微不显之言",颜师古则解释为"精微要妙之言"。《说文解字》释"微"为"隐行",段玉裁引述杜预注解"微言"谓:"微,匿也,与《释诂》匿,微也,互训。皆言隐不言行。"[3]比较而论,李奇的解释似更暗合《荀子》"微言"之意,"微"指隐而未彰,传统元典中所蕴含的学术旨意,是为"微言"。惠栋题署《荀子微言》,其意在于阐发《荀子》的思想主旨。事实上,惠栋每好以"微言"命名著述,又有《易微言》,"微言"之意亦当作如是解。

《荀子微言》前附有"跋",谓:"《荀子微言》□□[4]有家大人笔记。五月二十五日偶于低桌抽头中检得,恐面页遗落,取下置书内。即日载阳手记。"《荀子微言》未详具体著述年月,然据王欣夫《蛾术轩箧存善本书录》所录惠校《荀子》语,其中有"乾隆癸酉(1753)十月,又取何氏校景定本校此二卷。松崖","《荀子》六册,先君手阅,内阙一册,此册为栋补阅也。庚午十二月谨识","庚午(1750)十一月三日阅一过","壬申(1752)二月初六日,又阅一过"。[5]又《荀子微言》卷末有惠栋自识云:"丙子(1756)三月清明后三日阅,松崖"[6]以此推知:惠栋晚年勤于研读、校释《荀子》,至迟在1756年,《荀子微言》已成稿。

《荀子微言》,一卷,根据其内容,全书结构大体可以分为两个部分:第一部分精选《荀子》篇目,选摘阐述其中微言大义,凡录《劝学》、《儒效》、《王制》、《不苟》、《解蔽》、《强国》、《天论》诸篇;第二部分则节录《荀子》各篇语句,以"荀子训格之言"之名,逐一罗列,略加注解,所涉及的篇目多达二十篇,为《劝

---

[1] 黄士毅编,徐时仪、杨立军整理:《朱子语类》卷一百三十七《战国汉唐诸子》,第2788页。
[2] 班固:《汉书》卷三十《艺文志》,中华书局1962年版,第1701页。
[3] 许慎著,段玉裁注:《说文解字注》,上海古籍出版社1981年版,第76页。
[4] 按:□为涂乙难辨处。
[5] 王欣夫撰,鲍正鹄、徐鹏标点整理:《蛾术轩箧存善本书录·辛壬稿》卷三《荀子 二十二卷 六册》,第561页。
[6] 惠栋:《荀子微言》,第483页。

学》、《修身》、《不苟》、《仲尼》、《儒效》、《王制》、《富国》、《王霸》、《君道》、《臣道》、《致士》、《议兵》、《天论》、《正论》、《礼论》、《性恶》、《成相》、《大略》、《子道》、《尧问》等。惠栋将此视为"训格之言"，录以作警世，故"微言"不多，其中亦可见惠氏对于《荀子》学说的看重。

儒学元典的解读，一般依照注疏体例，即在元典字句中夹以注文。杨倞《荀子注》即依注疏体展开。惠栋《周易述》即"约其旨为注，演其说为疏"[1]，以注疏形式阐述《周易》。《荀子微言》体例参照杨倞《荀子注》，所引《荀子》正文为单行大字，引杨倞注文则为双行小字。正文注文多本杨倞注，间有节引，参以己见，加以修正。如《儒效》篇"千举万变，其道一也，是大儒之稽也"之"稽"字，杨倞注为"考"、"成"，惠栋则注为"同"[2]。惠栋论《荀子》之"微言"，集中于是书第一部分，于所录《荀子》篇章末附以案语，或自注，或引述。惠栋节选《荀子》，论其"微言"，择取次序当依《荀子》篇目次第而定，《荀子微言》第二部分即依篇名顺序选摘词句以为格言。不过在《荀子微言》的第一部分，即重点阐释《荀子》微言大义，惠栋在编排上则别具匠心，将《儒效》、《王制》、《解蔽》诸篇位置前置，足见其在惠氏心目中的特殊地位。《荀子微言》未曾采录的《荀子》篇目，为《荣辱》、《非相》、《非十二子》、《乐论》、《正名》、《君子》、《赋》、《宥坐》、《法行》、《哀公》诸篇。众所周知，荀子力主非孟、"性恶"论，《非十二子》篇和《性恶》篇即代表《荀子》思想的核心。惠栋将《性恶》篇置于《荀子微言》第二部分，未加阐述，至于《非十二子》篇则弃而不论，似乎回避、摒弃了荀子思想最关键的部分。所阐发的《荀子》"微言"，有偏离，至少有没有切中荀子思想核心之嫌。事实上，惠栋对"性恶"说所持立场，在其对《荀子》所作校语可得明见。据王欣夫所录，惠栋"于《成相》篇'暴人刍拳，仁人糟糠'云：'荀子自谓其言悲切，盖当秦将并一之时，极恶之世，故有性恶之说。'于《赋》篇'天下不治，请陈佹诗'云：'子思作《中庸》，首言性，次言教。中又列三等知行之人，而归重于教，所以救时也。孟子言性善，本其初也。荀子言性恶，痛其习也。后之学者

---

[1] 钱大昕：《潜研堂文集》卷三十九《惠先生栋传》，钱大昕著，陈文和主编：《嘉定钱大昕全集》（九），第662页。

[2] 惠栋：《荀子微言》，第467页。

不知人论世,而猥以荀子为非,安可与之言学哉!'"①由此而言,惠栋强调知人论世,从纷乱时局中解读荀子的"性恶"说,驳斥时人对荀子的批判,其"尊荀"思想不言而喻。

二、《荀子微言》的学术旨趣

第一,以《易》理解《荀》义。惠栋治学广博,熟谙《易》理,论学以《周易》为本,旁及他学。惠栋强调汉人治《周易》各有源流,"识得汉易源流,乃可用汉学解经"②,追考汉易源流,阐发汉易旨意,著有《易汉学》、《周易述》、《易微言》、《易例》等。惠栋自述"因学《易》而得明堂之法,因明堂之法而知禘之说,于是刺六经为《禘说》"③,可知《明堂大道录》与《禘说》均为其治《周易》之推衍。惠栋每好以《周易》之理解释儒家经典,《中庸注》先列《中庸》全文,再以《易》义解之,易学思想可以说贯穿于其论学之大部。在《荀子微言》中,惠栋多引述《周易》解释《荀子》。如《荀子微言》开篇援引《劝学》篇:"积土成山,风雨兴焉,积水成渊,蛟龙生焉,积善成德,而神明自得,圣心备焉。"注谓:"乾初为善,三为成德,自一乾以至三乾成,故云积善成德";《儒效篇》:"天不能死,地不能理",注谓:"二语之义,本于《易》";④《王制》篇:"以类行杂,以一行万,始则终,终则始,若环之无端也,舍是而天下以衰矣。"注谓:"在《易》,《易》为坎离,乾坤坎离,反复不衰,《易》不可见乾坤,或几乎息矣,故云天下以衰。"⑤以此可见惠栋注解《荀子》,间采《易》理,以释"微言"。值得注意的是,惠栋还以《荀》义释《易》理。在《易微言》中,释"隐"、"微"、"虚"、"独"、"约"、"一"、"一贯之道"、"神"、"诚"、"积"、"圣学苟积"、"王者尚积"、"人心道心"、"诚独之辨"、"精一之辨"诸条,均引述《荀子》的《劝学》、《解蔽》、《不苟》、《儒效》、《强国》诸篇解读《易》理。

---

① 王欣夫撰,鲍正鹄、徐鹏标点整理:《蛾术轩箧存善本书录·辛壬稿》卷三《荀子 二十二卷 六册》,第560页。
② 惠栋:《九曜斋笔记》卷二《趋庭录》,第39页。
③ 惠栋:《禘说》,《清经解 清经解续编》本。
④ 惠栋:《荀子微言》,第463页。
⑤ 惠栋:《荀子微言》,第468页。

马积高在《荀学源流》中指出,《荀子》直接引《易》者四条,但《荀子》全书蕴涵着丰富的易学思想。① 夫子读《易》,韦编三绝。作为先秦思想家的荀子,浸染于孔子思想,对易学当多所关注。刘向《孙卿书书录》即称"孙卿善为《诗》、《礼》、《易》、《春秋》"②。荀子通晓易学,绝非虚言。惠栋以《周易》解读《荀子》微言,体现了其重《易》的学术旨趣,同时契合《荀子》蕴涵《易》理的事实。

第二,"礼后"说与"绘事后素。""隆礼"是《荀子》的重要思想。《荀子》三十二篇,在《礼论》篇专论"礼"之外,另有二十二篇论及"礼",全书论"礼",多达六十余处。《荀子》称"礼"是"群居和一之道"③,是"节之准"④。《荀子》赋予"礼"以无上权威:"礼者,法之大分,类之纲纪也。故学至乎礼而止矣。夫是之谓道德之极。"⑤《荀子》强调"礼"于己身及家国天下的绝对地位:"人无礼则不生,事无礼则不成,国家无礼则不宁。"⑥惠栋《荀子微言》并未对"隆礼"思想作过多阐发,《礼说》篇甚至被置于是书的第二部分,其笔墨集中于子夏"礼后"说。如《劝学》篇后作按语云:"自子夏论《诗》有礼后之说,而夫子与之,故其徒皆传其学。五传至荀子,其言曰:始乎诵经,终乎读礼。又曰:学至乎礼而止矣。夫是之谓道德之极。盖先王治定制礼,夫子训伯鱼,先诗后礼,论成人,兼备众才,而终文之礼乐,是知道德仁义,非礼不成;教训正俗,非礼不备;君臣父子兄弟,非礼不定,此子夏礼后之说为不可易也。"⑦惠栋之意,荀子"隆礼"思想承子夏"礼后"之说,子夏"礼后"之说,继孔子圣言,荀子为孔学传承之正统。

其后,惠栋由"礼后"而论"绘事后素"。"绘事后素"与"礼后"语出《论语·八佾篇》:"子夏问曰:'巧笑倩兮,美目盼兮,素以为绚兮。'何谓也?子曰:'绘事后素。'曰:'礼后乎?'子曰:'起予者商也!始可与言《诗》已矣。'"朱熹《论语集注》解释"绘事后素"称:"绘事,绘画之事也。后素,后于素也,《考工

---

① 马积高:《荀学源流》,上海古籍出版社 2000 年版,第 161—166 页。
② 刘向:《孙卿书书录》,参荀况著,杨倞注,耿芸标校:《荀子·附录》,上海古籍出版社 1996 年版,第 322 页。
③ 王先谦:《荀子集解》上册,第 71 页。
④ 王先谦:《荀子集解》上册,第 262 页。
⑤ 王先谦:《荀子集解》上册,第 12 页。
⑥ 王先谦:《荀子集解》上册,第 23 页。
⑦ 惠栋:《荀子微言》,第 464 页。

记》曰'绘画之事后素功',谓先以粉地为质,而后施五采,犹人有美质,然后可加文饰。"解释"礼后"谓:"礼必以忠信为质,犹绘事必以粉素为先。……杨氏曰:'甘受和,白受采。忠信之人,可以学礼。苟无其质,礼不虚行。'此'绘事后素'之说也。孔子曰'绘事后素',而子夏曰'礼后乎',可谓能继其志矣。"①惠栋驳斥朱子之说,以为"仪不可为礼",言称:"朱子解《论语》'绘事后素',废郑氏之义,以礼后之礼为礼之仪文,于是荀子之所以述子夏者,后儒亦不知其义之精矣。"②同时援引其父惠士奇对"绘事后素"、"礼后"之解以为佐证。惠士奇《礼说》有"画绘之事,凡画绘之事,后素功"条,引述郑注和《考工记》,斥责"绘事,素地加采,谓之白受采"为"不知而妄为之说",认为"五德之仁义智信,必以礼为之闲……以礼制心,复礼为仁,礼失而采礼";进而,惠士奇论述"礼"与"忠"、"信"的关系,肯定礼的重要地位:"忠而无礼则愿也,信而无礼则谅也。愿则愚,谅则贼。不学礼而忠信丧其美也。是故,画绘以素成,忠信以礼成。素者,无色之文,礼者,无名之朴。"③

"绘事后素"本义,今已难确考。清人李赓芸的解释同于惠说,认为:"《集注》谓'先以粉地为质,而后施五采',是将《考工记》'凡绘画之事'五字读断,而解'后素功'为'后于素',非也。"④今人冯友兰、杨伯峻的解释则同于朱熹。⑤"绘事后素"本为古代的一种绘画技巧,孔子与子夏之间的对话,使"绘事后素"与"礼后"发生关联。细究之,程颐、朱熹及惠氏父子对"绘事后素"的解释皆落于个人旨趣。程朱以为先有白底方可画画,在于表述"仁先礼后"思想;惠氏父子以为先著五彩再施白色,在于宣扬"礼先仁后"学说。两家表面的"绘事后素"之争,事实上隐匿着礼乐、仁义之辨,透露出两种不同的治学取径。大体而言,程朱理学,重理、重仁义、心性之辨,论学带有不自觉的形而上学倾向;惠氏汉学,重礼、重音韵、训诂,治学带有形而下的践履色彩。惠氏对"绘事后素"的诠释,反映出乾嘉时代特定的学风,即汉学鼎盛之中,形而下的、可践履的"礼"

---

① 朱熹:《论语集注》,《四书章句集注》,第63页。
② 惠栋:《荀子微言》,第464页。
③ 惠栋:《荀子微言》,第464页。按:惠氏引惠士奇《礼说》"画绘之事,凡画绘之事,后素功"条,文字表述略有变动。参《清经解》卷二百二十七,第103页。
④ 李赓芸:《炳烛编》卷一,商务印书馆1937年版,第9页。
⑤ "绘事后素"杨伯峻译为"先有白色的底子,然后画花",见氏著:《论语译注》,中华书局2009年版,第25页。

成为了学者论学的关注点;惠氏对于程朱学说所展开的辩解、批驳,也正表明其承继清初反理学浪潮,继续从事理学批判的学术工作,理学清算依然是惠氏父子所处时代的学术课题。

第三,"尊儒"与重"师法"。"尊儒"是《荀子》又一重要思想,孔孟对此已有所论述。如《论语·雍也》有"汝为君子儒,勿为小人儒"的记载。《孟子·滕文公上》称"儒者之道,古之人若保赤子"①,《孟子·尽心下》也说"逃杨必归于儒"②。到了《荀子》,则细化儒之品类,以为"儒"有"俗儒"、"庸儒"、"贱儒"、"小儒"、"陋儒"、"散儒"、"腐儒"、"雅儒"、"大儒"的区别。荀子特别看重儒的作用,"儒者法先王,隆礼义,谨乎臣子而致贵其上者也"③;"儒者在本朝则美政,在下位则美俗"④。《荀子》由"尊儒"而重"师法",《修身》篇说"礼"以正身,"师"则正礼,论及"师法"之意义则云:"人无师无法,而知则必为盗,勇则必为贼,云能则必为乱,察则必为怪,辩则必为诞。人有师有法而知则速通,勇则速威,云能则速成,察则速尽,辩则速论。故有师法者,人之大宝也,无师法者,人之大殃也。人无师法则隆情矣,有师法则隆性矣。"⑤

《荀子微言》全文引录《儒效》篇秦昭王与荀子有关"儒者之用"的对话,所作按语则由"尊儒"、"重师"讨论"人师"、"大儒"与"明堂"的关系,在惠栋看来:"所谓人师,即大儒也,盖师儒之义,详于太学","明堂之政,非大儒不能行也。自古为大儒者二人,周公、孔子是也","明堂为大教之宫,四学具焉,官私备焉,政教之所由生,变化之所由来,非得人师如周公、孔子者不能通神明而光四海"⑥。惠氏之意,"人师"即为"大儒","明堂"属于政教之宫,"人师"授学于"明堂",这就是政教之所出而行之天下。《荀子微言》注文多本诸杨倞注解,不过《儒效》篇对于"师法"的按语,则均为惠栋自注。在注文中,惠栋指出人若无师法,则将窃圣人之说以行其私智,贼害仁义,骋其私智,成为郢书燕说。若事师而受其法,则能尽其学而可立言,归于仁义,论述"师法"之于"仁义"的特别价值。

---

① 杨伯峻译注:《孟子译注》上册,中华书局1984年版,第135页。
② 杨伯峻译注:《孟子译注》下册,第335页。
③ 王先谦:《荀子集解》上册,第117页。
④ 王先谦:《荀子集解》上册,第120页。
⑤ 惠栋:《荀子微言》,第467页。
⑥ 惠栋:《荀子微言》,第466—467页。

惠栋对《荀子》"尊儒"、重"师法"思想的诠释,同时表现在其校勘《荀子》的跋语。据王欣夫所录,惠氏跋语有云:"古者通经有家法,若子张氏、子夏氏、子游氏,家法之祖也。各自成家,各守家法,至汉犹然。欧阳氏、大小夏侯氏等,其弟子奉其师之说而不敢变,故曰:'谈说不称师,是倍也。'"又云:"孔子之后,经师始重,周、秦、汉历八百年,至东晋而亡。"①与此同时,惠栋区分了"大儒"、"经师"及"大贤",如《儒效》篇所言:"周公大圣多才,制礼作乐,故称大儒。继之者,孔子也。后世有贾、郑、荀、虞之学,而兼周、程、张、朱之品,亦大儒之次也。贾、郑、荀、虞可为经师,不可为大儒。周、程、张、朱,可为大贤,不可为大儒。兼之者为近之。"②在《九曜斋笔记》中,惠栋考证"师法"一词的渊源。③ 惠氏论学尊汉儒,而两汉经学多以师法授受,故其对《荀子》重"师法"思想多加阐释。

三、惠栋与荀学复兴

关于乾嘉时期清儒的荀学研究史,学界不乏专文探讨,唯对于惠栋的荀学思想,尤其是其《荀子微言》的地位及影响关注不够。④ 从时间来看,《荀子微言》至迟在1756年成稿,卢文弨、谢墉的《荀子笺释》则成于三十年后的1786年,《荀子微言》可称汉学家专治荀学肇始之作,开启乾嘉汉学家荀学研究先河。从交游来看,作为乾嘉汉学魁硕、吴派集大成者的惠栋、钱大昕、王昶皆曾

---

① 王欣夫撰,鲍正鹄、徐鹏标点整理:《蛾术轩箧存善本书录·辛壬稿》卷三《荀子 二十二卷 六册》,第559页。
② 王欣夫撰,鲍正鹄、徐鹏标点整理:《蛾术轩箧存善本书录·辛壬稿》卷三《荀子 二十二卷 六册》,第600页。
③ 惠栋:"《前汉书·匡衡传》,太子太傅萧望之奏衡经学精习,说有师道,可观览。衡上疏:臣闻之师曰'妃匹之际'云云。《张禹传》:傅望之奏禹经学精习,有师法,可试事。《孔光传》:光对日食曰:臣闻师曰'天右与王者'云云。《魏相传》:相明易经有师法。又数表采《易》阴阳及《明堂》、《月令》奏之。"(《九曜斋笔记》卷二《师法》,第34—35页)
④ 杨琥:《乾嘉荀学复兴概述》,陈平原、王守常、汪晖主编:《学人》第七辑,江苏文艺出版社1995年版,第615—626页。马积高《荀学源流》第十三章《清代荀学的复兴和尊荀与反荀的论争》第二节《清中叶荀学的复兴及其特点》,第298—304页。刘仲华:《清代荀学的复活》,《兰州大学学报(社会科学版)》2001年第1期;《清代诸子学研究》,中国人民大学出版社2004年版。陈居渊:《论乾嘉汉学的更新运动》第四部分"荀学的重估",《中国史研究》2002年第4期。漆永祥:《东吴三惠著述考》,袁行霈主编:《国学研究》第14卷,第406页。

从其问学,凌廷堪、汪中等对惠氏学术推崇备至。以惠栋与诸学者多有交游,依其时之相近、学之相通而推测钱大昕、王昶等荀学思想受到惠栋的影响,虽乏直接史料佐证,也有着较大的可能。或是《荀子微言》仅有稿本传世而未曾刊行之故,彼时学者论惠栋著述,鲜及此书。其后王先谦汇集诸本成《荀子集解》,亦未及惠著。《荀子微言》湮没数百年而未得世人重视,惠栋的荀学思想也鲜为人所知,可谓憾事。乾嘉学者论学未及《荀子微言》,同著作出版不易、流通不畅有一定关系。依钱大昕所言:"其(惠栋)《周易本义辨证》五卷、《松崖文钞》二卷及《诸史会最》、《竹南漫录》,则未之见也。"[1]钱大昕当初未见之作今多得见,其未提及之《荀子微言》亦得行世,探讨乾嘉时期的荀学复兴,自应对《荀子微言》给予足够的关注。[2]

据王欣夫《蛾术轩箧存善本书录》所录:"《荀子》二十卷,六册,清光绪二年浙江书局刊本。自临吴县叶奕、长洲何焯、元和惠士奇、惠栋、顾广圻校并跋。半农校用朱笔,松崖校用蓝笔,皆发挥经义,独抒心得为多。松崖又据叶林宗校北宋本,何义门校景定本,照临之。"[3]又据漆永祥先生赐示,上海图书馆藏有惠校与沈大成校明桐荫书院刻六子全书本《荀子》,原序文有沈大成跋语云:"原书借自吴中惠氏,乃红豆学士松崖征君父子所校。"正文卷一大题下载云:"乾隆乙酉(1765)秋,过苏,借惠氏红豆斋本,于八月朔标于广陵客舍。云间沈大成。"[4]由是,至少可明晓两点:第一,自惠士奇始,惠氏即从事荀子研究。第二,沈大成借校惠氏校本《荀子》,说明惠氏的荀学研究已为时人所重视。关于惠氏校本《荀子》,潘景郑《著砚楼书跋·惠定宇校批荀子》言云:"惠先生

---

[1] 钱大昕:《潜研堂文集》卷三十九《惠先生栋传》,钱大昕著,陈文和主编:《嘉定钱大昕全集》(九),第667页。
[2] 学界近些年专门讨论《荀子微言》者,有石永之《惠栋微言荀子蠡测》(《现代哲学》2014年第6期)、康廷山《稿本〈荀子微言〉成书流传考》(《图书馆理论与实践》2016年第1期)。前文指出:惠栋微言荀子乃是为探究"礼"背后的义理根据,以期典章制度的革故鼎新;惠著大意有三:宋儒所谓"十六字心传"渊源于荀子;调和孟荀;荀子"礼学"渊源于子夏"礼后"之说,乃孔门真传。后文考察了上海图书馆藏稿本《荀子微言》流传情况,以此书当为惠氏晚年校阅《荀子》,摘抄其中精要之言并稍加注解而成;成书后未曾刊刻,未加校正,讹误颇多;其稿本先后保存于沈大成、梅春、松江韩氏读有用书斋等处。
[3] 王欣夫撰,鲍正鹄、徐鹏标点整理:《蛾术轩箧存善本书录·辛壬稿》卷三《荀子 二十二卷 六册》,第590页。
[4] 上海图书馆所藏惠校与沈大成校明桐荫书院刻六子全书本《荀子》,此处引语为漆永祥先生赐示,《著砚楼书跋》"惠定宇校批荀子"亦得明示。

手批《荀子》十册,明刊本。内一二卷原缺,以世德堂本补入;全书间有世德堂补刊之叶。此书经先生据叶石君所校宋本移录,并录石君跋语于后。自第三卷以下,眉间有先生识语,虽多寥寥数十事,词旨精奥,可埒王氏《读书杂志》也。"①

推而言之,除《荀子微言》集中体现惠栋的荀学思想外,惠氏"尊荀"思想在其他著述中也多有体现。如《松崖笔记》"孙卿"条谓"孙卿有秀才,善为《诗》、《礼》、《易》、《春秋》之学,齐襄王时孙卿最是老师,三为祭酒"②;《九曜斋笔记》"荀子"条注解《王霸》篇③。又如《易微言》以《荀》义证《易》理;《九经古义·毛诗古义》引《荀子》以解《毛诗》,引《经典释文·序录》考察荀子传承《毛诗》;《九经古义·穀梁古义》将荀子纳入《穀梁传》传承系谱,指出荀子上承穀梁赤,下启申公,肯定其传经之功。④

学界论清代汉学之发端,无疑以顾炎武为开山之祖,然顾氏对荀子却颇有微词,若《日知录》"嘉靖更定从祀"条言称荀子"虽有合于圣人,而无传注之功,不当祀也"⑤。亭林之学对乾嘉时期荀学复兴难言开拓之功。惠栋《易》学、《尚书》学研究,奠定了汉学吴派的学术根基,其《荀子微言》荀学研究论著表明,在乾嘉时期的荀学研究中,惠栋也占有一席之地。

第五节 惠栋的"通经致用"思想

自汉代儒学一尊,崇奉孔孟以来,"儒者沿波,学凡六变"⑥,而"通经致用"作为儒学基本的价值观则亘古未变。一般而言,经学可以分为汉宋两大阵营,无论宋明理学家,抑或清代汉学家,无不奉"通经致用"为治学鹄的,如四库馆

---

① 潘景郑:《著砚楼书跋》,古典文学出版社1957年版,第161页。
② 惠栋:《松崖笔记》卷二《孙卿》,第2页。
③ 惠栋:"《荀子·王霸篇》曰:身死国亡,为天下大戮。国安于磐石,寿于旗翼。注:旗读为箕。箕翼,二十八宿名,言寿比于星也。'处士'见《非十二子篇》注:处士,不仕者也。《易》曰:或出或处。《仲尼篇》云:仲尼之门人,五尺之竖子,言羞称乎五伯。《春秋繁露》对胶西王仲尼之门五尺童子言羞称五伯,为其诈以成功,苟为而已也。"(《九曜斋笔记》卷三)
④ 李开:《惠栋评传》,第77页。
⑤ 顾炎武著,黄汝成集释:《日知录集释》,"嘉靖更定从祀"条,岳麓书社1994年版,第532页。
⑥ 永瑢等:《四库全书总目》卷一《经部总叙》,第1页。

臣所言:"古之儒者,立身行己,诵法先王,务以通经适用"①。关于"通经致用"问题,学界多有论述,而"通经致用"的内涵考察则应当以发展的眼光,关注其"常"与"变"。所谓"常",指先验的理论预设。"通经"之"常"表现为圣人之道,载于儒家经典。如班固所称"《六艺》者,王教之典籍,先圣所以明天道,正人伦,致至治之成法"②;"致用"之"常"表现为"儒者之学,明体达用"③。传统儒学在孔孟时代即已表现出明显的致用倾向,《论语》《孟子》,论政者居其半,"学以致用"可谓儒学的最终旨归。所谓"变",指后天的现实实践。"变"发生在与时代、元典以及诠释者之间的互动。经的原生态是史,从史籍步入圣坛,经的神圣性与权威性均属于后天法定。从五经、九经至十三经以至四书五经的并立,经的范围和领域在不断扩大。不同历史时期的诠释者在"通经"的过程中,自觉或不自觉地带有时代烙印和个人色彩。"通经致用"的"常"与"变"之间又存在一定张力,其关系或可谓一种吊诡。唯其有"常",儒学得一脉相承;唯其有"变",儒学得异彩纷呈。在"常"与"变"的交错中,儒学或分或合,或盛或衰,形成各具特色的思潮与流派。其间,作为儒学精神内核的"通经致用"也就相应地呈现出适应于时代的学术特质和内涵。

作为汉学吴派巨擘,惠栋的"通经"本诸"经之义存乎训"的治学取径,信古尊汉,追求明于古今而贯天人之理;其"致用"则强调"天生之才,盖为时用",并带有着较强的"以经术饰吏事"色彩,表现出"纯汉学家"的经世关怀。④

---

① 永瑢等:《四库全书总目》卷九一《子部·儒家类一》,第 769 页。
② 班固:《汉书》卷八十八《儒林传》,第 3589 页。
③ 永瑢等:《四库全书总目》卷六一《史部·传记类存目三·守令懿范》,第 555 页。
④ 关于惠栋的"通经致用"思想,学界有一定的研究。漆永祥指出,乾嘉学者的致用思想表现为"膜拜六经、通经治世",惠栋对明堂之制与禘祭之礼的复原则是其"法古致用"思想的具体体现。(漆永祥:《乾嘉考据学研究》,中国社会科学出版社 1998 年版,第 241、151 页)尹彤云认为,惠栋"通经致用"思想表现为"以经术之学以济经世之用的治学目的论"。(参尹彤云:《惠栋学术思想研究》,《清史研究》1999 年第 2 期)张素卿指出,惠栋主张治经明义,而推求义理趋向不离乎"通达国体"或"以经术饰吏事",对汉儒能以所学施用于政事常表向往之情,实含有经世致用之终极关怀。惠氏《春秋》学"尚礼"的经说取向也与"学以经世"的思想互相关联。(参张素卿:《惠栋的〈春秋〉学》,《台大文史哲学报》2002 年 12 月第 57 期;张素卿《"经之义存乎训"的解释观念——惠栋经学管窥》,林庆彰、张寿安主编:《乾嘉学者的义理学》,台北"中央研究院"中国文哲研究所 2003 年版,第 281—318 页)

一、明于古今，贯天人之理

近人柳诒徵有言："凡论一家之学术，莫难于其人未曾自襮其宗旨，非就其生平种种著述，比较而归纳之，不易得其要领也。若其人生平已历述其宗旨，则后之学者，第须就其宗旨演绎而导扬之，不必更下己意。盖学问之事，甘苦自知，他人之议论，断不如自身之举示之确也。"[1]

乾隆二十二年（1757），惠栋在为友人沈大成《学福斋集》所作序文自道为学旨趣云："明于古今，贯天人之理，此儒林之业也。余弱冠即知遵尚古义，年大来兼涉猎于艺术，反覆研求于古与今之际，颇有省悟，积成卷帙。……夫所贵于学者，谓其能推今说而通诸古也。……古人有言，知今而不知古，谓之盲瞽，知古而不知今，谓之陆沉。"[2]惠栋论学以"明于古今，贯天人之理"为宗旨，今试分两橛析论。"明于古今"，见于汉成帝阳朔二年（前 23）诏书："儒林之官，四海渊源，宜皆明于古今，温故知新，通达国体，故谓之博士。"惠栋于所作序文两次引用此段文字，可知其以儒者自期而特别注重"明于古今"。[3]《学福斋集序》"古人有言"，系指王充《论衡·谢短篇》[4]，惠栋引述"盲瞽"、"陆沉"为鉴[5]，在于强调治学打通古今之间的隔阂，明"古"通"今"。"贯天人之理"即明晓"天人关系"，亦为传统儒学的基本论题，孟子认为"诚者天之道，思诚者人之道"，荀子强调明于"天人之分"，太史公司马迁主张"究天人之际，通古今之变，成一家之言"。在儒学经典中，《易》与《春秋》对"天人关系"更是有着集中论述。孔子观乎天文，以察时变；观乎人文，以化成天下而赞《周易》，"上揆之天道，下质诸人情，参之于古，考之于今"以修《春秋》[6]。董仲舒、刘歆、班固、朱熹等后之学者，即本诸《春秋》、《周易》阐释天人之学。在这一点上，惠栋也不例

---

[1] 柳曾符、柳定生选编：《柳诒徵史学论文续集》，上海古籍出版社 1991 年版，第 20 页。
[2] 惠栋：《松崖文钞》卷二《学福斋集序》，第 279 页。
[3] 惠栋：《松崖文钞》卷二《蓬阁诗曹序》、《送汪国子序代》，第 280—282 页。
[4] 黄晖：《论衡校释（附刘盼遂集解）》，中华书局 1990 年版，第 555 页。
[5] "陆沉"之意，参杭世骏《订讹类编》"陆沉"条："《庄子》：'方且与世违，而心不屑与之俱，是陆沉者也。'注云：人中隐者。譬无水而沉。则陆沉正言隐者。"（中华书局 1997 年，第 21 页）
[6] 班固：《汉书》卷五十六《董仲舒传》，第 2515 页。

外，其援引刘歆之说称"《易》与《春秋》，天人之道"①，诠释儒学元典，抉发《春秋》、《周易》经义以达到"贯天人之理"。

由此，如何"通经"，即以何种方法达到"明于古今，贯天人之理"，也就成为惠栋所面对的首要问题。从地域学风来看，吴地为东南文薮，伴随清初"理学清算"浪潮，吴地学风表现为汉学之风的复兴，而以训诂之学明经成为学者崇尚的为学之道。正如钱大昕总结所言：清初通儒顾炎武、陈启源、阎若璩、惠士奇诸先生，"始笃志古学，研覃经训，由文字、声音、训诂而得义理之真"②。从家学承传而论，惠氏四世传经，咸通汉学。惠有声根据《周易集解》稽考汉儒易学，作《左氏春秋补注》辨正杜预；惠周惕以尊经崇汉为尚，采六经之说，疏通证明以成《诗说》；惠士奇学尊古训，《易说》、《礼说》、《春秋说》抉发汉儒经义。惠栋后出，远绍吴地遗风，近承家学渊源，乡贤先辈的学术遗产，无疑为惠栋治学提供了重要参鉴。

在《九经古义述首》中，惠栋提出"经之义存乎训"的治学取径："汉人通经有家法，故有五经师。训诂之学，皆师所口授，其后乃著竹帛。所以汉经师之说，立于学官，与经并行。五经出于屋壁，多古字古言，非经师不能辨。经之义存乎训，识字审音，乃知其义，是故古训不可改也，经师不可废也。"③自汉代至乾嘉年间，儒学有着近两千年的发展。理解"经之义存乎训"的学术含义，有必要将惠栋对此间学术变迁的见解作一梳理。惠栋以为《春秋》以前只有四经，"孔子赞《易》作《春秋》，始著六经之目"④，"六经定于孔子，毁于秦，传于汉，汉学之亡久矣"⑤。惠栋于两汉经学赞誉有加，于魏晋、宋明经学则微词极多，认为汉儒谨守圣经，承先师训故，讲究"师法"⑥；"经学则断推两汉"⑦，"经学衰则

---

① 惠栋：《易例》卷上，第3页。
② 钱大昕：《潜研堂文集》卷二十四《臧玉琳经义杂识序》，钱大昕著，陈文和主编：《嘉定钱大昕全集》（九），第375页。
③ 惠栋：《松崖文钞》卷一《九经古义述首》，第269页。关于惠栋"经之义存乎训"的学术意蕴，参张素卿《"经之义存乎训"的解释观念——惠栋经学管窥》一文。
④ 惠栋：《九曜斋笔记》卷一《四经》，第16页。
⑤ 惠栋：《松崖文钞》卷一《易汉学自序》，第270页。
⑥ 惠栋以汉儒重"师法"、守"家法"为可信，其《九曜斋笔记》、《松崖文钞》、《荀子微言》中多处点明"师法"的重要意义。王欣夫《蛾术轩箧存善本书录》也收录不少惠栋校勘古籍作批语强调"师法"的重要性。
⑦ 惠栋：《九曜斋笔记》卷二《趋庭录》，第38页。

始于魏以后"①。惠栋指斥杜预是《春秋》"罪人",颜师古、孔颖达"无识"②,更是批判宋儒"疑古而好作"③、"作伪以乱经"④、"不识字"⑤、"未可与穷经"⑥。在惠氏看来,"文字亡于晋",何晏、王弼、杜预注解《论语》、《周易》、《左传》,"尽易先儒训诂"⑦。汉宋相比,汉儒训诂"词约"而"义古",宋人则"辞费"而"文鄙"⑧;宋儒经学不及汉唐,在于"宋人不好古而好臆说,故其解经皆燕相之说书"⑨,自宋元俗学流传,至今"遂成膏肓"⑩。关于易学传衍,惠栋以为:《周易》为王弼、韩康伯所乱,汉法已亡,"王肃诋郑氏而禘郊之义乖;袁准毁蔡服而明堂之制亡;邹湛讥荀谞而《周易》之学晦"⑪。即使就清初易学而言,惠栋也不甚满意,"近代经学,北平孙退谷承泽五经皆有著述,而其书不足传。昆山顾宁人博极群书,独不通易学。萧山毛大可《仲氏易》、南海屈介子《易外》,非汉非宋,皆思而不学者也"⑫。

惠栋以"圣人信而好古"⑬,因之论学以"好古"为尚⑭,阐述古义。"古义者,汉儒专门训诂之学"⑮,惠栋之"好古"即可称为"尊汉"。因此,惠栋在治学过程中自然转入对汉儒经说的阐发,带有强烈的"信古尊汉"色彩。

---

① 惠栋:《九曜斋笔记》卷二《经学诗学》,第16页。
② 惠栋:《九曜斋笔记》卷二《趋庭录》,第38页。
③ 王欣夫撰,鲍正鹄、徐鹏标点整理:《蛾术轩箧存善本书录·辛壬稿》卷三《吕氏春秋》,第562—563页。
④ 王欣夫撰,鲍正鹄、徐鹏标点整理:《蛾术轩箧存善本书录·辛壬稿》卷一《熊氏经说》,第412—413页。
⑤ 惠栋:《松崖笔记》卷一《主一无适》,第16页。
⑥ 惠栋:《九曜斋笔记》卷二《趋庭录》,第38页。
⑦ 王欣夫撰,鲍正鹄、徐鹏标点整理:《蛾术轩箧存善本书录·辛壬稿》卷三《吕氏春秋》,第562—563页。
⑧ 惠栋:《九曜斋笔记》卷二《训诂》,第2页。
⑨ 惠栋:《九曜斋笔记》卷二《郢书燕说》,第20页。
⑩ 王欣夫撰,鲍正鹄、徐鹏标点整理:《蛾术轩箧存善本书录·辛壬稿》卷一《熊氏经说》,第412—413页。
⑪ 钱大昕:《潜研堂文集》卷三十九《惠先生栋传》,钱大昕著,陈文和主编:《嘉定钱大昕全集》(九),第663页。
⑫ 惠栋:《九曜斋笔记》卷二《本朝经学》,第16页。
⑬ 惠栋:《九曜斋笔记》卷二《趋庭录》,第38页。
⑭ 惠栋:《松崖文钞》卷一《周官禄田考序》,第271页。
⑮ 永瑢等:《四库全书总目》卷三三《经部·五经总义类·九经古义》,第277页。

"士不通经,不足致用;而训诂不明,不足以通经。"①惠栋本诸"经之义存乎训",恪守古训,尊崇汉学。以"明于古今,贯天人之理"为旨归,融会贯通,发明经义。沈彤、戴震、钱大昕、王鸣盛、卢文弨、余萧客、江声、段玉裁、王念孙、焦循等或交相论学,或先后羽翼,惠氏之学"卓卓然成一家言,为海内谈经者所宗"②。以训诂之学为明经达道之津筏,于是成为乾嘉汉学者普遍遵循的治学信念,惠栋之学可谓系一代学风际会,时人因之有"豪杰之士"③、"儒林典型"④、"古人之功臣而今人之硕师"⑤之赞。

二、天生之才,盖为时用

在传统中国,科举考试是学子入仕参政、实现经世之志的主要途径。正如马克思·韦伯所言:中国的士大夫是"在远古语言的不朽经典方面训练有素并科考过关的文人",他们"利用取法中国古代而发展出来的一套规矩,决定着整个中国的命运"。⑥

惠栋的祖父惠周惕为康熙三十年(1691)进士,后选庶吉士,改授密云知县,素好经济之学,明天下利病,为官任内提出修废学、开河渠、立保伍、课种树、宽徭役、省共张、时废敛、议积储等治策,革除弊政,与民休息。父亲惠士奇为康熙四十八年(1709)进士,选庶吉士,后充会试同考官、正考官;后督任广东学政,化导士习,养育人才。惠栋可谓出身仕宦之家,浸淫其中,耳濡目染,秉承祖父辈经世关怀。早年补元和县学诸生,后参加乡试,以《汉书》立论而为考官所黜,其后息意科考而沉潜著述。惠栋并非热衷科举、汲汲功名之辈,然负经世情怀而怀才不遇,屏场屋者三十余年,未免内心寥落,《九曜斋笔记》所作"士不遇"条或可视为其自况之喻,⑦而下面两则材料,似可更多地反映其"学以致用"的经世志向。其一,感慨李菀的仕途不遇。李菀,号啸

---

① 赵尔巽等:《清史稿》卷四百八十一《桂馥传》,第13230页。
② 王昶:《惠先生墓志铭》,钱仪吉、缪荃孙等辑:《清代碑传全集》,第675页。
③ 凌廷堪著,王文锦点校:《校礼堂文集》卷二十六《周易述补》,中华书局1998年版,第239页。
④ 王昶:《惠先生墓志铭》,钱仪吉、缪荃孙等辑:《清代碑传全集》,第675页。
⑤ 卢文弨著,王文锦点校:《抱经堂文集》卷二《九经古义序》,中华书局1990年版,第25页。
⑥ 马克斯·韦伯著,冯克利译:《学术与政治》,生活·读书·新知三联书店1998年版,第73页。
⑦ 惠栋:《九曜斋笔记》卷二《士不遇》,第10页。

村,安徽怀宁人。工诗词律令,为一时之绝,却屡困科场而无缘仕途。惠栋为之感叹,"天生之才,盖为时用。既已才矣,世之人又指而目之,虑无不旦夕致用以显其才也"①。其二,期许汪对琴仕途得遇。汪对琴,通经史,学优文丽,后以国子博士将入都,一时同人赋诗赠行,惠栋代作《送汪国子序》云:"君以强仕之期,经任博士,合于汉之举状,成之明诏,讲议洽闻,为弟子率,岂不伟哉!……他日国家厘定典章,博观众议,君以聪明威重之选,摄衣殿廷,如康国子独出蒙轮,以当一队,亦足以张吾军矣。"②结合到惠栋仕途不偶的际遇,可见其间隐寓其本人的"经世"期待。

传统儒学以"人"为出发点并作为现实关怀的归宿,"通经致用"不期然地表现出对"人才"尤其是取士制度的关注。自元明以来"八股取士",社会舆论对之非议颇多。顾炎武以为"八股行而古学弃,《大全》出而经说亡"③、"经学之废,实自此始"④,表露出对八股遴才的不满。惠栋对八股取士同样保持批判的态度,论道:"自元明以八比取士,始用一家之言,始定《大》、《中》、《论》、《孟》为四书,用朱子所注而结以己意断之。《易》用程氏、朱氏,《诗》用朱氏,《书》用蔡氏,《春秋》用三传及胡氏,《礼记》用注疏,加之以试帖语词,周章杂出,而经学晦矣。"⑤在取士方面,惠栋钟情汉代选士制度,对博士制度尤为关切,在他看来,"今之学校官,古博士也。博者,博通古今,士者,辨于然否。汉重其选,以聪明威重者居之"⑥;又称:"汉法:天子创制诏,公卿、大夫、御史、谒者、议郎、郎官会廷中,博士亦得预议。"⑦博士本属于秦官,职责在于掌通古今。汉武帝建元五年(前136)置五经博士,以经术取士,儒学传业者寖盛。两汉博士兼官师之职,职掌有政教之权,参与廷议即为最鲜明的特点——所谓"习文法吏事,缘饰以儒术"⑧。依《汉书·循吏传序》所言:"江都相董仲舒,内史公孙弘、兒宽,居官可纪。三人皆儒者,通于世务,明习文法,以经术润饰吏

---

① 惠栋:《松崖文钞》卷二《啸村诗序代》,第281页。
② 惠栋:《松崖文钞》卷二《送汪国子序代》,第282页。
③ 顾炎武著,黄汝成集释:《日知录集释》卷十八《书传会选》,第651—652页。
④ 顾炎武著,黄汝成集释:《日知录集释》卷十八《四书五经大全》,第650—651页。
⑤ 惠栋:《松崖笔记》卷三《八比取士》,第10页。
⑥ 惠栋:《松崖文钞》卷二《蓬阁诗草序》,第280—281页。
⑦ 惠栋:《松崖文钞》卷二《送汪国子序代》,第282页。
⑧ 班固:《汉书》卷五十八《公孙弘卜式兒宽传》,第2618页。

事,天子器之。"①"以经术饰吏事"同样是汉代廷臣理政的主要特征,清人皮锡瑞论及一时盛况,"自元、成以后,皇帝诏书,群臣奏议,莫不援引经义,以为据依。国有大事,辄引《春秋》以为断。一时循吏多能推明经意,移易风化,号为以经术润饰吏事"②;梁启超亦总结指出:"两汉之间,儒者通经,皆以经世,以《禹贡》行水,以《洪范》察变,以《春秋》折狱,以《诗》三百五篇当谏书。"③

汉儒"以经术饰吏事"的事例,多见两汉史籍,惠栋在《九曜斋笔记》"经术饰吏事"④、"经术"⑤、"汉时明《禹贡》者使治河"条⑥均详为摘引,并且特别点明"以经术饰吏事"之特别意义:"儒林不通达国体,经术不润饰吏治,匪特学不足以经世,而其治之及于民者,亦不能服教畏神而至于久远。"⑦可见惠栋慕汉代取士之法,求汉儒致用之方,其"致用"观念带有较强的"以经术饰吏治"色彩。事实上,对于汉儒"以经术饰吏事"倾向,历来非议不断。班固曾有质疑:"自孝武兴学,公孙弘以儒相,其后蔡义、韦贤、玄成、匡衡、张禹、翟方进、孔光、平当、马宫及当子晏咸以儒宗居宰相位,服儒衣冠,传先王语,其酝藉可也,然皆持禄保位,被阿谀之讥。彼以古人之迹见绳,乌能胜其任乎!"⑧经学史家周予同亦批评今文学者"六经致用":"就我们现在观察起来,真有点非愚即妄。

---

① 班固:《汉书》卷八十九《循吏传·序》,第3623—3624页。按:二十四史中,"以经术润饰吏事"凡三见,一为前文所引;一为《梁书》卷五三《良吏传·序》:"若新野庾荜诸任职者,以经术润饰吏政,或所居流惠,或去后见思,盖后来之良吏也";一为《宋史》卷三三〇《王吉甫传》:"论曰:宋取士兼习律令,故儒者以经术润饰吏事,举能其官。"
② 皮锡瑞著,周予同注释:《经学历史》,第67页。按:汉代通经为吏、郡吏以儒术化民事例,多见前后《汉书》。顾炎武《日知录》卷七《通经为吏》(《日知录集释》,第635—638页)、康有为《孔子改制考》卷二十一"两汉郡吏皆以儒术化民"(《康有为全集》第三册,第574—579页)搜罗较备,可资参考。
③ 梁启超:《〈西学书目表〉后序》,《饮冰室合集·文集》第一册,中华书局1989年版,第127页。
④ 惠栋:"汉儒以经术饰吏事,故仲舒以通《公羊》折狱,平当以明《禹贡》治河,皆可为后世法。"(《九曜斋笔记》卷一《经术饰吏事》,第12页)
⑤ 惠栋:"潜丘语:以《禹贡》行河,以《洪范》察变,以《春秋》断狱,或以之出使,以《甫刑》挍律令条法,以《三百五篇》当谏书,以《周官》致太平,以《礼》为服制以兴太平。斯真可谓之经术矣。"(《九曜斋笔记》卷二《经术》,第5页)
⑥ 惠栋:"《汉书·平当传》:当以明经《禹贡》使行河,为骑都尉,领河堤。"(《九曜斋笔记》卷三《汉时明〈禹贡〉者使治河》,第16页)
⑦ 惠栋:《松崖文钞》卷二《三贤祠记代》,第285页。
⑧ 班固:《汉书》卷八十一《匡张孔马传》,第3366页。

试问假使黄河决口了,你就是将《禹贡》由首一字背诵到末一字,你能像灵咒似的使水患平息吗?孔子和六经的相关度,以及六经和致用的相关度,不仅相去很远,而且根本上还是大疑问。"①

六经皆史,剥除儒家经典的神圣外衣,其间实包含先民丰富的历史经验,可以为后世治策效法。学者研究表明:"《春秋》决狱"作为政治、司法惯例盛行于汉,魏晋南北朝时期形成法律制度,至唐朝虽已基本结束,然其余绪则延续至南宋。②艾尔曼认为,经义,尤其《春秋》一经所衍生的经义是汉代及至后期国家儒学法律解释的基础,将《春秋》视为"圣人之刑书"的传统一直保存到明清时期。③可见"《春秋》决狱"在特定历史时期确实起到替代法律的效用。同时,"以经术饰吏事"毕竟蕴含"通经"而"致用",亦即"学"而"用"的意味,以儒术化民有益于世风教化,如贺昌群所言:"汉人以经义断事,以儒术缘饰吏治,论者谓其不过假儒术为工具,非真有得于儒,然史能通经,固犹以学问为本,不以交游夤缘,趋势求利为务,故两汉风俗有质朴淳厚之美,士修节义,彬彬成一代之治。"④以此,两汉儒者"以经术饰吏事"亦有其值得肯定的现实意义。对于惠栋在"致用"问题上表现出的"以经术饰吏事"色彩,前贤时哲已有讨论和批判,"文章千古事,得失寸心知",此处不再作过多的价值及是非评价,然而,惠氏萌发此种观念的缘由,以及其中所折射出的学术转型意义更值得探讨。

在传统儒学尚未解体,经学依然占据主流意识形态的情况下,经学可分为汉、宋两大阵营,若进一步细论,汉学阵营之内又有今文和古文两派。汉代今文学家尊奉"以经术饰吏事",清代汉学家阎若璩⑤、惠栋、今文学家皮锡瑞⑥、魏源⑦

---

① 周予同著,朱维铮编:《周予同经学史论著选集》(增订本),上海人民出版社1996年版,第103页。
② 吕志兴:《"春秋决狱"新探》,《西南师范大学学报(人文社会科学版)》2000年第5期。
③ 艾尔曼著,赵刚译:《经学、政治和宗族:中华帝国晚期常州今文学派研究》,江苏人民出版社2005年版,第194页。
④ 贺昌群:《汉唐精神》,《魏晋清谈思想初论》附录,商务印书馆2000年版,第168页。
⑤ 惠栋:《九曜斋笔记》卷二《经术》,第5页。
⑥ 皮锡瑞:"武、宣之间,经学大昌,家数未分,纯正不杂,故其学极精而有用。以《禹贡》治河,以《洪范》察变,以《春秋》决狱,以三百五篇当谏书,治一经得一经之益也。"皮锡瑞著,周予同注释:《经学历史》,第56页。
⑦ 魏源:"士之能九年通经者,以淑其身,以行为事业。则能以《周易》决狱,以《洪范》占变,以《春秋》断事,以《礼》《乐》服制兴教化,以《周官》致太平,以《禹贡》行河,以《三百五篇》当谏书,以出使专对,谓之以经术为治术,曾有以通经致用为诟厉者乎?"(《魏源集·学篇十》,第24页)

对于汉儒"以经术饰吏事"颇有好感。汉学今古文两派讲求"通经致用",两家在"理论预设"上亦趋同:六经是"真理"的蓄水池,由训诂之学可以阐述古义、抉发义理,然后应对现实之需。这一点也是前文所言"通经"和"致用"之"常"。从"变"的层面来看,今古文两家对儒家元典中"真理"的探求,在方法论上存在明显的差异。大抵今文学家"重义轻事",好谈微言大义;古文学家"述而不作",力倡"实事求是"。以上治学理念的不同促使今文学家走上以经术缘饰政治、附会现实之"致用"之路,而古文学家则走上纯考据之路,且与现实有所隔膜。经学中存在的自相矛盾的这一对基因,每每成为学者治学选择目的论的障碍。"通经致用"呈现出"常"与"变"的矛盾,在不同学人的认识论体系中,其演化结果也存在差异。清初以顾炎武为代表的一批学人,抨击晚明士子空谈心性,提倡"经世"之学,彼时学风总体趋于"蹈实",重实学考据,摒弃空疏玄谈,此为古文家的治学取径。清中期以惠栋为代表的一拨学人,以音韵训诂之学明晓六经大义,恢复古代典章制度,进而服务"现实"。事实上,训诂"通经",恢复古代典章制度,步入"纯"学术的道路,颇有"学术独立"的意义,但偏离或远离现实政治之需。然而,即便是汉学家,其潜意识中的经世关怀依然根深蒂固。就惠栋而言,在"信古尊汉"的前提下,唯有调和今古,以古文学派"通经",而以今文学派"致用"。惠氏对今文学家"以经术润饰吏事"津津乐道,正是其经学实践的写照。惠栋虽对今文经学的理论基石——"大一统"、"张三世"、"通三统"学说不甚措意,而其"以经术润饰吏事"观念已然透露出乾嘉学界调试古今学风之端倪。

经学史家周予同在《治经与治史》中谈及历史变迁与史学思想的关系时说:"历史本身终究是变的,变是历史唯一的本质。从鸦片战争以来,中国社会的本质起了突变,于是中国的史学也随着内在的和外加的因素而起了突变。"[①]以上见解极为深刻,发论虽仅就中国近代史学而言,却同样适用于理解清代中后期的经学转型。在儒家思想仍居于意识形态地位的情势下,经学之变显然是一个渐变的过程,经学思想内部的迁衍很大程度上关系到学术转型,然而制约此进程急缓的根本要素为社会的、时代的变迁。就"通经致用"而言,在嘉道以后内忧外患的社会变局中,学者意识到即便恢复古代典章制度,亦并非天然

---

① 周予同著,朱维铮编:《周予同经学史论著选集》(增订本),第624页。

具备可资现实运用的思想因素。换言之,以古文经学"通经"未必"致用",而今文经学缘饰儒术、附会政治的"通经"路线,所显示出的和"致用"相关更适合时代所需,学者志趣因之较多地转向今文经学,这也是此辈学人在困惑的当下不能不如此的一种选择。也正因此,从"调和古今"的治学倾向到今文经学成为显学,乾嘉以降的经学变迁亦发生了从古文经学转向今文经学的"经学革命"。

第四章 吴派专门化——惠门弟子学述

第一节 江声与《尚书集注音疏》

江声(1721—1799),本字鲸涛,后改叔沄,号艮庭①,先世居休宁梅田,后迁苏州,又迁无锡,复归吴下为吴县人。江声性至孝,内行淳笃,言行举止合乎古人绳尺,待家属和悦如宾客。嘉庆元年(1796)有诏举郡县孝廉方正,苏抚举荐应聘,赐六品顶戴。生性耿介,不慕荣利,德性醇穆,闭门著书者数十年,"性嗜书,得秘本,辄手录,丹黄灿然,校勘极精确"②。其兄江筠,精于三礼三传,学问渊博,时有"休宁二江,无双有双"之誉。子镠、孙沆及弟子顾广圻、江藩、徐颋、钮树玉等传其学。江声交游颇广,与王鸣盛、孙星衍、王昶、毕沅、焦循等往来论学,生平学行可参孙星衍《江声传》及江藩《江艮庭先生传》。

江声精研小学,以许慎《说文解字》为宗,誉为"千古第一部书",《说文》所无之字,必求假借字以代之,且著述无不以《说文》体手自篆写,江藩称其"生平不作楷书,即与人往来笔札,皆作古篆,见者讶以为天书符篆。俗儒往往非笑之,而先生不顾也"③;孙星衍亦言"(江)声不为行楷者数十年,凡尺牍率皆依《说文》书之,不肯用俗字……人始或怪之,后服其非臆说。顾其书终以时俗不便识读,不甚行于时"④。又依钱泳《履园丛话》所述:"余于乾隆甲辰、乙巳之间教授吴门,始识江艮庭先生。先生为惠松崖栋入室弟子,时年七十余,古心古貌,崇尚经学。余尝雪中过访,见先生着破羊裘,戴风巾,正录《尚书集注音

---

① 江声:"江声,字叔沄,江南苏州府吴县人也。数不偶,恸与时忤,因取《周易》艮背之谊,自号艮庭。"《尚书集注音疏》,《清经解》卷三百九十,第834页。
② 于安澜编:《海虞画苑录》,上海人民美术出版社1963年版,第19页。
③ 江藩、方东树著,徐洪兴编校:《汉学师承记(外二种)》卷二《余古农先生》,第41页。
④ 孙星衍:《江声传》,钱仪吉、缪荃孙等辑:《清代碑传全集》,第681页。

疏》,笔笔皆用篆书,虽寻常笔札登记,亦无不以篆,读者辄口嚅不能卒也。"①

江声为学,以专治《尚书》而见称,有《尚书集注音疏》、《尚书逸文》、《恒星说》、《论语俟质》、《艮庭集》、《艮庭小慧》等著作。《尚书逸文》主于搜辑逸文,《恒星说》补充《尚书集注音疏》未尽之义。江著以《尚书集注音疏》的贡献和影响最大。

一、著述旨趣与体例内容

江著题署《尚书集注音疏》,江声解释篇名之义:

亼,三合也。读若集。注者,著也。亼合先儒之解,并己之意,并注于经下,所以著明经谊。故曰亼注。字有数谊,则彼此异音,初学难辨,为之反切,以发明之。解有微旨,而证据不详,后学莫信,为之引申以疏通之,故曰音疏。②

以此可知,江声遵循的治学路径在于由训诂而明经义,正合乎惠栋治学轨辙。江声自述三十五岁从惠栋问学,拜为入室弟子,"惠氏之学,大都考据古注疏之说而疏通证明之,与六籍之载相切"③,江氏治学即承袭惠栋所开门径并发扬光大,史传文因此以为"吴中自惠氏父子后,江声继之,后进翕然多好古穷经之士"④。《尚书集注音疏》在体例上效仿惠栋《周易述》,江声有云:"吾师惠松崖先生《周易述》,融会汉儒之说以为注,而复为之疏,其体例固有自来矣。声不揆梼昧,综核经传之训故,采撷诸子百家之说与夫汉儒之解,以注《尚书》。言必当理,不敢炫奇;谊必有征,不敢欺世,务求惬心云尔。"又称:"庶无负昔闻之师说云尔,敢窃比先师之《周易述》,睎附著述之林哉?"⑤

关于此书的著述旨趣,江声在《尚书集注音疏前后述》中已有明确说明。

---

① 钱泳撰,张伟校点:《履园丛话》卷六《艮庭征君》,中华书局 1979 年版,第 165 页。
② 江声:《尚书集注音疏》,《清经解》卷三百九十,第 834 页。
③ 任兆麟:《余君萧客墓志铭》,钱仪吉、缪荃孙等辑:《清代碑传全集》,第 677 页。
④ 赵尔巽等:《清史稿》卷四百八十一《儒林二·顾广圻传》,第 13192 页。
⑤ 江声:《尚书集注音疏后述》,《清经解》卷四百零二,第 950 页。

《前述》"述《尚书》兴废之由",以为自从东晋梅赜奏上《古文尚书》、《孔氏传》,西汉真古文衰微,到了唐代孔颖达《五经正义》删郑氏所述二十四篇,孔氏之古文亡,郑氏三十四篇注也随之而亡;《后述》则"述《集注》之大意",谓自汉学沦亡,圣经晦蚀,于是有意搜拾汉儒之注,参酌辑录传文及其他涉及《尚书》者,以己意为之疏,以申明其义①。江声四十一岁力攻《尚书》学,乾隆二十六年(1761)至三十三年(1768),耗时八年辑郑玄残注及汉儒逸说。乾隆二十六年春至翌年冬,成《尧典》、《皋繇谟》、《禹贡》、《甘誓》、《汤誓》诸篇及《百篇之叙》。自乾隆三十二年夏,一岁而成《般庚》之后二十余篇注语,合此前所辑,重加厘正,成书十卷,并《百篇之叙》、《逸文》各一卷,共十二卷。乾隆三十三年至乾隆三十八年(1773),以六年时间引申疏通,间以己意。乾隆三十三年六月,"综核经传之训故,采摭诸子百家之说与夫汉儒之解",成《尚书集注》。江声最初打算以三年时间完成《尚书集注音疏》,后因考辨繁杂,"六周寒暑而卒业"②。其后,学友对于江著多有辨正,江声于乾隆四十年、四十二年又作《尚书补谊》、《尚书续补谊》。《尚书集注音疏》积十余年之功,四易稿而成,可见江声治学之勤苦。

《尚书集注音疏》有近市居刻本,乾隆五十八年(1793)经彭绍升、段玉裁、纽树玉、黄丕烈等捐资助刊而成,《续修四库全书》即据此本影印。此外,阮元编修《清经解》亦收录近市居刻本。近市居本与《清经解》本在内容上并无不同,唯因江声不喜楷书,近市居本以篆书完成,前有江声所作《募刊尚书小引》,记述其书刊刻经过。《清经解》本并未著录"小引"。

《清经解》本《尚书集注音疏》凡十二卷,其卷帙篇目见下表。

表 4-1 《尚书集注音疏》卷册篇目

《尚书集注音疏》(《清经解》本)		
卷一	虞夏书　唐书一篇　尧典	
卷二	虞夏书　虞书十五篇(有逸文者一篇,有目无文者十三篇,一篇存)	皋繇谟

---

① 江声:《尚书集注音疏后述》,《清经解》卷四百零二,第 948—950 页。
② 江声:《尚书集注音疏》,《清经解》卷四百零二,第 950 页。

(续表)

卷三	虞夏书　夏书四篇(有逸文者一篇,有目无文者一篇,二篇存)　禹贡　甘誓
卷四	商书四十篇(有逸文者十三篇,有目无文者十九篇,八篇存)　汤誓附逸文　逸汤诰　般庚上　般庚中　般庚下附逸文　高宗融日　西伯戡黎　微子
卷五	周书九篇(有逸文者四篇,有目无文者三篇,二篇存)　坶誓　鸿范
卷六	周书八篇(有逸文者一篇,有目无文者二篇,五篇存)　金縢　大诰　康诰　酒诰　梓材
卷七	周书三篇　召诰　洛诰　多士
卷八	周书十篇(有逸文者二篇,有目无文者四篇,四篇存)　无佚附逸文　君奭　多方　立政
卷九	周书六篇(有逸文者二篇,有目无文者二篇,二篇存)　顾命　康王之诰
卷十	周书四篇　粊誓　吕刑　文侯之命　秦誓
卷十一	百篇之叙六十七条
卷十二	逸文六十二条　又附二十条
卷末	补谊九条　附识伪字一条　尚书集注音疏述　尚书集注音疏后述
外篇	尚书经师系表

二、《尚书集注音疏》的学术特点

从《尚书集注音疏》内容来看,江声《尚书》学研究大致表现出以下特点。

（一）考辨东晋《古文尚书》之伪。东晋伪《古文尚书》经阎若璩、惠栋诸学人考辨,已成定论。江声幼读《尚书》,质疑其古文与今文不类,有其学术自觉意识。中岁师事惠栋[①],得见惠栋《古文尚书考》,始知《古文尚书》及孔传均为晋时妄人伪作,成为《尚书集注音疏》的立论前提。《尚书集注音疏》对伪《古文尚书》的内容、分篇、作者等问题作考辨,指出东晋《古文尚书》之伪。

第一,辨伪《古文尚书》内容。在《尚书集注音疏》中,江声考证《尚书》与

---

① 江声:"余年三十,屏弃时学,从事群经。"(江声:《论语俟质(及其他一种)》,《丛书集成初编》本,第1页)

史籍所载内容之间抵牾之处,论证"伪孔本出于东晋"①。如《禹贡》"浮于积石,至于龙门"注云:"《地理志》积石山在金城河关西南,龙门山在左冯翊夏阳北。"疏语云:"引《地理志》者,《汉书》志金城郡河关,积石山在金城西南。案:《汉书·昭帝纪》始元六年,取天水、陇西、张掖郡各二县,置金城郡。《地理志》亦云金城郡,昭帝始元六年置。然则武帝时未有金城郡也。据《史记·孔子世家》云:安国为今皇帝博士,至临淮太守早卒,然则安国殁于武帝之世,安知所谓金城郡而传乃言金城。其为伪托,昭然明矣。乃千余年来,鲜有知其非孔氏书者,不亦异乎?"②此处,江声对比分析《史记》、《汉书》与《禹贡》相关记载,指出其间相互矛盾所在,得出东晋《古文尚书》为伪托之书。

第二,辨伪《古文尚书》分篇。在《尚书集注音疏》中,江声考辨《弃稷》、《益稷》,指出伪《古文尚书》分篇之误:"伪孔氏于此下分篇,名之为《益稷》,变乱旧章。诞妄之甚也!"③又称:"伪孔氏因《咎繇暮》有暨益、暨稷之文,遂断自'帝曰来禹'而下分之别为一篇,名之曰《益稷》。《正义》云马、郑、王所据书叙此篇名为《弃稷》,然则本无《益稷》篇目,盖伪孔氏作伪心劳思欲省作一篇,遂唔经字以傅会篇名,故变名《益稷》,是不可不辩。"④蒋善国评论江声之说的学术价值,认为阎若璩《尚书古文疏证》虽曾指出《皋陶谟》、《益稷》本一,别有《弃稷》篇,但他所列的孔壁《古文尚书》篇名,仍有《益稷》一篇。惠栋《古文尚书考》虽列《弃稷》篇名,却说《弃稷》就是《益稷》,并未说明理由。因此,将这一点分辨最为清楚者,江声是头一个。⑤

第三,辨伪《古文尚书》作者。关于伪《古文尚书》作者问题,说者不一,有皇甫谧、王肃、孔安国、孔晁等说法,其中以怀疑王肃作伪居多,清儒如惠栋、戴震、王鸣盛等均持此说。江声在《尚书集注音疏》中以王肃《尚书注》在内容上

---

① 江声:《尚书集注音疏》,《清经解》卷三百九十三,第871页。
② 江声:《尚书集注音疏》,《清经解》卷三百九十二,第861页。
③ 江声:《尚书集注音疏》,《清经解》卷三百九十二,第848页。
④ 江声:《尚书集注音疏》,《清经解》卷三百九十二,第853页。又说:"据《正义》,谓马、郑、王所据书叙,此篇名为《弃稷》,然则《尚书》本无《益稷》篇目,伪孔氏分《咎繇谟》下半篇,妄立名为《益稷》,乱经之罪大矣。曰弃黎民阻饥女,后稷播时百谷,弃为稷官也。"(《清经解》卷四百,第937页)
⑤ 蒋善国:《尚书综述》,上海古籍出版社1988年版,第296页。

多与伪《孔传》相同,提出伪《古文尚书》"当作俑于肃"①,且对王肃多有批判之词。在江声看来,王肃人品低下,为人"诈"、"伪"、"矫"、"饰",且有"方于事上而好下佞己"、"性嗜荣贵而不求苟合"、"吝惜财物而治身不秽"之"三反",而且王肃好妄造臆说,《孔子家语》、《孔丛子》、《古文尚书》均为其伪造,王肃对于《尚书》"有大罪",因此《尚书集注音疏》凡是引用王肃之说,皆以"肃曰"名之,"肃曰者,王肃注也,见《正义》。去其氏者,贬也"②。江声在《尚书经师系表》中也直黜王肃之名,将其排除于《尚书》传承之外,"不许滥列于斯文"③。

值得注意的是,江声一方面力斥伪孔氏"恣意乱经,妄造异说"④、"改乱经字,罪莫大焉"⑤;同时指出:伪《孔传》支离不足据,然"相沿既久,不敢削去,姑存之而目为衍字可也"⑥,表现出将伪《古文尚书》和伪《孔传》区别对待的评价。伪《孔传》之"相沿",实为东晋及此前对于《尚书》的理解,与后来者诸说相比自然更有价值,江声因之采用"不敢削去"、"姑存之"的态度。

(二)改易、增补《尚书》经文。在《尚书集注音疏》中,江声根据《史记》、《说文解字》改易、增补《尚书》经文,试图恢复旧本《尚书》。

第一,据《史记》证《尚书》。江声依《汉书·儒林传》所述司马迁从孔安国学习《古文尚书》,故而《史记》多从古文之说,"《史记》所从者乃古文谊"、"《史记》记录《尚书》辄以诂训代经文,据其文即可以究经谊"、"其书(《史记》)载《尚书》多古文说"、"迁书载《尧典》、《禹贡》、《洪范》、《微子》、《金縢》诸篇多古文说"等论断⑦。基于以上认识,江声或据《史记》勘补孔氏佚书,如以"孔氏古文本有《汤诰》篇,《史记》此文亦是从安国问得而采入"⑧,于是收录《史记》之《汤诰》补其亡逸;或据《史记》辨正孔氏篇目,如以《伊陟》篇亡而孔氏书亦未有,"据《史记·殷本纪》此篇当为《太戊》,实未有《伊陟》篇目"⑨。

---

① 江声:《尚书集注音疏》,《清经解》卷四百零二,第 948—950 页。
② 江声:《尚书集注音疏》,《清经解》卷三百九十,第 837 页。
③ 江声:《尚书经师系表》,《清经解》卷四百零二,第 953 页。
④ 江声:《尚书集注音疏》,《清经解》卷三百九十七,第 915 页。
⑤ 江声:《尚书集注音疏》,《清经解》卷三百九十二,第 860 页。
⑥ 江声:《尚书集注音疏》,《清经解》卷三百九十五,第 898 页。又云:"但伪书相沿既久,不敢擅删,姑存其文而目为衍文可也。"(《清经解》卷三百九十九,第 932 页)
⑦ 江声:《尚书集注音疏》,《清经解》卷三百九十三,第 842、849、876、888 页。
⑧ 江声:《尚书集注音疏》,《清经解》卷三百九十三,第 867 页。
⑨ 江声:《尚书集注音疏》,《清经解》卷三百九十三,第 869 页。

江声还据《史记》补《汤誓》、《般庚》、《无逸》诸篇逸文,辑录《泰誓》旧文为上中下三篇。

江声以《史记》、《汉书》"皆可信"①,据之以补《尚书》,唯《史记》、《汉书》虽然可信,终究为史;《尚书》虽有疑,毕竟是经,经史之轻重缓急,在其心中自有估量,对于史书所记载的内容与经文不合处,江声多以阙疑处理,并称:"虽《国语》、《史记》之文有不合者,阙疑可也。若据之以驳马、郑,则是驳《尚书》、驳周公矣,可乎哉?"②这种认识未免拘滞不化且有所矛盾。《汉书》勿论,《史记》已明言司马迁曾从孔安国习《古文尚书》,江声亦以《史记》勘补孔氏佚书,何以不能以太史公书"驳"马融、郑玄?马、郑学实而多有据,然毕竟与经不同,更与周公无关,江声将之混淆而论,显然已将"传注"与"经"混为一谈了。与江声同时代的崔述,虽然学无师承,却明晓"经"、"传"有别的道理。江声与崔述相比,在为学理念上显然有别,盖因江氏固守"经"重于"史"的思想,尤其论学师承惠栋,受尊汉、崇汉学风影响,故而宁肯信汉儒马融、郑玄辈而怀疑《史记》、《汉书》,这是其居于所处时代学风之下,未能超越之一大局限。

第二,据《说文解字》改易《尚书》经文。江声论学以音韵、训诂等考据手段明晓经文本义,主张"读书当先识字"③,故而精研小学,有《六书说》、《六书浅说》、《释名疏证补遗》、《续释名》等文字学著作。江声也有意撰述《说文解字考证》,后见段玉裁《说文解字注》与其所论大多暗合,于是辍笔并举稿本付之;此外,江声又"欲举经子古书,俱以《说文》字例,去其俗字,命曰《经史子字准绳》"④,亦未脱稿。以上正可见江声看重训诂考据在解释经文上的特别作用。

正是在这种学术见解下,江声推崇《说文解字》对于理解孔氏古文的积极意义,指出:"许叔重《说文叙》自言其称引《书》皆孔氏古文,又贾侍中逯传孔氏古文,叔重从逯受古学,是实渊原于孔氏者,当从之。"⑤并且反复申说"《说文》所本则是先儒旧说"、"《说文》所引《尚书》皆孔氏古文说",而"孔颖达《正义》

---

① 江声:《尚书集注音疏》,《清经解》卷三百九十二,第863页。
② 江声:《尚书集注音疏》,《清经解》卷三百九十七,第909页。
③ 孙星衍:《江声传》,钱仪吉、缪荃孙等辑:《清代碑传全集》,第681页。
④ 江声:《论语俟质(及其他一种)》,第1—2页。
⑤ 江声:《尚书集注音疏》,《清经解》卷三百九十五,第889页。

本乃开元时所改今文本,非孔氏原本书"①。《尚书集注音疏》大多依据《说文解字》以及经子典籍所引述《尚书》古文本字,更改秦人隶书及唐开元改易古字,并且以篆体写经以复古文之旧。在引证《说文解字》的同时,江声也考虑到许著在流传中可能出现的问题,即"今之《说文解字》为妄人窜改、增改、增损者多矣"②,《尚书集注音疏》附识有"写《尚书》误字"一则称:"余写《尚书》所用《说文》乃徐铉本,有从徐铉而误者,承段君若膺教而始知。不能追改,恐贻误后学,故附识于此。"③后附有"鼓"字之辨。在孙星衍看来,"江氏篆写经文,又依《说文》改字,所注《禹贡》,仅有古地名,不便学者循诵"④。孙氏的批评很是委婉,意谓以《说文解字》改易经文未必可靠。事实上,许慎虽师从贾逵学习《古文尚书》,若许慎未点明《说文解字》引用之字出于《尚书》某篇,可以为据以改经的例证,很难轻易如江声那样仅仅依《说文》而随意改经。进一步言之,《古文尚书》本身来历不一,孔壁所出固然为真古文,然而汉末杜林所得漆书古文亦为又一个版本《古文尚书》,其与孔壁古文关系究竟如何,现已难以确考。要之,即使以经文有疑,"存疑"即可,"改经"则为冒险之举。

(三)引用、采纳学界既有成果。在《尚书集注音疏》撰述中,江声注意采纳学界研究成果以佐证其说,包括顾炎武、惠栋、戴震、钱大昕、段玉裁、江藩、徐承庆等学者,其中引用惠栋之说三十余处,集中于惠著《明堂大道录》、《周易述》、《禘说》、《九经古义》、《古文尚书考》。⑤ 在《尚书》的理解上,江声对相关学者的观点多有关注。如《水经》作者问题,历来说法不一,传统观点认为是桑钦所作,又有意见称作者为魏人而非桑钦,江声站在后一立场上,提出:"《水

---

① 江声:《尚书集注音疏》,《清经解》卷三百九十六,第924、936、907页。按江声有言:"《崇文总目》云开宝中,诏以陆德明所释《尚书》乃古文,与唐明皇所定今文驳异,令陈鄂删定其文,改从颖达书。然则今之《尚书正义》乃开元时所改之本,非伪孔氏原书矣。薛季宣《书古文训叙》云:隶古定《书》最古,唐明皇帝更以正隶改定,而俗儒举诏,文多舛驳,古文是训,不劳乎是正也。据此则《书古文训》即所谓隶古定字乃伪孔氏之本矣。"江声:《尚书集注音疏》,《清经解》卷三九五,第888页。
② 江声:《尚书集注音疏》,《清经解》卷三百九十,第836页。
③ 江声:《尚书集注音疏》,《清经解》卷四百零二,第948页。
④ 孙星衍撰,陈抗、盛冬铃整理:《尚书今古文注疏》,中华书局2004年版,第3页。
⑤ 江声云:"先师惠先生名栋,字定宇,号松崖,博极群书,著述等身,其最巨者,则《周易述》及《明堂大道录》及《禘说》也。"(《清经解》卷三百九十,第839页)江著称引惠栋之说者,王祥辰已有新论,参氏著:《惠栋与吴派经学研究》,扬州大学2020年博士学位论文,第94页。

经》者，或以为桑钦所作，非也。其书改汉宁为魏宁，广汉为广魏，安得云钦作？自是魏人所作，但不知为谁。"①其实，早在江声之前，惠栋②、戴震③均对桑钦作《水经》之说有所质疑，主张《水经》作者当为魏人。又如《太誓》问题，江声断《晚书·太誓》为伪作，而西汉《太誓》为真，主张："《太誓》遗文，今古文皆有之，汉儒皆诵习之。马、郑皆为之注。自东晋伪古文出，别有《太誓》三篇，世无具巨眼人，遂翕然信奉，以为孔壁古文，因目此为今文，且反疑其伪，以故浸微而至于亡。"④事实上，惠栋早已指出"西汉之《泰誓》，博士习之，孔壁所出，与之符同"，所著《古文尚书考》对此问题也有辨析。与江声同时代的钱大昕同样指出："孔壁本有《太誓》，与今文同，太史公所载、许叔重所引、郑康成所注，皆真《太誓》也。自梅书别有《太誓》，乃以旧《太誓》属之今文。东晋之《太誓》固伪，西汉之《太誓》则非伪也。"⑤由此可见，《尚书集注音疏》辑录、采纳了《尚书》学研究的新成果，对于当世学人既有认识有所接受、承袭。

（四）兼采今古之说，分述两家源流。江声指出："汉时传《尚书》者今文三家与古文或异而，其异者兹择善而从，其或两可则亦两存以博异闻。"⑥因而在注疏《尚书》经文时，他对于今古文两家学说均比较看重。如注《尚书·太誓》"苍苍兕兕"云："或说苍兕者，水中之兽也。时出浮扬，一身九头，善覆人船。尚父缘河，有此异物，因以威众，欲令急渡，不急渡，苍兕害女。"疏语："或说云云，出王充《论衡·是应篇》，其说与马异，盖今文家说也。虽近于怪异，姑存以广异闻可也。"⑦在《尚书》认识上有着门户之见的古文经学家章太炎，并不认同江声采录今古文两家之说注疏《尚书》的做法，章著《国学演讲录》批评江声所作《尚书集注

---

① 江声：《尚书集注音疏》，《清经解》卷三百九十二，第856页。又云："《水经》魏人所撰。"（《尚书集注音疏》，《清经解》卷三百九十二，第863页）
② 惠栋校明嘉靖十三年黄省曾刊本《水经注》，于"江水又经南坪郡屠陵县之乐乡城北"云："桑钦，后汉人，《汉志》引之。南平郡，吾置以为南郡。太康元年改曰南平。则《水经》非钦撰欤？"（王欣夫撰，鲍正鹄、徐鹏标点整理：《蛾术轩箧存善本书录·癸卯稿》卷二《水经注》，第928页）
③ 程瑶田："《水经》自唐《艺文志》以为桑钦撰，至今之，东原谓班固尝引钦言，钦在固前，而《水经》有小广魏、魏宁诸地，是撰者上不逮汉，下不及晋，断为魏人，非桑钦也。"（程瑶田：《五友记》，《戴震全书》（七）《传志表铭》，黄山书社1995年版，第41页）
④ 江声：《尚书集注音疏》，《清经解》卷三百九十四，第878—879页。
⑤ 钱大昕：《潜研堂文集》卷二十四《古文尚书考序》，钱大昕著，陈文和主编：《嘉定钱大昕全集》（九），第368页。
⑥ 江声：《尚书集注音疏》，《清经解》卷三百九十九，第935页。
⑦ 江声：《尚书集注音疏》，《清经解》卷三百九十四，第877页。

音疏》"于今文、古文不加分别","古文'钦明文思安安',今文作'钦明文塞宴宴',东晋古文犹作'钦明文思安安'。江氏不信东晋古文,宁改为'文塞宴宴'"①。

《尚书集注音疏》外编为《尚书经师系表》,江声分列今文家与古文家,叙述《尚书》的传授源流。参考《史记·儒林列传》、《汉书·儒林传》、《后汉书》,诠次以作《今文经师系表》;对于诸儒"授受有原,师承可考"者,则"各志其姓字里居,详其渊源所自,或略叙其行事,亦或著其官位";对于史传未见而无法统之以系者,则各志其姓氏里居,附识于后,名字无从考证者则付之阙如。据《汉书·艺文志》以及《后汉书》各家列传,诠次以作《古文经师系表》。对于师承无从考证,以及今古文立场难以定论者,则附录其后。

三、《尚书集注音疏》的学术影响

《尚书集注音疏》刊刻过半,即引起学界关注,已有学者指正江著疏漏处。如桂馥《与江艮庭先生书》论"旸"字②、臧庸《与江叔沄处士书》"校《尚书集注音疏》条"纠讹辨误③。江声继作《尚书补谊》著录诸家之说,所录"同人"徐颋四次,徐承庆、顾广圻、程世诠、钱大昕各一次;又作《尚书续补谊》著录"同人"顾广圻三次,钱大昕、袁廷梼各一次。清儒以治《尚书》知名者有王鸣盛、孙星衍,王氏问教于江声而成《尚书后案》,孙氏补正江声《尚书逸文》,所作《尚书今古文注疏》对于《尚书集注音疏》多有采录,王鸣盛、孙星衍两家《尚书》学均承袭江声而发挥其说。

关于《尚书集注音疏》的学术贡献,周中孚称江声取法惠栋《周易述》所作《尚书集注音疏》,"原本汉儒,推阐考证,虽掇拾散佚,未能备睹专门授受之全,要其引据古义,具有根柢,以视孔氏之疏伪传,则相去远矣"④。皮锡瑞论其成绩与不足称:"江声《尚书集注音疏》疏解全经,在国朝为最先,有筚路蓝缕之功,惟今文搜辑未全,立说亦有未定。如解'曰若稽古'两歧,孙星衍已辨之。

---

① 章太炎:《国学述闻》,陕西师范大学出版社2008年版,第124页。
② 桂馥:《晚学集》卷六《与江艮庭先生书》,《丛书集成初编》本,第178页。
③ 臧庸:《与江叔沄处士书》,《拜经堂文集》,《续修四库全书》本,上海古籍出版社2002年版。
④ 周中孚:《郑堂读书记》(上),商务印书馆1940年版,第174页。

又承东吴惠氏之学,好以古字改经,颇信宋人所传之古《尚书》,此其未尽善者。"①李慈铭则认为江声"自注自疏,古所罕见,江氏盖用其师惠定宇氏《周易述》家法。惠氏以荀、郑、虞等《易》注既亡,掇拾奇零,非有一家之学可据,故不得不为变例。江氏亦以马、郑之注,由于辑集,故用其师法。巨儒著述,皆有本原,不得以井管拘墟,轻相訾议也"②。至于江著在清代《尚书》学史上的地位,江藩以为自阎若璩《尚书古文疏证》、惠栋《古文尚书考》出,《古文尚书》作伪之迹、剿窃之原发明无遗,江声继起而集其大成,刊正经文,疏明古注,足以补阎、惠所未及,可谓伏生、孔安国、马融、郑玄之功臣。③

第二节　余萧客与《古经解钩沉》

余萧客(1729—1777)④,字仲林,一作仲霖,号古农,别字景初,江苏吴县人。幼有异秉,家贫而攻苦自励。其母颜氏授以四书五经,课以《文选》及唐宋诗古文。年十五,通五经,以宋明空言气理无补于经术,勤读汉唐注疏。余氏生性耽于古籍,闻有异书即奔走数十里,或扁舟或柴车,必假钞写或得观,不以为劳苦,以此家多善本,书卷不啻千计。后从朱奂游,朱氏藏书之富,甲于吴门,得以遍读四部之书,学问益进。后游于京师,与汉学家朱筠、纪昀等友善。直隶总督方观承曾延聘余萧客至保定,编修《畿辅水利志》,以目疾辞归,以经术教授乡里。时称余氏之学在王应麟、顾炎武间,亦深于文选学,有《古经解钩沉》、《文选音义》、《尔雅释》、《注雅别钞》、《选音楼诗拾》⑤、《集注苏黄沧海(集)》、《续题襟集》等传世。其学行事迹可参任兆麟《余君萧客墓志铭》、江藩《余先生

---

① 皮锡瑞:《经学通论》,第 103 页。
② 李慈铭:《越缦堂读书记》之《尚书集注音疏》,第 19 页。
③ 江藩、方东树著,徐洪兴编校:《汉学师承记(外二种)》卷二《江艮庭先生》,第 38 页。
④ 余萧客好友任兆麟于铭文称余氏"没于乾隆四十二年某月某日,年四十有九,无子";弟子江藩则认为余氏"卒年四十有七",今取前说。余氏卒年,范志新《余萧客的生卒年(外一篇)》(《晋阳学刊》2005 年第 6 期)一文有辨;姜安《余萧客生平考述》(《学术交流》2019 年第 2 期)亦于余氏生平轮廓有所勾勒。
⑤ 江藩认为余萧客名其楼曰"选音",任兆麟则认为余氏诗作名曰《选华楼诗拾》,当以"选音"为是。

萧客传》,陈鸿森《余萧客编年事辑》钩稽余氏遗闻缀事,分事系缀,亦可参览。①

一、余萧客及其著述

在惠栋弟子中,余萧客属于亲炙惠门,恪守其宗旨且能传其业者。余氏于小学有《注雅别钞》专攻宋儒陆佃《尔雅新义》、《埤雅》及罗愿《尔雅翼》之误,兼及蔡卞《毛诗名物解》。年二十二,余萧客以其书就正于惠栋,惠氏评谓"陆佃、蔡卞,乃安石新学,人人知其非,不足辨。罗愿,非有宋大儒,亦不必辨。子读书撰著,当务其大者"②,余氏闻之叹服,于是执贽受业称弟子,推崇汉唐古训,倡言汉学,发扬惠氏之学,"世之欲传惠氏学者多从之游"③。

余萧客著述最要者,为《古经解钩沉》,是书采辑唐以前经籍训诂的辑佚兼及校勘,群经次第略依《经典释文》,首为《叙录》一卷,次《周易》一卷、《尚书》三卷、《毛诗》二卷、《周礼》一卷、《仪礼》二卷、《礼记》四卷、《左传》七卷、《公羊传》一卷、《榖梁传》一卷、《孝经》一卷、《论语》一卷、《孟子》二卷、《尔雅》三卷,后附《古经解姓氏书目》,其中《叙录》、《周易》、《左传》均各分一卷,全书题署三十卷,实为三十三卷。关于《古经解钩沉》的编纂原则及辑录方法,四库馆臣总结甚详,谓其"备述先儒名氏爵里及所著义训,其书尚存者不载,或名存而其说不传者亦不载,余则自诸家经解所引,旁及史传类书,凡唐以前之旧说,有片语单词可考者,悉著其目,虽有人名而无书名、有书名而无人名者,亦皆登载。又以传从经,钩稽排比,一一各著其所出之书。并仿《资暇集》、《龙龛手镜》之例,兼著其书之卷第,以示有征。又经文同异,皆以北宋精本参校,正前明监版之伪阙"④。

据《古经解钩沉后序》记载:"己卯杪秋,萧客从事《钩沉》载寒暑,《易》、《尚书》古注旁搜略遍,而《周易》五卷既削稿。……萧客摈绝交游,五年专力。……壬午夏五扶疾缮写。八月书二十九卷毕。先以己卯十月作《前序》,

---

① 陈鸿森:《余萧客编年事辑》,彭林编:《中国经学》第10辑,广西师范大学出版社2012年版,第65—96页。
② 江藩、方东树著,徐洪兴编校:《汉学师承记(外二种)》卷二《余古农先生》,第40页。
③ 任兆麟:《余君萧客墓志铭》,钱仪吉、缪荃孙等辑:《清代碑传全集》,第677页。
④ 永瑢等:《四库全书总目》卷三三《经部·五经总义类·古经解钩沉》,第280页。

是岁九月作《后序》及《录》,并《前序》为《序录》第一卷。"①是书初名《古注疏钩沉》,别称《五经钩沉》,篇名大意,"言'古'以别于现行刊本,言'经解'不言注疏以并包异同,'钩沉'则借晋杨方《五经钩沉》之名而义不必借"②。

二、《古经解钩沉》的宗旨

《古经解钩沉》三十卷付刻于乾隆二十七年(1762)。③ 王鸣盛、齐召南、戴震等为之作序;乾隆六十年(1795)重刊,王鸣盛再为作序。诸家序文从不同角度评论余著,各有见解,而王鸣盛、戴震为汉学名家,所发之议论可代表乾嘉学界对于《古经解钩沉》的态度。

第一,"求古"与"求是"。王鸣盛为《古经解钩沉》初刊本、重刊本作序,初刊本序文见载于《西庄始存稿》,重刊本序文则见于《古经解钩沉》卷首,就内容而言,重刊本序文显然是参考初刊本序文删改而成。

王鸣盛在初刊本序有云:"学莫贵乎有本,而功莫大乎存古。吾尝持此以求之今世之士,而廑廑乎得余子焉。"④依王氏所见,治学最要之道在于学而有本,学之本则以求古为上,"其(余萧客)学可谓有本,而其存古之功可谓大矣。后人欲求传注诂训之学者,合注疏及是书求之,足矣"⑤。在初刊本序文中,王鸣盛记载和戴震之间的一段对话:"间与东原从容语:'子之学与定宇何如?'东原曰:'不同,定宇求古,吾求是。'嘻!东原虽自命不同,究之求古即所以求是,舍古无是也。"⑥上述对话在重刊本序文中已经删改。从王鸣盛所引戴震语可以看出,吴派"求古"、皖派"求是"之说源出戴震之口,在戴氏眼中,其治学宗旨与惠栋之间的根本差异,在于惠"求古"而戴"求是"。从王鸣盛所述"求古即所以求是"及"舍古无是",在"求古"与"求是"的关系上,王氏显然并不认可戴震的观点,而是强调"求古"即为"求是",两者并无异趣。钱穆对此作了精到的解

---

① 余萧客:《古经解钩沉·序录》,山东友谊出版社1993年版,第24—26页。
② 余萧客:《古经解钩沉·序录》,第23页。按,卢文弨有言"后见余仲林萧客所纂《五经钩沉》"(卢文弨著,王文锦点校:《抱经堂文集》卷第八《孟子注疏校本书后》,第121页)。
③ 陈鸿森:《余萧客编年事辑》,彭林编:《中国经学》第10辑,第79页。
④ 王鸣盛:《西庄始存稿》卷二十四,《续修四库全书》本,上海古籍出版社2002年版,第315页。
⑤ 王鸣盛:《西庄始存稿》卷二十四,《续修四库全书》本,第315页。
⑥ 王鸣盛:《西庄始存稿》卷二十四,《续修四库全书》本,第316页。

释,他说:

> 谓"舍古无以为是"者,上之即亭林"舍经学无理学"之说,后之即东原求义理不得凿空于古经外之论也。然则惠、戴论学,求其归极,均之于六经,要非异趋矣。其异者,则徽学原于述朱而为格物,其精在三《礼》,所治天文、律算、水地、音韵、名物诸端,其用心常在会诸经而求其通;吴学则希心复古,以辨后起之伪说,其所治如《周易》,如《尚书》,其用心常在溯之古而得其原。故吴学进于专家,而徽学达于征实,王氏所谓"惠求其古,戴求其是"者,即指是等而言也。[①]

关于"求古"与"求是"的关系,清初学者朱鹤龄认为,"经学之荒也,荒于执一先生之言,而不求其是。苟求其是,必自信古始"[②]。朱氏指出经学荒于宋明理学治学之拘泥,并道出"求是"的路径当自信古始。在乾嘉汉学家的观念中,"蔑古"与"实事求是"同样是不可调和的一对关系,肯定"求古"与"求是"的统一是治学立论的基本前提。惠栋、钱大昕、卢文弨、阮元等学者均秉持着"求古明道"的信念,在具体治学上则表现为搜辑汉儒之说,揭橥汉学旗帜,昌明古训,阐述微言。然而,事情的发展往往是物极必反。汉学家"求古"而"求是"的治学信念一旦步入极端,便不同程度地出现泥古、佞汉的倾向,走向了"凡古必真,凡汉皆好"的偏执,这种倾向集中表现在吴派学者身上。如王引之批评惠氏"考古虽勤,而识不高、心不细,见异于今者则从之,大都不论是非"[③],四库馆臣谓惠氏为学之长在古,其短在于泥古,这些批评均切中肯綮。实际上,吴派学者在治学上主张复古,张扬汉代经学,本身没有什么不妥,但其"求是"重六

---

① 钱穆:《中国近三百年学术史》,第357页。钱穆认为"汉学贵实事求是",又云:"盖凡戴氏之斥宋儒以意见理者,而其后学乃拘拘于考核古训。凡戴氏所谓'去私莫如强恕,解蔽莫如学'者,而其后学乃拘拘于考核古礼。明其字义即得其理。通其礼而守之,即足以去私而解蔽。此戴派学者之所孜孜以赴之者也。虽吴派学者,亦不出于古训、古礼之考核。故彼辈之所谓'实事求是'者,实未能实事以求是,乃考古以求是也。故吴、皖之学,推其极,终不出亭林'经学即理学'之一语。"(钱穆:《国学概论》,商务印书馆1997年版,第304、293页)
② 朱鹤龄:《毛诗稽古编序》,吴翌凤编:《清朝文征(下)》,吉林人民出版社1998年版,第1538页。
③ 王引之:《与焦里堂先生书》,王念孙等撰,罗振玉辑印:《高邮王氏遗书》,江苏古籍出版社2000年版,第205页。

经、重汉儒，"求古"仅达"汉学"而止，非经书所载、经师所言则摒弃不论。在一定意义上，正如徐复观所论，"他们的'实事求是'，最大限度，也只能以两汉经生之所是，代替先秦诸子百家之所是"①。焦循指责汉学家"唯汉是求，而不求其是"②，他认为"求是"之径应"自经论经，自汉论汉，自宋论宋。且自魏晋六朝论魏晋六朝，自李唐五代论李唐五代，自元论元，自明论明。抑且自郑论郑，自朱论朱，各得其意，而以我之精神气血临之，斯可也"，"学经者博览众说而自得其性灵，上也"。③ 焦氏从文本的客体意义上强调以时代典籍为依据，探讨学术；在主体意义上则讲求治学者的"精神气血"和"性灵"，突出学者在解经过程中的主导地位。这种思想较之吴派"惟古是从"的拘泥倾向而言，是一种进步，但其"自经论经"之论与吴派学者治学理念相较，亦不自觉地囿于经书的约束，而无法达到真正的"求是"。

进而言之，惠栋、余萧客、王鸣盛论学不可以"求古"概之，"求古"仅为此辈学者治学的途径或方法。吴派汉学家针对宋明理学为学"空疏无本"，提倡重视儒家元典的辑佚、整理工作，即所谓"求古"，而其最终旨趣仍落在"求是"。戴震治学称"求是"，诚哉斯言，然若缺乏"求古"这一基础，"求是"的目标则难免落入空谈窠臼。就此而言，王鸣盛"求古即求是"的见解有一定的学理基础。余萧客《古经解钩沉》之价值，正体现于"求古"层面，亦为汉学家"求是"的根基所在。

第二，"诂训"与"明道"。戴震为《古经解钩沉》作序，应当已对齐召南、王鸣盛所作序文有所了解，对王鸣盛"求古"、"求是"论必当有所感触。戴氏在认可《古经解钩沉》"好古而有师法"的同时，特别提出"吾因之重有感"。值得思考的是，戴氏序文之"感"何在？

在序文中，戴震引述韩愈"志乎古必遗乎今"的论述，指出汉代儒者论学自有其"理义"所在，不可以"诂训之学"言之，进而主张"理义"出于"古经"："经之至者，道也；所以明道者，其词也；所以成词者，未有能外小学文字者也。由文字以通乎语言，由语言以通乎古圣贤之心志，譬之适堂坛之必循其阶，而不可

---

① 徐复观：《五十年来的中国学术文化》，徐复观著，李维武编：《中国人文精神之阐扬：徐复观新儒学论著辑要》，中国广播电视出版社1996年版，第155页。
② 焦循：《雕菰集》卷七《述难四》，第105页。
③ 焦循：《里堂家训》，《续修四库全书》本，第529页。

以蹴等。是故凿空之弊有二：其一，缘词生训也；其一，守讹传谬也。缘词生训者，所释之义，非其本义。守讹传谬者，所据之经，并非其本经。"①戴震论学以"明道"为根本宗旨，选由音韵训诂之学探求经典微言大义，即"下学"而"上达"的道路，"训诂"在于"明道"，"求古"在于"求是"。戴震作《古经解钩沉序》在王鸣盛之后，其"训诂"以"明道"之说，可以理解为对王鸣盛"求古即可求是"之说的回应。在序文末尾，戴震所言"二三好古之儒，知此学之不仅在诂训，则以志乎闻道，或庶几焉"②，再次点明"诂训"和"明道"的差异，言外似有深意。

戴震以余萧客为经学护法，即以余氏为由小学通经义这一戴氏最为看重的治学方法论的实践者，这自然是戴震对余萧客的"解读"，未必符合余氏论学本真。在《古经解钩沉》中，余萧客之"钩沉"，实"钩"之有余而罕有"发挥"，余氏是否为"闻道"而撰写此书，至少从余著内容来看尚无法作出判断。治学能否"上翻"而抽绎出其中之"道"，此点亦随学者之秉性而有所不同。若戴震善思善学者由博返约，可以"上翻"而架构其学术的理论体系，然若余萧客则致力沉潜，"高明"者则或勉为其难矣。王鸣盛批评余萧客之学"好古而不知所择"③，此种评价能不能成立？章学诚论述"撰述"与"记注"之异，以记注为"方以智"，当务求其详备，搜罗殆尽，始庶几近于"记注"之质。若以"记注"观察《古经解钩沉》，余著恰恰符合"记注"的特点，其意义在于为后人储备经解材料以供抉择去取。以此观之，王鸣盛"好古而不知所择"指出余萧客治学方法论的缺陷。就"记注"之学而言，余萧客论学虽然未能如同戴震那样"上翻"而"明道"，而实亦有功于经学，亦有功于史学者。乾嘉考据学发展至余萧客所处的阶段，已历时数十年，由清初诸儒以至于惠栋、戴震所开出的治学门类，面临一个"精之又精"专门之学的需要，将早期尚不够"专精"的学域进一步深拓垦耘。以此为视点，则余萧客《古经解钩沉》亦属于"专门之学"。《四库全书总目》论清学之演变并及萧客之学云："自宋学大行，唐以前训诂之学，率遭掊击，其书亦日就散亡。沿及明人，说经者遂凭臆空谈，或荡佚于规矩之外。国朝儒术昌明，士敦实学。复仰逢我皇上稽古右文，诏校刊《十三经注疏》，颁行天下，风教

---

① 戴震：《古经解钩沉序》，《戴震全书》第六册，第377—378页。
② 戴震：《古经解钩沉序》，《戴震全书》第六册，第377—378页。
③ 王鸣盛：《蛾术编》卷二《采集群书引用古学》，第52—54页。

观摩,凡著述之家,争奋发而求及于古。萧客是书其一也。"①

持平地看,王鸣盛、戴震在《古经解钩沉》序文中对余著所持的褒扬之意,可以作两面分析,尽管王、戴序文肯定余著在"求古"层面的学术价值,但却于其他场合表达了不同的意见,对于《古经解钩沉》多有微词。如戴震称余著"有钩而未沉者,有沉而未钩者"②,王鸣盛则"笑余萧客之陋",谓余氏"好古而不知所择",于《蛾术编》"采集群书引用古学"条评云:"近日余萧客辑汉人经注之亡者为《钩沉》,有本系后人语妄撰入者,有本是汉注反割弃者。书不可乱读,必有识方可以有学;无识者观书虽多,仍不足以言学。"③其实,《古经解钩沉》在资料搜考上确有其不足,余萧客本人对此已有认识。据余氏弟子江藩回忆,余萧客有言:"《钩沉》一书,汉、晋、唐三代经注之亡者,本欲尽采;因乾隆壬午四月得虚损症,危若朝露,急欲成书,乃取旧稿录成付梓,至今歉然。吾精力衰矣,汝能足成之,亦经籍之幸也。"④《古经解钩沉》成书仓促,余氏期待弟子江藩能补其缺憾。以此来看,王鸣盛对余氏"无识"之讥,未免失于公允。

四库馆臣以为,余萧客《古经解钩沉》对于唐代以前诸儒学说搜采至详,在编写四库提要时将余著作为评判其他论著高下的标准。如评价浙江巡抚采进的十卷本《论语义疏》,称《论语义疏》疏文与余萧客《古经解钩沉》所引,虽字句或有小异,而大旨悉合,知其确为古本,不出依托。从编纂体例来看,《古经解钩沉》属于辑佚之作,对于后来者研究汉唐经学极具参考价值,正如任兆麟铭文赞言:"鲁壁燔秦,孔经尊汉。简册销沉,师承离散。天续斯文,星辉珠贯。生不永年,祝予叹惋。朋友服缌,礼经曾按。来者式此,我铭可玩。"⑤

---

① 永瑢等:《四库全书总目》卷三三《经部·五经总义类·古经解钩沉》,第 280 页。
② 江藩、方东树著,徐洪兴编校:《汉学师承记(外二种)》卷二《余古农先生》,第 41 页。
③ 王鸣盛:《蛾术编》卷二《采集群书引用古学》,第 52—54 页。
④ 江藩、方东树著,徐洪兴编校:《汉学师承记(外二种)》卷二《余古农先生》,第 41 页。
⑤ 任兆麟:《余君萧客墓志铭》,钱仪吉、缪荃孙等辑:《清代碑传全集》,第 677 页。

第五章 吴派殿军——江藩学论

第一节 《汉学师承记》简论

江藩(1761—1831),字子屏,号郑堂。先世家旌德,其父江起栋迁至扬州,于是著籍甘泉(今江苏邗江)。江藩少从余萧客、江声问学,学宗吴派,精通汉诂,著述等身,以《国朝汉学师承记》(又称《汉学师承记》)知名。

一、《汉学师承记》的撰述动机

在《汉学师承记》卷首,江藩谈及著述宗旨称:"暇日诠次本朝诸儒为汉学者,成《汉学师承记》一编,以备国史之采择。"① 戚学民研究指出,《汉学师承记》的成书特别与阮元总辑《国史儒林传》一事有关,所谓"国史之采择"蕴含着追摹国史的用心,乃是对阮元任职国史馆主持修纂《国史儒林传》的回应,意在影响《国史儒林传》的编撰。② 因此,《汉学师承记》传文着力宣扬案主的汉学成就及政治事功,以供修撰国史的参考。江藩《行状说》认为行状是"综述生平行迹,上之朝以请谥","状者,上之朝廷赐谥,以为饰终之典,亦付之史官立传,以扬前烈之休","犹可骇者,名不登于仕籍,行不显于闾阎,亦为行状行述,既不能请谥于朝,又不能列名于史,而为此虚辞饰美,岂非重诬其亲乎?"此处,江藩对于何者可以入传设立标准,即"行宜"之"可状"者,其"行"可"请谥","状"可"赐谥",入传者应当德行兼修,可为后人效法。刘知幾在《史通·人物篇》论及史官职责有言:"夫人之生也,有贤不肖焉。若乃其恶可以诫世,其善可以示

---

① 江藩、方东树著,徐洪兴编校:《汉学师承记(外二种)》卷一,第8页。
② 戚学民:《"儒林列传"与"汉学师承"——〈汉学师承记〉的修撰及汉宋之争》,《清华大学学报(哲学社会科学版)》2007年第1期。

后,而死之日名无得而闻焉,是谁之过欤？盖史官之责也。"①江著《汉学师承记》着力宣扬当朝汉学者的学术事功,同时期待彰善教化,反映出著史的自觉意识。

江藩一生命运多舛,其人生变故有两次:其一"仕途夭折"。闵尔昌在《江子屏年谱》记载云:"先生纂《纯庙诗集注》,王文端为进呈,赐御制诗五集,复谕召对圆明园,会林爽文陷台湾,报至遂辍,人惜其数奇。"②林爽文陷台湾为乾隆五十二年(1787)事,江藩时年二十七岁。这件事对江藩影响颇大,黄谦牧有诗云:"当时游京华,宰相汲延誉。高名崛非常,几将致殊遇。如何竟无成,奔走四依附。东看钱塘潮,西寻豫章树。南登越王台,北临耿公渡。归来已衰年,穷愁毕呈露。回忆少年时,酣饮数指顾。答人问百家,未有一字误。光怪如目前,闻者莫不妒。"③由意气风发的少年,到暮气沉霭的老者,江藩境遇之坎坷可见一斑。其二"家多变故"。此为乾隆乙巳(1785)、丙午(1786)年间事,江藩论著对此多有记述。如"丙午岁大饥,日唯一馈粥"④,"藩昔年聚书与太史相埒。乾隆乙巳、丙午间,频遭丧荒,以之易米,书仓一空"⑤。人生变故对江藩的影响亦反映于其学术著述中。

知人论学,对于《汉学师承记》的理解,当以江藩的人生境遇为基点。在《汉学师承记》中,江藩注入了特殊的个人情感,使得《汉学师承记》不仅仅呈现出对清代汉学的承继,同时展露着江氏个人的生命际遇。通观全书可知,《汉学师承记》行文中所流露出的文情之笔,主要表现为以下三个方面。

首先,文情影响《汉学师承记》的著述目的。在清代汉学师承的传主选录上,江藩对于汉学成就并非显赫而身世坎坷的学者予以特别关注。《汉学师承记》开篇即回溯历朝机遇不达之士未列史册的不偶命运,称:"嗟乎！三代之时,弼谐庶绩,必举德于鸿儒；魏晋以后,左右邦家,咸取才于科目。经明行修之士,命偶时来,得策名廊庙；若数乖运舛,纵学穷书圃,思极人文,未有不委弃草泽,终老邱园者也。甚至饥寒切体,毒螯瘈肤,筮仕无门,赍恨入冥。虽千载以

---

① 刘知幾著,浦起龙释:《史通通释》,第237页。
② 闵尔昌:《江子屏先生年谱》,1927年江都闵氏刊本。
③ 闵尔昌:《江子屏先生年谱》,1927年江都闵氏刊本。
④ 江藩:《炳烛室杂文·乙丙集自序》,第13页。
⑤ 江藩:《炳烛室杂文·石研斋书目序》,第12页。

下,哀其不遇,岂知当时绝无过而问之者哉!"因此,江藩编纂《汉学师承记》一书,"于轩冕则略记学行,山林则兼志高风",以求"悲其友麋鹿以共处,候草木以同凋"。① 在了解了江藩的人生境遇后,再来理解此番言论,各种意味深长。江藩以自哀之情施及相同境遇之友朋,《汉学师承记》为贾田祖、李惇、江德量、顾九苞、徐复、汪光爔、李钟泗作传,此辈学者多为江藩同乡或挚友,且仕途不达。傅斯年虽以《汉学师承记》为研究清代学术史的门径书,依然指出江藩如此撰述为其书显著的毛病之一,"江(江藩)是扬州佬,地方观念太重,所以许多'吴下阿蒙'都揽进来了"②。事实上,上述学者大多为扬州人士不错,然是否都如傅斯年所言"吴下阿蒙",颇值得再作商榷。就《汉学师承记》结构安排而言,江藩将此类学者列于卷末亦未喧宾夺主。可以说,傅斯年的评价有失公允。如果江藩此举属于"地方观念"的影响,反倒不如从江氏的文情,从其对身世不偶的乾嘉学人所抱持的特别关注入手,由江氏本人境遇的角度理解此举更为合情合理。江藩论文著述,一贯投入比较浓厚的个人情感。又如《宋学渊源记》所言:清朝儒林,代不乏人,然理学名臣"或登台辅,或居卿贰,以大儒为名臣,其政术之施于朝廷、达于伦物者,具载史戒,无烦记录",亦有位秩虽卑者,"然乾隆初特邀从祀之典,国史自必有传",以此《宋学渊源记》所录者,"或身处下位,或伏田间,恐历年久远,姓氏就湮,故特表而出之"。③

其次,文情使得江藩自觉或不自觉地将一己身世融入《汉学师承记》。在《汉学师承记》诸多传文中,均穿插有江藩的个人身世。④ 细读江著,仿佛可以在江藩所录五十七位正附传主之外,感知《汉学师承记》存在的一位"隐形传主"——江藩。即此而论,《汉学师承记》一书蕴含两层涵义,一则如篇名所述,叙述清代汉学的承继及各家学术要旨,再则《汉学师承记》似存在着隐形传

---

① 江藩、方东树著,徐洪兴编校:《汉学师承记(外二种)》卷一,第8页。
② 傅斯年:《清代学问的门径书几种》,傅斯年著,吕文浩选编:《出入史门》,浙江人民出版社1998年版,第21页。
③ 江藩:《宋学渊源记》卷上,江藩、方东树著,徐洪兴编校:《汉学师承记(外二种)》,第187页。
④ 江藩在《汉学师承记》传文中对个人身世多有提及,参见:卷一前言,第8页;卷二《沈彤传》(第38—39页)、《余萧客传》(第41页)、《江艮庭传》(第45页);卷三《王鸣盛传》(第51页);卷四《王兰泉先生传》(第71页)、《袁廷梼传》(第72页)、《朱笥河先生传》(第81页)、《武亿传》(第84—85页)、《洪亮吉传》(第86页);卷五《金榜传》(第100页);卷六《汪莱传》(第119页);卷七《李惇传》(第132页)、《汪中传》(第133页)、《徐复传》(第139页)、《李钟泗传》(第142页)、《凌廷堪传》。(江藩、方东树著,徐洪兴编校:《汉学师承记(外二种)》)

文——"江藩传"。对于清朝汉学谱系的关注,以及江藩个人情感寄托的感悟,可以说是解读《汉学师承记》思想内涵的两条线索。

最后,文情制约着江藩,他在传文写作中甚至忽略对于传主学术思想的评述,而着力于传主人生境遇的回溯。如江藩为汪中所作传文,全文收录汪中《自序》,对汪中学术思想的叙述颇为疏略,对汪氏代表作《墨子序》、《荀子通论》、《女子许嫁而婿死从死及守志议》以及《释三九》等论著只字未提。作为汪中的挚友,江藩应当可以把握汪氏学术思想,而此处仅仅收录《自序》全文,亦可反映江藩的"醉翁之意"。汪中作《自序》讲述个人悲惨的人生境遇,江藩最重汪氏之文,"酷爱其《自序》一首"[①]。那么,江藩何以对汪中《自序》达到"酷爱"的程度,且看江藩于《自序》文末所发感慨:"藩自遭家难后,十口之家,无一金之产;迹类浮屠,钵盂求食;睥睨纨绔,儒冠误身;门衰祚薄,养侄为儿;耳热酒酣,长歌当哭。嗟乎!刘子之遇,酷于敬通;容甫之厄,甚于孝标。以藩较之,岂知九渊之下,尚有重泉;食荼之甘,胜于尝胆者哉!"[②]以此可知,江藩酷爱并全文录入《自序》之缘由,实在于其对汪中的凄惨身世深有同感,收录《自序》实为其个人身世映射,而汪中学术思想在传文中反而有所忽视。

章学诚在《文史通义·史德》论及史家撰史的感情运用时说"夫史所载者事也,事必借文而传","夫文非气不立,而气贵于平。人之气,燕居莫不平也。因事生感,而气失则宕,气失则激,气失则骄","文非情不深,而情归于正。人之情,虚置无不正也。因事生感,而情失则流,情失则溺,情失则偏"[③]。章氏之本意,在于提醒史家书写历史不可无感情,亦不可放纵一己情感,感情用事则势必引发气失而宕、激、骄,情失而流、溺、偏。因此,如何恰如其分地把握好情的分寸,史家应当多加注意。反观江藩《汉学师承记》著述,在文情与史实关系的处理上显得不甚恰当,以至传文有流于个人情绪的宣泄,而一定程度上忽略了传主学术思想的叙述。与此同时,这一点也制约了江藩在著录《汉学师承记》传主材料的着力点,这是作为学术史著作的《汉学师承记》最大的不足。当然,江藩在《汉学师承记》中特殊情感的寄托与投入,使得此作显现出和其他传文所不同的叙事风格,即一般传文着笔于传主学术及事功的陈述,而鲜有触及

---

① 江藩、方东树著,徐洪兴编校:《汉学师承记(外二种)》卷七《汪中》,第135页。
② 江藩、方东树著,徐洪兴编校:《汉学师承记(外二种)》卷七《汪中》,第137页。
③ 章学诚著,叶瑛校注:《文史通义校注》,中华书局1985年版,第220页。

传主的内心世界、个人门情和性格好恶,《汉学师承记》则在刻画传主形象上较之一般传文更为生动。例如其形容余古农状貌奇异,以"鬼谷子"相喻;描述武亿善哭,称其为"今之唐衢"。江藩在《汉学师承记》的撰述中,从传主的行为习惯、日常琐事表现其人其学,于细微之处见其大,于平实之中见其真,且无矫揉造作的感觉,江氏于书中所投入的特殊情感又为其作增色不少。

二、《汉学师承记》的史料采择

江藩治学推崇钱大昕,称钱氏论学"不专治一经,而无经不通;不专攻一艺,而无艺不精",赞誉其"学究天人,博综群籍,自开国以来,蔚然一代儒宗"。[①]

《汉学师承记》在钱大昕传文中对于钱氏学术思想的概述材料,大多采择于钱著《潜研堂文集》,传文仅"论《诗》毛传多转音"一条引自他处,详参下表:

表 5-1 《汉学师承记》中钱大昕论著及其文献来源

《汉学师承记·钱大昕传》	《潜研堂文集》
论《易》先天、后天之说	卷四·答问一
论虞氏之卦之说	卷四·答问一
论郑爻辰之例	卷四·答问一
论孔壁《书》增多二十四篇,康成既亲见之,何以不为之注	卷五·答问二
论《春秋》曰	卷七·答问四
论妇人七出说	卷九·答问六
论《孟子》"决汝汉排淮泗而注之江"先儒以为记者之误	卷九·答客问
论《元史》之芜陋	卷十三·答问十

江藩引述《潜研堂文集》相关文字为钱大昕作传,已对原文多有改动。例如《潜研堂文集》论《春秋》一条,钱著谓"问:孟子言'孔子成《春秋》而乱臣贼子惧'愚尝疑之。将谓当时之乱臣贼子惧乎?则《春秋》以后,乱贼仍不绝于史册,吾未见其能惧也。孟氏之言,毋乃大而夸乎","曰:孟子顾言《春秋》者……",此段文字,《汉学师承记》作"论《春秋》曰:'……愚……'";钱大昕论

[①] 江藩、方东树著,徐洪兴编校:《汉学师承记(外二种)》卷三《钱大昕》,第 62 页。

《元史》一则,钱著谓"问:史之芜陋,未有甚于《元史》。顾宁人谓食货、选举二志皆案牍之文,朱锡鬯谓列传即有速不台矣,而又有雪不台;即有完者都矣,而又有完者都拔都;即有石抹也先矣,而又有石抹阿辛;阿塔赤、忽剌出两人既附书于杭忽思、直脱儿之传矣,而又别为立传,皆乖谬之甚者。宋景濂、王子充皆以古文名世,何以足疏舛乃尔","曰:金华、乌伤两公本非史才……",《汉学师承记》作:"又谓史之芜陋,未有甚于《元史》者。"综合文意可见,《潜研堂文集》原文本是一问一答形式,其间"愚"及"又谓"所指内容均为问者之语而并非钱氏之语,在《汉学师承记》中则理解为钱氏言论,显然为采择改写之误。

在《汉学师承记》各家传文中,除《钱大昕传》外,阎若璩、胡渭、惠士奇、惠栋、江永、戴震等传主材料亦多采自《潜研堂文集》,诸人传文以钱大昕所作相关传记为蓝本。而黄宗羲、顾炎武传文史料则主要引述全祖望《鲒埼亭集》。即此而言,在传文史料价值上,《汉学师承记》似乎并未超越钱大昕《潜研堂文集》。换言之,也可以说《汉学师承记》的学术价值主要并不显现于史料层面,而在于江藩在传文中"荟粹"传主材料所透露出的思想意义,即江藩为建构清代汉学传承谱系而对传文采择,以及传主编次背后所隐寓的学术理念,这一点,在《汉学师承记》采择史料时对原史料的删改中表现得尤为明显。① 如《江永传》对史料所作删改。《潜研堂文集·江永传》记载:"桐城方侍郎苞素以三礼自负,闻先生名,愿一见。见则以所疑《士冠礼》、《士昏礼》中数事为问,先生从容置答,乃大折服。"②戴震论及此事则称:"三礼馆总裁桐城方侍郎苞负其学,及闻先生,愿得见,见则以所疑《士冠礼》、《士昏礼》中数事为问。先生从容置答,乃大折服。"③江藩《汉学师承记》论及江永、方苞的学术交往,言谓"苞负气不服,永哂之而已"④。戴震为江永弟子,江永卒后戴震为作事略状记述其事,所述当最为可信,钱大昕据戴震所作事略状完成《江永传》当亦可据。江藩作《江永传》的史料大部分来自钱大昕,然而在江永、方苞学术交往的问题上却作出如此特别的添加及修改。方苞为桐城派领袖,桐城派论学,主张义理、辞

---

① 本段论证参考徐复观《"清代汉学"衡论》(《两汉思想史》第三卷附录,华东师范大学出版社2001年版)。
② 钱大昕:《潜研堂文集》卷三十九《江先生永传》,钱大昕著,陈文和主编:《嘉定钱大昕全集》(九),第668页。
③ 戴震:《戴震集》,上海古籍出版社1980年版,第230页。
④ 江藩、方东树著,徐洪兴编校:《汉学师承记(外二种)》卷五《江永》,第93页。

章、考据三者合而为一，论学尚有宋学遗风，为乾嘉汉学者所轻视。姚鼐欲以戴震为师而被戴氏回绝即是显证。江藩称方苞对于江永之学"负气不服"，亦可视为与汉学正统派同调。如《王兰泉先生传》传文详于王氏事功，对其学术评述仅有"于学无所不窥，尤邃于《易》"及"盖以汉学为表识，而专攻毁汉学者"数语。[①] 而实际上王昶推崇汉学亦不轻视宋学。阮元概述王氏为学要旨有言："公治经与惠栋同，深汉儒之学，《诗》、《礼》宗毛、郑，《易》学荀、虞；言性道则宗朱子，下及薛河津、王阳明诸家。"[②]江藩为王昶作传文，因其汉宋门户之见所限，对于王氏学术思想中的理学渊源略而不言。又如沈廷芳《沈彤墓志铭》称沈氏"于程朱之传，尤身体而力行之"，而江藩所作《沈彤传》对沈之理学思想只字未提。卢文弨讲学亦重理学，谈及治学途径，"夫杂学不如经学，而穷经之道，又在于研理。理何以明，要在身体而力行之，时时省察，处处体验。即米盐之琐，寝席之袤，何在非道，即何在非学，正不待沾沾于讲说议论之为功也"，同时赞赏"朱子《集传》自是颠扑不破"。而《汉学师承记》仅偏重叙述卢氏的汉学思想，言谓"绍弓官京师，与东原交善，始潜心汉学，精于雠校"[③]。朱彬评价刘台拱："先生为学，自六书九数，以至天文律吕，莫不穷极幽眇。而于声音文字尤深。其考证名物，精研义理，未尝歧而二之。传注有未确，虽自古经师相传之故训，亦不为苟同。于汉宋诸儒，绝无依倚门户之见。"而江藩在《刘台拱传》中则称"君学问淹通，尤邃于经，解经专主训诂，一本汉学，不杂以宋儒之说"[④]，彰显刘氏汉学成就，闭口不言其义理之学。以上沈彤、卢文弨、刘台拱诸家均主汉学且寝馈于宋学，江藩为之作传仅凸显其汉学成就，对于各家宋学渊源不置一语，并作出"扬汉抑宋"的删改，显示出江氏本人对宋学执拗的成见，同时折射出乾嘉年间汉宋之争的学术思潮。以上是理解《汉学师承记》著述宗旨以及江藩学术思想应当特别注意之处。若打个比方，江藩此处显得更像一位画家，于《汉学师承记》描绘出一幅"清代汉学授受图"，恒慕义以为江藩《汉学师承记》是第一次系统建立清代经学谱系的尝试。[⑤] 然而，限于汉宋学术的门户

[①] 江藩、方东树著，徐洪兴编校：《汉学师承记（外二种）》卷四《王兰泉先生》，第71页。
[②] 阮元：《揅经室二集》卷三《诰授光禄大夫刑部右侍郎述庵王公神道碑》，中华书局1993年版，第424页。
[③] 江藩、方东树著，徐洪兴编校：《汉学师承记（外二种）》卷六《卢文弨》，第108页。
[④] 江藩、方东树著，徐洪兴编校：《汉学师承记（外二种）》卷七《刘台拱》，第28页。
[⑤] 引自王汎森：《中国近代思想与学术的系谱》，河北教育出版社2001年版，第11页。

偏见,江著所描绘的汉学画面仅可谓清学巨幅卷轴之一角,亦可谓部分传主思想之一面。依据《汉学师承记》理解清代汉学传承线索,自然有其脉络可寻,然而据以论传主思想全貌则有很大不足。《汉学师承记》的史料采择以及传主次序编排间,反映出了江藩的"汉学正统"观念。

三、《汉学师承记》的体例特点

自从黄宗羲编纂《明儒学案》成书,确立学案体的著述体例,后世学者的学术史著作纷纷效法。江藩亦以学案体编《汉学师承记》,从学术史编纂的角度看,《汉学师承记》有以下两个主要特点。

第一,《汉学师承记》以流派划分讲述清代汉学思潮,以代表学者为主题立案。江藩在书中第一次将乾嘉汉学分为吴派、皖派两派两个阵营,其后章太炎、梁启超继续阐述立论,吴皖分野说成为学术界讲述清代汉学的普遍认识。在卷帙编排上,《汉学师承记》共有八卷,卷一收录清代汉学开山人物阎若璩、胡渭,卷二、卷三收录以惠周惕、惠士奇、惠栋为代表的吴派学者,卷四为王昶、朱筠、武亿、洪亮吉等汉学家,卷五和卷六著录以江永、戴震为代表的皖派学者,卷七主要包括扬州地区的汉学家,卷八著录黄宗羲和顾炎武。《汉学师承记》传文对案主的家族源流、生平履历、学术事功及后学子嗣等多有具体叙述。为了体现案主的学术渊源,传文设有正传和附传,正传著录汉学成就及政治身份相对较高的案主,附传则收录与正传学者相关及学术成就相对普通的学者,其中正传四十人,附传十七人。依照"生不入传"旧例,《汉学师承记》正传及附传所著录的五十七人均为已卒学者。至于汉学成就斐然似应写入而仍健在的学者,江藩变通手法处理,将其学行于附传之后另行叙述,姓名则不登目录。《汉学师承记》正传、附传之分,使案主在次序编排上更为灵活,案主依照学侣、师承发生关联,结构合理。

第二,《汉学师承记》后附录《国朝经师经义目录》(以下简称《目录》)。《汉学师承记》刊刻之初,《目录》即附录其后,一并刊行。《目录》按经籍内容分为八类,依次为《易》、《书》、《诗》、《礼》、《春秋》、《论语》、《尔雅》、《乐》。每类先概述此类经书的授受渊源,然后详细列举相关著作。《目录》在内容上可与《汉学师承记》相辅相成,互为补充。从学术内涵来看,《目录》则可以看作

《汉学师承记》的延续,均集中反映江藩的"纯汉学"思想。《汉学师承记》在传主的选录及传主学术思想的取舍上有着严格的取舍原则,而《目录》对于汉学家著作的选录与之相比,可以说毫不逊色。江藩之子江钧论《目录》义例言称,其父完成《汉学师承记》之后,"复以传中所载诸家撰述,有不尽关经传者,有虽关经术而不醇者,乃取其专论经术而一本汉学之书,仿唐陆元朗《经典释文》传注姓氏之例,作《经师经义目录》一卷,附于记后。俾治实学者得所取资,寻其宗旨,庶不致混莠于苗,以砆为玉也",至于《汉学师承记》著录之意则大凡有四"言不关乎经义小学,意不纯乎汉儒古训者"、"书虽存其名而实未成者"、"书已行于世而未及见者"以及"其人尚存,著述仅附见于前人传后者"均不著录。[①] 依江钧所言著述原则,后面三条约同于客观条件限制,第一条因之尤关要旨,集中代表《目录》侧重"汉学"的选录标准。例如有关汉学者著作的选录:论《周易》,批评黄宗羲、黄宗炎易学"不宗汉学,皆非笃信之士";毛奇龄易学"牵合附会,不顾义理,务求词胜而已"[②],《凡例》均不著录。论《尚书》,研注《尚书》而不知伪《古文尚书》者概不收录,胡渭《洪范正论》"虽知伪《古文》,而不知《五行传》之不可辟,是以黜之"[③]。论《诗经》,对于"好博而不纯"、"妄下断语"、"怪诞不经之谈"、"凿空之言,非专门之学"者亦予以删汰。[④] 论三礼,对"或取古注,或参妄说"的万斯大、蔡德晋、盛百二等研礼之作,均无取。至于方苞则以为其学"更不足道"[⑤],等等。

事实上,即就《汉学师承记》传文所列传主著作而论,也并非均为《目录》著录。根据朱维铮的统计,"《汉学师承记》列入正传得四十人中,有十八人无一种著作入录。其中包括他明白推崇为郑玄第二的钱大昕,他曾经正式拜作老师的王昶、朱筠,他作传时屡表服膺的亡友李惇、汪中、徐复、汪光爔"[⑥]。此种现象,恰恰反映出江藩对于《目录》体例所苛求的"纯正",亦可视为"纯汉学"思想的集中体现。江藩论学谨守家法,又如所著《隶经文》选录原则所言"苟非

---

① 江藩:《国朝经师经义目录》,江藩、方东树著,徐洪兴编校:《汉学师承记(外二种)》,第178页。
② 江藩:《国朝经师经义目录》,江藩、方东树著,徐洪兴编校:《汉学师承记(外二种)》,第163页。
③ 江藩:《国朝经师经义目录》,江藩、方东树著,徐洪兴编校:《汉学师承记(外二种)》,第167页。
④ 江藩:《国朝经师经义目录》,江藩、方东树著,徐洪兴编校:《汉学师承记(外二种)》,第169页。
⑤ 江藩:《国朝经师经义目录》,江藩、方东树著,徐洪兴编校:《汉学师承记(外二种)》,第170页。
⑥ 朱维铮:《汉学与反汉学——江藩的〈汉学师承记〉、〈宋学渊源记〉和方东树的〈汉学商兑〉》,见氏著:《求索真文明:晚清学术史论》,上海古籍出版社1996年版,第21—22页。

说经皆不录",选材之严谨可见一斑。如此严格的选录标准,得到学界同仁的认可,如曾钊为《隶经文》作序所言"朱竹垞、钱辛楣数先生,以考据之文雄,然应酬之作多有,钊尝惜其不能删汰,独存问答经史,题跋金石诸篇"①,由著作体例所要求的著述内容纯正,似为彼时学人共同的期待。

或是关注到《国朝经师经义目录》对于理解江藩学术思想的特别意义,《清史稿·江藩传》收录《凡例》一文。为便于了解其要旨,以下据《汉学师承记》正附传主,开列《国朝经师经义目录》所收著作如下。

表 5-2 《国朝经师经义目录》所收著作表

省份	地区	人物	《国朝经师经义目录》所收著作
江南	长洲	惠周惕	《诗说》
		惠士奇	《易说》、《礼说》、《春秋说》
		惠栋	《易汉学》、《易例》、《周易本义辨证》、《古文尚书考》、《禘祫说》、《明堂大道录》、《礼说》、《左传补注》、《春秋说》、《九经古义》
		余萧客	《古经解钩沉》
		褚寅亮	《仪礼管见》
	嘉定	钱大昕	
		王鸣盛	《尚书后案》
		钱塘	《律吕考文》
		钱坫	《诗音表》、《车制考》、《论语后录》
		金曰追	《仪礼正伪》
	江都	程晋芳	
		汪中	
		徐复	
	兴化	任大椿	《弁服释例》、《深衣释例》、《小学钩沉》、《字林考逸》
		顾九苞	
		顾凤毛	

---

① 曾钊:《隶经文序》,江藩:《隶经文》,商务印书馆 1936 年版,第 1 页。

(续表)

省份	地区	人物	《国朝经师经义目录》所收著作
江南	吴县	江声	《尚书集注音疏》、《尚书经师系表》、《释名疏证》、《释名补遗》、《续释名》
		袁廷梼	
	武进	张惠言	《周易虞氏义》、《虞氏消息》、《仪礼图》
		臧琳	《经义杂记》
	山阳	张弨	
		吴玉搢	《别雅》
	高邮	贾田祖	
		李惇	
	甘泉	钟襄	
		李钟泗	
	仪征	江德量	
		汪光爔	
	昆山	顾炎武	《易音》、《诗本音》、《左传杜解补正》、《九经误字》、《音论》、《唐韵正》、《古音表》、《韵补正》
	无锡	顾祖禹	
	青浦	王昶	
	吴江	沈彤	《周官禄田考》、《仪礼小疏》、《春秋左传小疏》
	阳湖	洪亮吉	
	常熟	黄仪	
	泰州	陈厚耀	《春秋长历》、《春秋世族谱》
	元和	汪元亮	
	宝应	刘台拱	《论语骈枝》、《经传小记》
山东	曲阜	孔广森	
		桂馥	《说文解字义证》
	济阳	张尔岐	《仪礼郑注句读》、《监本正误》、《石经正误》
	邹平	马骕	《左传事纬》、《附录》
	掖县	王尔箐	
	益都	李文藻	

(续表)

省份	地区	人物	《国朝经师经义目录》所收著作
安徽	歙县	金榜	《礼笺》
		洪榜	《周易赞》、《四声均合表》、《示儿切语》
		凌廷堪	《礼经释例》、《燕乐考原》
	婺源	江永	《周礼疑义举要》、《仪礼释宫谱增注》、《礼记训义择言》、《深衣考误》、《礼经纲目》、《春秋地理考实》、《乡党图考》、《群经补义》、《古韵标准》、《四声切韵表》、《音学辨微》、《律吕新论》、《律吕阐微》
	休宁	戴震	《毛郑诗考正》、《考工记图》、《孟子字义疏证》、《方言疏证》、《声韵考》、《声类表》
浙江	余姚	黄宗羲	《深衣考》
		邵晋涵	《尔雅正义》
		卢文弨	
	德清	胡渭	《易图明辨》、《禹贡锥指》、《图》
山西	太原	阎若璩	《古文尚书疏证》、《四书释地》、《四书释地续》、《四书释地又续》、《四书释地三续》、《四书释地余论》
	安邑	宋鉴	《尚书考辨》
河南	偃师	武亿	《经读考异义证》
河北	献县	纪昀	
顺天	大兴	朱筠	

四、《汉学师承记》的学术影响

《汉学师承记》在嘉庆二十三年(1818)刊刻之初,即引发学术界的关注,而初刊迄今的二百余年则再版数十次,其间亦有学人试撰《续汉学师承记》以承接江藩之作,可见此书所产生的广泛影响。如今,《汉学师承记》已成为研究清代学术的必备参考书,在学术史著作之林亦有一席地位。综论《汉学师承记》的学术价值,主要体现在以下四个方面。

第一,《汉学师承记》是研究乾嘉汉学的一个典型个案。在清代学人中,江藩对于钱大昕颇为推崇,誉为"一代儒宗"①。如前文所述,江氏《汉学师承记》在史料选取方面对钱大昕《潜研堂文集》采择尤多,若阎若璩、胡渭、惠士奇、惠栋、江永、戴震等传文均本诸《潜研堂文集》,江著在史料价值上并无多少超越,但江藩为建构汉学谱系而对传文采择,以及案主次序编次背后隐寓的"纯汉学"理念,有助于深入认识乾嘉汉学。

第二,《汉学师承记》在明清学案体著作中承前启后的地位。梁启超认为著学术史有四个必要条件:"叙一个时代的学术,须把那时代重要各学派全数网罗,不可以爱憎为去取";"叙某家学说须将其特点提挈出来,令读者有很明晰的观念";"忠实传写各家真相,勿以主观上下其手";"把各人的时代和他一生经历大概叙述,看出那人的全人格"。②梁氏主张以客观的立场、科学的眼光撰写学术史著作,而江藩《汉学师承记》写作中所夹杂的个人情感显然与此相悖,因此梁任公从整体肯定"江郑堂藩撰《国朝汉学师承记》,清儒家法流派,可得而稽焉,亦一学史也"③,仍指出江藩"主观的成见太深"、"学识亦平庸,殊不能叙出各家独到之处"④。在明清学案体著作中,《汉学师承记》前承《明儒学案》、《宋元学案》,后启《文献征存录》、《国朝先正事略》、《国朝学案小识》,在学案体著作中占有重要一席。正如周予同所言:"江氏立场于纯粹后汉古文学的见地,对于清代'汉学'大师为个别的记述,上继黄百家、全祖望的《宋元学案》与黄宗羲的《明儒学案》,下开章炳麟的《检论·清儒篇》与梁启超的《清代学术概论》,在中国学术史的著作里,实占有异常重要的地位,而迥非唐鉴《清朝学案小识》可相提并论。"⑤支伟成将《汉学师承记》同其他几部清代学术史著作加以比较,以为"钱林《文献征存录》辞采达雅,有非江氏所及,惟儒林与文苑杂陈,则不如《汉学师承记》之秩然就理,且每卷各自起讫虽复以类相从,究莫明分门,转易清晰","李元度《先正事略》删繁就简,仅具大要,经学一门,几全袭《汉学师承记》,稍辅以《征存录》"。⑥有学者指出阮元作《儒林传》受到

---

① 江藩、方东树著,徐洪兴编校:《汉学师承记(外二种)》卷三《钱大昕》,第62页。
② 梁启超著,朱维铮校注:《梁启超论清学史二种》,第184页。
③ 梁启超著,夏晓虹导读:《论中国学术思想变迁之大势》,第120页。
④ 梁启超著,朱维铮校注:《梁启超论清学史二种》,第438页。
⑤ 周予同选注:《汉学师承记·序言》,香港商务印书馆1964年版,第50页。
⑥ 支伟成编著:《清代朴学大师列传·凡例》。

《汉学师承记》影响颇深①,而徐复观鉴于《汉学师承记》偏激的学术立场著述《两汉思想史》②。

第三,《汉学师承记》对学者治学的启发意义。阮元为《汉学师承记》作序,评价江著价值:"读此可知汉世儒林家法之承授,国朝学者经学之渊源。"③在《汉学师承记》刊刻之初,汪喜孙就致信江藩,以索一览,以为著述参考④,为江著作跋语称江藩"汇论经生授受之旨,辑为《汉学师承记》一书,异时采之柱下,传之其人。先生名山之业,固当附此不朽。或如司马子长《史记》、班孟坚《汉书》之例,撰次《叙传》一篇,列于卷后,亦足屏后儒拟议规测之见,尤可与顾宁人、钱晓徵及先君子后先辉映者也"⑤。扬州学派对《汉学师承记》也颇为推崇,刘文淇借江著以了解乾嘉学术。⑥ 近代以来学人论学,亦颇受教于《汉学师承记》。若张之洞《輶轩语》以《汉学师承记》为"经学之门径",并将此书著录于《书目答问》"诸经目录文字音义之属"⑦。李慈铭也赞赏《汉学师承记》"谨守汉学,不容有一字出入,殊有班氏《儒林传》、《艺文志》家法,非陆氏《释文叙录》等书,所得比肩。遗文轶事,亦多借以考见,诚有功于诸儒"⑧。而王国维、柳诒徵、林语堂等早年治学也受到江著之影响。梁启超开清代学术史书目清单,首列此书,谓江藩"创造之功不可没"。与此同时,亦有学者着力批判江藩的汉宋门户之见,指出其中的诸多问题与不足。如黄式三谓"江氏宗师惠、余,

---

① 平步青:《霞外捃屑》,上海古籍出版社1982年版,第31页。
② 徐复观:"江藩著《汉学师承记》,以'各信师承,嗣守章句',为两汉学术的特色。以乾嘉时代声音训诂考订的学风,为'汉学昌明,千载沉霾,一朝复旦'。自是以后,谬说相承,积非成是;而两汉学术的精神面貌,遂隐没于浓烟瘴雾之中,一任今日不学之徒,任意涂改。所以我在六年前,发愤要写一部《两汉思想史》。"(徐复观:《"清代汉学"衡论》,《两汉思想史》第三卷附录)
③ 阮元:《国朝汉学师承记序》,江藩、方东树著,徐洪兴编校:《汉学师承记(外二种)》,第3页。
④ 汪喜孙:"恩国朝自顾亭林首辟禅学,昌明正教,东原吉士继之,钱少詹、程教谕、凌教授、洪舍人、阮尚书、许兵部、焦举人皆为其学,使孔门之旨不泪于二氏,某欲集为以书,闻执事有《宋学师承记》,已刊行,伏希惠寄。"(汪喜孙:《从政录》卷一《与江郑堂先生书》,《江都汪氏丛书》,1925年上海中国书店影印本)按:由汪喜孙札中论乾嘉学者之语境可推测,汪氏所言《宋学师承记》当为《汉学师承记》一书。
⑤ 汪喜孙:《汉学师承记跋》,王达津主编:《清代经部序跋选》,天津古籍出版社1991年版,第310页。
⑥ 刘文淇:《梦陔堂文集序》,刘文淇、刘毓崧、刘寿曾著,吴平、李善强、郑晓霞整理:《仪征刘氏集》(上),广陵书社2018年版,第74页。
⑦ 张之洞:《輶轩语》,生活·读书·新知三联书店1998年版,第304页。
⑧ 李慈铭:《越缦堂读书记》之《国朝汉学师承记》,第478页。

揽阁、江诸公为汉学,必分宋学而二之,适以增后人之惑也"①;龚自珍则对《汉学师承记》"汉学"之名有"十不安",方东树则愤然创作《汉学商兑》,为清代汉宋之辩留下一大公案。从清学史整体而论,《汉学师承记》"于诸儒学行,搜括靡遗,允称盛业。虽后人对之不无訾议,要为讲清代学术者所不可少之书"②。

第四,《汉学师承记》的后续之作。《汉学师承记》书成,承学之士相为推崇,其后亦有试图续笔者。梅毓在《续汉学师承记商例》中云:"嘉庆间,甘泉江郑堂先生著《汉学师承记》,纪国朝讲汉学诸儒,有专传、有附传,凡若干卷。而儒先学业借以考见,今又数十年,宜有续纂以彰我朝儒术之盛。"刘师培于梅文后作案语称《续汉学师承记》未著成,而后来者则可循此例以从事纂述。③ 梅氏续作并未完成,原因或许正如其所言:"此次续纂,较江氏为难,江氏所处之时,讲汉学者实不乏人,今则同志寥寥,而书籍零落,非四方好学之友襄助蕆事,敢信其无脱漏乎。"④其后,支伟成曾有评价,梅延祖拟续江藩《汉学师承记》,"遗稿并散弗传",由其《续汉学师承记商例》可知,"使其成书,必不在江《记》下"⑤。此外,赵之谦也有意续作《汉学师承记》,范希曾在《书目答问补正》"《国朝汉学师承记》"条下作按语云"江书有陈寿祺眉注本,偶见传钞。赵之谦《续汉学师承记》,未见传本"⑥;费念慈曾经致函缪荃孙,称"赵㧑叔撰《国朝经学师承续记》将成,曾见其稿否,必大有可采"⑦。事实上,赵之谦《国朝经学师承续记》,未有刊本,其手稿现藏于中国国家图书馆。⑧

---

① 黄式三:《汉学师承记跋》,转引张舜徽:《清儒学记》,齐鲁书社1991年版,第380页。
② 徐世昌著,陈祖武点校:《清儒学案》第3册《郑堂学案》,第4687页。
③ 梅延祖:《续汉学师承记商例》,《国粹学报》1905年第1卷第2期。梅文后附刘师培所作梅延祖小传云:"延祖先生,名毓,扬州江都人。稽庵先生子也,治《穀梁》、《毛诗》、《郑笺》、《小尔雅》,书皆未成,惟《刘更生年表》行于世。此书亦未著成,惟后儒有所正,可循此例以从事纂述耳。"
④ 梅延祖:《续汉学师承记商例》,《国粹学报》1905年第1卷第2期。
⑤ 支伟成编著:《清代朴学大师列传》,第116页。
⑥ 范希曾,瞿凤起校点:《书目答问补正》卷一《国朝汉学师承记》,上海古籍出版社1983年版,第46页。
⑦ 钱伯城、郭群一整理,顾廷龙校阅:《艺风堂友朋书札》上册,上海古籍出版社1981年版,第314页。
⑧ 关于赵之谦《汉学师承记续记》,漆永祥先生已有详尽论述(《从赵之谦〈论学丛札〉看〈汉学师承记续记〉》,《中国典籍与文化》2004年第1期;《赵之谦〈国朝汉学师承记续记〉整理记》,台湾中山大学、台湾清代学术研究中心编:《第七届清代学术研讨会论文集》[上],2002年,第35—48页)。

在《汉学师承记》中，江藩疏通有清一代汉学之承继脉络，建构了清代汉学的传承系谱，在相当程度上揭示出乾嘉汉学思潮的发生及发展。正如梁启超所言："乾嘉以来学者事实上确各树一帜，贱彼而贵我，子屏不过将当时社会心理照样写出，不足为病也。"①江藩以"纯汉学"思想为指导，于《汉学师承记》建构了一个足以体现其学术理念的汉学家共同体。由此，《汉学师承记》在传主选录及其学术思想叙述上自有其特殊的标准，即着力张扬传主汉学因素，而忽略其宋学思想，这也使得传主的整体学术思想多有隐晦。江藩以为清代以前的汉学"长夜悠悠，视天梦梦"，直到吴派、皖派兴起，汉学得以"千载沉霾，一朝复旦"。《汉学师承记》斩断汉学和宋学间的递嬗关系而张扬、凸显汉学，是其最大局限。

第二节　江藩学术思想平议

在《汉学师承记》卷首，江藩自述其学术渊源，"藩绾发读书，授经于吴郡通儒余古农、同宗艮庭二先生，明象数制度之原，声音训诂之学"②。余萧客、江声为惠栋入室弟子，江藩问学余、江二氏，可谓吴门惠氏之嫡传。对于江藩论学思想大体，可以从《汉学师承记》所涉"黄顾问题"、今文经学及其尊戴思想窥知一二。

一、"黄顾问题"

江藩在《汉学师承记》中将黄宗羲、顾炎武列于卷八，并以"答客问"形式说明此举缘由。江藩的这一处理引起后之学人的关注目光，朱一新、皮锡瑞、梁启超、支伟成、钱穆、周予同，以及日本学者本田成之等对此均有讨论。此处，我们姑且称之为"黄顾问题"，探讨其中所折射出的江藩学术思想。

乾嘉时期，汉学兴盛，学者辈出，而论及汉学开山人物，钱大昕、阮元、汪中、

---

① 梁启超著，朱维铮校注：《梁启超论清学史二种》，第437页。
② 江藩、方东树著，徐洪兴编校：《汉学师承记（外二种）》卷一，第8页。

洪亮吉、章学诚等莫不推诸黄宗羲、顾炎武。作为汉学阵营内的学者,江藩应该知晓,所著《汉学师承记》又何以将黄、顾二人列于末卷,且有"答客问"之作。且看江藩如何解说个中缘由,即"答客问"从政治立场和学术思想两个方面"批判"黄宗羲和顾炎武。

第一,批判黄、顾"反清复明"的政治立场。江藩认为:"甲申、乙酉之变,二君策名于波浪砺滩之上,窜身于榛莽穷谷之中,不顺天命。强挽人心,发蛙黾之怒,奋螳螂之臂,以乌合之众,当王者之师,未有不败者矣。逮夫故土焦原,横流毒浪之后,尚自负东林之党人,犹效西台之恸哭,虽前朝之遗老,实周室之顽民,当名编熏胥之条,岂能入儒林之传哉?"[①]事实上,江藩的批判言论大可商榷,所谓黄宗羲、顾炎武在明清鼎革之际"不顺天命,强挽人心"、"发蛙黾之怒,奋螳螂之臂"云云,所厚诬者绝非仅仅黄、顾二人,而针对所有抗清志士,此辈仁人志士于大厦将倾之际,奋不顾身,反清复明,其行虽若"以卵击石",不可为而为之,其义则动天地而泣鬼神,江藩所谓"乌合之众"批判黄、顾自有其时代和识断的局限。何况黄宗羲、顾炎武在反清的政治理想破灭后,转向书斋,其学术成就出类拔萃,远上群伦,其等身著作更为江藩所不可企及。江藩以学术史体例著述《汉学师承记》,而未能本诸学术正视黄宗羲、顾炎武对于清代学术的筚路蓝缕之功,转而以"政治眼光"衡量二氏,显然有其不足。阮元为江藩挚友,其在浙江巡抚任内奉旨所撰《国史儒林传》,将黄宗羲、顾炎武列为清朝汉学宋学的共同开山,试想阮元身居要职、代圣立言的特殊身份,对黄、顾的政治问题尚不加忌讳,布衣江藩又何以有此顾虑? 江藩仕途不济,屡遭困顿,在政治上可谓"白丁",而其史识较于阮元实不及之。

第二,批判黄、顾"深入宋儒"的学术思想。在江藩看来,黄、顾之学,各有渊源,"梨洲乃蕺山之学,矫'良知'之弊,以实践为主;亭林乃文清之裔,辨陆、王之非,以朱子为宗。故两家之学,皆深入宋儒之室,但以汉学为不可废耳。多骑墙之见,依违之言,岂真知灼见者哉"[②]。江藩指斥黄宗羲、顾炎武深入宋儒堂室,而非纯宗汉学,论学多有"骑墙之见"和"依违之言"。黄、顾二人学术渊源确如江藩所言,渊源于宋明理学,问题在于二人处于明清之际的以理学向经

---

① 江藩、方东树著,徐洪兴编校:《汉学师承记(外二种)》卷八末"答客问",第158—159页。
② 江藩、方东树著,徐洪兴编校:《汉学师承记(外二种)》卷八末"答客问",第158页。

学转变阶段,这一时期的学者皆曾受到宋明理学的影响,而黄、顾学术也的确开启清代汉学的门径,如顾炎武的"舍经学无理学"论更是为汉学者奉为圭臬,顾、黄于清学的开拓之功正如"客"者所言"国朝诸儒,究六经奥旨,与两汉同风,二君实启之",实为清代学术的"木本水源"①。进而论之,江藩应当明晓黄、顾二人开启汉学的特殊功绩,之所以发此言论,或非故为矫言,而是其身处汉学鼎盛时期,从"纯汉学"的立场评骘黄、顾之学自然有所偏见。

进而言之,从《汉学师承记》"黄顾问题"所反映的不仅在于江藩的门户之见及其论学倾向,同时透露出乾嘉时期学人治学的普遍理念,有其特别的学术史意义。关于这一点,汤志钧、罗继祖、朱维铮等学者从政治环境、个人性情等角度有过阐述。作为吴派学术的嫡传人物,江藩以汉学正统自居,其心目中的理想汉学家标准应当是政治与学术的统一。黄宗羲、顾炎武二人"反清"的政治立场自然不为江藩所容纳;就学术而言,黄、顾"深于宋学"亦非纯汉学思想。如此,二人在政治及学术的标准上显然有悖于江藩理想中的汉学家楷模。其后阮元辑录《学海堂经解》讲求所谓体例严谨,亦以顾炎武、黄宗羲著述夹杂汉宋、多有不醇而摒弃不录,亦有类似的考量。②

在《汉学师承记》中,江藩置于卷首的汉学开山者,为阎若璩和胡渭。从阎、胡二人经历来看,阎若璩曾得到皇帝召幸,雍正亲制挽诗有"三千里路为余来"之句,江藩也以为阎氏"以诸生而受圣主特达之知,可谓稽古之荣"③;胡渭也得康熙皇帝御书"耆年笃学"四大字。阎若璩、胡渭的政治立场当无问题,而其学术思想是否也符合江藩的"纯汉学"标准检验呢?在章太炎看来,阎、胡"皆为硕儒,然草创未精,时糅杂宋明谰言"④。既如此,江藩的言行之间似乎存在自相矛盾之处而不可理解。相较黄宗羲、顾炎武,阎若璩和胡渭于清代汉学而言,对汉学发展自有其特别贡献所在。汉学与宋学是相对的学术概念,没有宋学也就无所谓汉学,汉学亦需要依宋学而成立。从学术发展的必然而论,不破不立,复兴汉学以打破宋学既有理论框架、思维范式为前提,阎若璩、胡渭于汉学的特别贡献正在于此,即对理学固有思维模式的"毁灭性"打击,以及对汉

---

① 江藩、方东树著,徐洪兴编校:《汉学师承记(外二种)》卷八末"答客问",第158页。
② 梁启超著,朱维铮校注:《梁启超论清学史二种》,第28页。
③ 江藩、方东树著,徐洪兴编校:《汉学师承记(外二种)》卷一《阎若璩》,第13页。
④ 章炳麟著,徐复注:《訄书详注》,上海古籍出版社2000年版,第12页。

学治学范式的建构。宋明理学"人心惟危,道心惟微。惟精惟一,允执厥中"的"十六字心传"出自《古文尚书》的《大禹谟》篇,阎若璩《尚书古文疏证》"反复厘剔之,祛千古之大疑,考证之学固未之或先"①,由精密考证说明《古文尚书》是伪书。阎氏此论无异于釜底抽薪,使宋明理学失去理论支撑,加之阎氏为皇帝所召幸。不论是从考证方法的严谨、文本意义的深刻,抑或从政治背景的角度考量,阎若璩及其《尚书古文疏证》为汉学者所推崇的典范。至于胡渭所著《易图明辨》,依梁启超的评价,胡著辨析宋以来所谓《河图》、《洛书》者传自邵雍,邵氏受诸李之才,李氏则受诸道士陈抟,并非伏羲、文王、周公、孔子所有,与《周易》无关,此论实为"思想之一大革命",与阎若璩《尚书古文疏证》有同等之价值,"所谓'无极'、'太极',所谓《河图》、《洛书》,实组织'宋学'之主要根核。宋儒言理,言气,言数,言命,言心,言性,无不从此衍出。周敦颐自谓'得不传之学于遗经',程朱辈祖述之,谓为道统所攸寄,于是占领思想界五六百年,其权威几与经典相埒。渭之此书,以《易》还诸羲、文、周、孔,以《图》还诸陈、邵,并不为过情之抨击,而宋学已受'致命伤'。自此,学者乃知宋学自宋学,孔学自孔学,离之双美,合之两伤"②。认识到《尚书古文疏证》及《易图明辨》文本背后所蕴含的"理学清算"意义,也就不难理解江藩何以于《汉学师承记》重阎、胡而轻黄、顾。正如徐复观所言:"江藩以两人(按:指阎若璩、胡渭)列为《汉学师承记》之首选,盖不仅推重两人的考证成绩,亦有见于两氏之人生态度,与他心目中之汉学家的人生态度相合,遂推为开山之祖。"③

通过"黄顾问题"的考察,可见江藩限于"纯汉学"思想,将黄宗羲、顾炎武二氏列于《汉学师承记》卷末。与此同时,对于黄、顾确为清学开山之事实又无法视而不见,故于卷末自述"噫,吾过矣!退而辑二君事实,为书一卷,附于册后"④,此举无疑间接地承认黄、顾为清朝大儒的身份,亦可视为认同"客"之所言"自黄梨洲起而振其颓波,顾亭林继之,于是承学之士知古经义矣"⑤。在《汉学师承记》成书后一年,江藩评价凌廷堪"继本朝大儒顾、胡之后,集惠、戴之

---

① 永瑢等:《四库全书总目》卷一二《经部·书类二·古文尚书疏证》,第102页。
② 梁启超著,朱维铮校注:《梁启超论清学史二种》,第12页。
③ 徐复观:《清代汉学"衡论"》,《两汉思想史》第三卷附录,第342页。
④ 江藩、方东树著,徐洪兴编校:《汉学师承记(外二种)》卷八末"答客问",第159页。
⑤ 江藩、方东树著,徐洪兴编校:《汉学师承记(外二种)》卷八,第158页。

成"①,言语之中亦以顾炎武为清朝大儒。然而,由于"纯汉学"观念的作祟,江藩虽列黄宗羲、顾炎武于《汉学师承记》,其后所作《国朝宋学渊源记》,言称"黄南雷、顾亭林、张蒿菴,见于《汉学师承记》,兹不复出"②,此语言外之意,仍有计划列黄、顾于《宋学渊源记》。对于黄宗羲、顾炎武的学术归属,江藩所表现出的踌躇不定态度,造成这一状况的根源正在于其固守"纯汉学"的门户立场。

诚然,在学术人物的评价中,注意从学术与政治两重考虑并无不妥,但最终落脚点仍当以学术为本位。江藩试图在对黄宗羲、顾炎武的评价上达到学术地位和政治身份调和,本身已失于偏。相对而言,梁启超将黄、顾视为"新旧学派之过渡者"③,二人在汉学发展之地位,则"清代汉学,阎胡作之,惠氏衍之,戴氏成之"④,任公之见就公允多了。继江藩之后,缪荃孙拟作《国史儒林传》,目录列黄宗羲、顾炎武和王夫之于篇首,同为清学儒宗。⑤ 光绪三十四年(1908)九月,朝廷降旨顾炎武、王夫之、黄宗羲均准从祀文庙。至此,黄、顾清初大儒的身份得到官方正式认可。⑥

二、论今文经学

传统经学发展有今古文经的衍变,汉代有今古文经之争,古文经学盛行东汉。魏晋以还,古文学派渐成经学发展的主流,今文学派则隐而不彰,今文学派典籍也大多失传,仅《公羊传》得以保存。到了清代中后期,以庄存与、刘逢禄、宋翔凤为代表的常州学派异军突起,张扬公羊学说,今文经学有复兴之势。

江藩《汉学师承记》对于今文学派及其学者着墨不多,仅仅著录论及孔广森、刘逢禄。如江藩论孔广森的《公羊》学:"阮君伯元云:'孔君广森,深于《公羊》之学',然未见其书,不敢著录。"⑦据此可知,江藩并未亲见孔广森《公羊》

---

① 江藩:《校礼堂文集·序》,凌廷堪著,王文锦点校:《校礼堂文集》,第3页。
② 江藩著,徐洪兴编校:《宋学渊源记》卷上,第187页。
③ 江藩著,徐洪兴编校:《宋学渊源记》卷上,第101页。
④ 梁启超著,夏晓虹导读:《论中国学术思想变迁之大势》,第113页。
⑤ 马叙伦:《读书续记》卷一,中国书店1985年版,第28—29页。
⑥ 何冠彪:《明清人物与著述·〈黄宗羲、顾炎武、王夫之合称清初三大儒考〉——兼说清初四大儒及五大儒的成员》,香港教育图书公司1996年版。
⑦ 江藩:《国朝经师经义目录》,江藩著,徐洪兴编校:《汉学师承记(外二种)》附录,第183页。

学著作,也未曾注意到公羊学的社会影响。就公羊学派内部而言,同治《公羊》学,孔广森和常州学派在治学旨意上也存在着很大差异。梁启超讲述清代《公羊》学称:"清儒头一位治《公羊传》者为孔巽轩广森,著有《公羊通义》,当时称为绝学。但巽轩并不通公羊家法,其书违失传旨甚多。公羊学初祖,必推庄方耕存与,他著有《春秋正辞》,发明公羊微言大义,传给他的外孙刘申受逢禄,著有《公羊何氏释例》,于是此学大昌。龚定庵自珍、魏默深源、凌晓楼曙、戴子高望都属于这一派。"①可以说,代表清代今文学主流方向者为庄存与、刘逢禄和宋翔凤。在《汉学师承记》中,庄存与和宋翔凤已然阙如,而刘逢禄传文则附录于洪亮吉传,仅仅记述"又有刘君逢禄,字申甫,嘉庆辛酉选拔贡生,丁卯举人。淹通经传,著《春秋公羊释例》"寥寥数语。而据学者考证,即此数语所言刘氏生平履历也有讹误。②周予同批评江藩著述学术史未能留意于学术演变,对待公羊学的态度正表明其局限于古文学派立场的"观念狭小":"江氏生于甘泉,离今文的发祥地常州不远,死于道光间,亦正当今文学派日趋发展的时候。而且他曾于这书卷四《洪亮吉传》附记刘逢禄,与龚自珍的交谊也不很薄,则对于今文派的复兴,当然不能诿为不知。然何以对于庄存与略而不载,对于刘逢禄不稍详其说的特点呢?《汉学师承记》是学术史的性质,以学术史而不能留意到学术的演变,那不能不算是一种缺陷呢?这或者因为江氏自局于古文学而不承认今文学,本是'汉学'的支流;然而这只是显示江氏观念的狭小而已。"③

《公羊传》为今文经学的经典,学者对于《公羊传》所抱持的态度可以说是其经今古文思想的直接反映。关于江藩对今文学持有何种意见,亦可从其对《公羊传》的态度加以评判。王树民指出,江藩论学立足汉学古文派,"而于《公羊传》之传授,出于汉学家的立场,对之相当重视,特写《公羊先师考》一文,以明其传授源流,其《賣石解》即全用《公羊传》说,故言江氏学术不可不注意及之"④。关于《公羊传》之传授,唐代徐彦为《春秋公羊解诂》作疏语云:"孔子至圣,却观无穷,知秦无道,将必燔书,故《春秋》之说,口授子夏。度秦至汉,乃著

---

① 梁启超著,朱维铮校注:《梁启超论清学史二种》,第314页。
② 据朱维铮、徐洪兴审校,"此履历有误。刘逢禄于嘉庆五年(庚申)举拔贡生,十一年(丙寅)顺天乡试中式。见戴望《故礼部仪制司主事刘先生行状》(《谪》)",参《汉学师承记》注三十六。
③ 周予同选注:《汉学师承记·序言》,香港商务印书馆1964年版,第140页。
④ 王树民:《江藩的学术思想及汉学与宋学之争》,《河北师范大学学报(哲社版)》1999年第2期。

竹帛,故《说题辞》云'传我书者,公羊高也'。戴宏序云'子夏传与公羊高,高传与其子平,平传与其子地,地传与其子敢,敢传与其子寿。至汉景帝时,寿乃[与]其弟子齐人胡毋子都著于竹帛,于董仲舒皆见于图谶'是也"、"胡毋生本虽以公羊经传授董氏,犹自别作《条例》"。① 其后,清代今文学者大多以胡毋生、董仲舒为公羊高五传弟子。

对于清代今文学派的这一论断,江藩并不认同,称此说"太谬不然"、"无稽之谈","其言不可信",语谓"太史公亲见仲舒,故曰'吾闻之董生'。其作《儒林传》,不言子都、仲舒之师为何人,盖不可得而闻矣。若子都、仲舒为寿之弟子,太史公岂有不知者哉?即班书《儒林传》亦不言子都、仲舒之师为寿,第云胡毋生与董仲舒同业,仲舒著书称其德,年老归教于齐而已。同业者,同治公羊之学,未尝云以经传授董子也"②。在公羊学传授谱系的理解上,江藩认可《经典释文》记述,而否定《隋书·经籍志》、《公羊疏》以及《玉海》,故而反驳徐彦的论断,主张"公羊之学,兴于汉初,最著者为胡毋生、董子。子都归老于齐,齐之言《春秋》者不显,董子之弟子遂之者众,故其说大行于世","董子之学,盛行于前汉,寖微于后汉,至晋时其学绝矣","今之公羊乃齐之公羊,非赵之公羊也。董子书散佚已久,传于世者,仅存残阙之《繁露》"。③

江藩为学尊经而重史,《公羊先师考》依据《史记》、《汉书》考察公羊学传授谱系,批评前人"不信经史而信图谶"④。江藩对于《左传》、《公羊传》、《穀梁传》三家学的理解,尤其是有关《公羊传》性质及其特点的阐述,透露出某些特别的学术讯息。在三传解经中,《公羊传》无疑占有重要的一席。在具体问题上,江藩对于《公羊传》的解释多有采纳。如其《霣石解》即引述《公羊传》,指出《左传》"陨石解"有误,当依《公羊传》作"霣石解"。江藩同时指出,"汉儒治《春秋》者,古学与今学互相攻击,如水火之不相容,凿枘之不相入,郑君起而折中之,从古学用《左传》说,从今学用《公羊》说"⑤,体现出其对郑玄调和《左传》、《公羊传》以折中今古文经的认同。应当指出的是,对于《公羊传》的引述,

---

① 十三经注疏整理委员会整理:《春秋公羊传注疏》,北京大学出版社2000年版,第4、8页。
② 江藩:《隶经文》卷四《公羊先师考》,第54页。
③ 江藩:《隶经文》卷四《公羊先师考》,第54页。
④ 江藩:《隶经文》卷四《公羊先师考》,第54页。
⑤ 江藩:《隶经文》卷二,第13页。

江藩所关注的主要停留于名物训诂方面。江著《隶经文》著录的《公羊迎亲辩》、《化我解》、《賨石解》、《肤寸说》等文,均属于考究古史湮晦事迹以及礼仪制度,其治学路数在于依经立说,据名物训诂寻求事实真相,典型的古文经学家路数。在《国朝经师经义目录》中,江藩所收录各家解释《春秋》之传,大多为《左传》及历数、族谱、事件、地理等方面的考释性著作,由此正可见江藩论学的聚焦点,亦为时代学风之所系。江藩对于《公羊传》张扬的"微言大义"不甚关注,而"微言大义"恰恰是今文学者的核心要素。江藩忽略此点,正如其重视汉学训诂而轻视宋学义理一样,弃"虚"而蹈"实",以考据性"实学"为汉学之正统,其余学术门径皆等而下之。然而,在江藩身后的数十年间,骎骎壮大的恰恰为今文经学,而非其所看重的"纯"汉学。

三、"尊戴"思想

梁启超叙述清代学术史,认为吴派、皖派说出于江藩《汉学师承记》。[①]《汉学师承记》第一次明确地将乾嘉汉学阵营划分为吴派和皖派,这种思想首先表现为卷帙编排先后以及两派学术地位的评价。或是因为传记著作体例的限制,江藩并未过多地着墨吴派、皖派学术观点的比较,而在卷帙编排方面,卷二、卷三列吴派于前,卷五、卷六列皖派于后。评价两派的学术地位,论道"三惠之学,盛于吴中;江永、戴震诸君,继起于歙。从此汉学昌明,千载沉霾,一朝复旦"[②],凸显吴派为清代汉学发展的开拓者。因此,章太炎认为江藩吴派后劲的身份,使得其对和吴派相对的皖派多有贬抑之词,正如章太炎所言:"甘泉江翁为《汉学师承》、《宋学渊源》两《记》,世多病其颛固。《汉学记》与戴君鉏铻。江翁受业余翁,余翁之学本吴惠君,坚贞守师,遂擅其门,以偏心訾异己。"[③]就《汉学师承记》编排而言,可以看出江藩明显突出吴派学者的地位。如江氏论汉学发展大势,言称自东吴惠氏之学起,"汉学之绝者千有五百余年,至是而粲然复章"[④]。苏州惠氏最擅长《周易》研究,江藩即对此大力表彰,而事实惠氏易

[①] 梁启超著,夏晓虹导读:《论中国学术思想变迁之大势》,第122页。
[②] 江藩、方东树著,徐洪兴编校:《汉学师承记(外二种)》,第8页。
[③] 章太炎:《章太炎全集》第四册《说林》,第120页。
[④] 江藩、方东树著,徐洪兴编校:《汉学师承记(外二种)》,第30页。

学亦有其不足,即如钱穆所言惠氏《易》学之"肆"。江藩为吴派学术后劲,绝口不言惠氏易学的不足,以为"《易》自王辅嗣、韩康伯之书行,二千余年,无人发明汉时师说。及东吴惠氏起而导其源疏其流,于是三圣之《易》昌明于世,岂非千秋复旦哉!"①,显然有其左祖吴派的论学倾向。

诚然,细究《汉学师承记》对皖派学人的评论,章太炎以为江藩与戴震"鉏铻",以及"坚贞守师,遂擅其门,以偏心訾异己"的评价,显得有深文圆纳的苛责之嫌。例如江藩论江永,谓"考永学行,乃一代通儒。戴君为作行状,称其学自汉经师康成后,罕其俦匹,非溢美之辞"②。在《汉学师承记》中,江藩围绕戴震《孟子字义疏证》及《原善》所展开的一系列论述,尤其反映出其对于皖派学人的总体评价。《孟子字义疏证》、《原善》为戴震的学术名作,是戴氏由名物训诂以达圣贤之道路径的集中体现。戴震以《孟子字义疏证》一书最为自负,自述"仆生平著述之大,以《孟子字义疏证》第一"。事实上,《孟子字义疏证》问世不久,即在学术界引发了巨大争议,各方意见褒贬不一。贬之者,如"当时中朝荐绅负重望者,大兴朱氏、嘉定钱氏,实为一时巨擘。其推重戴氏,亦但云训诂名物、六书九数,用功深细而已。及举《原善》诸篇,则群惜其有用精神,耗于无用之地"③;褒之者,若洪榜以为戴氏此作,"功不在禹下",并贻书与朱筠商榷,强调《孟子字义疏证》集中反映戴震论学旨趣。有关《孟子字义疏证》的学术争辩,可谓清代学术史上的一大公案。戴震学说的"天理"、"人欲"之辨,无疑触动了以程朱理学为代表的儒家正统思想。此处,值得着重关注的是江藩对洪榜贻书朱筠商榷一事所持有的态度。在《戴震传》中,江藩对《孟子字义疏证》在义理层面的发明只字未提,有学者据此以为,《汉学师承记》"纯为记载清代汉学之成就而设,于理学无所赞毁,观其叙述戴震生养之道存乎欲,感通之道存乎情之旨,绝不提戴氏之痛击宋儒天理人欲之异,可知其绝无门户之见矣。且程朱心学源本六经。清儒四子仍尊朱子,十三经特重汉儒。江氏此书,

---

① 江藩:《国朝经师经义目录》,江藩、方东树著,徐洪兴编校:《汉学师承记》,第163页。
② 江藩、方东树著,徐洪兴编校:《汉学师承记(外二种)》卷五《江永》,第93页。
③ 章学诚:《答邵二云书》,《章氏遗书逸篇》,《图书集刊》1942年第2期,第40页。按:章学诚《文史通义·内篇》有言:"戴著《论性》、《原善》诸篇,于天人理气,实有发前人所未发者,时人谓空说义理,可以无作。"此处"时人"当指朱筠、钱大昕等。

可谓有补于理学之渊源也"①;又有研究者据此认为,《汉学师承记》体现"江藩对戴震所阐发的'尊者以理责卑,长者以理责幼,贵者以理责贱,虽失谓之顺;卑者幼者贱者,以理争之,虽得谓之逆。于是下之人不能以天下之同情,天下所同欲达之于上,上以理责其下,而在下之罪,人人不胜数。人死于法,犹有怜之者,死于理,其谁怜之'的'理学杀人'的主张不满"②。实际上,讨论江藩对戴震学术评价的立场,需要关注的文献不仅在于江著《戴震传》,为《洪榜传》所著录的洪榜所贻朱笥河书亦为一份重要的资料。江藩言及此信缘由:"(洪榜)生平学问之道服膺戴氏。戴氏所作《孟子字义疏证》,当时读者不能通其义,惟榜以为功不在禹下。撰东原氏《行状》,载与彭进士尺木书,笥河师见之,曰:'可不必载,戴氏可传者不在此。'榜乃上书辨论。今行状不载此书,乃东原子中立删之,非其意也。藩是时在吴下,见其书,叹曰:'洪君可谓卫道之儒矣!'今录其文于左。"③细读此文,其间实表现出江藩对于戴震学术的钦佩。关于这一点,钱穆先生看得很明了,他说:"江藩《汉学师承记·洪榜传》称榜为'卫道儒',又全录其与朱笥河发明东原论学一书,可证其时不徒东原极推惠,而为惠学者亦尊戴,吴皖非分帜也。"④此外,江藩汇编《国朝经师经义目录》,以"言不关乎经义小学,意不纯乎汉儒古训者,不著录"为原则。在如此苛刻的著录前提下,《国朝经师经义目录》之"《论语》"条目之下赫然著录"《孟子字义疏证》三卷　戴震撰",也从另一侧面代表江藩对戴震学术的真实态度。《汉学师承记》收录戴震弟子孔广森的传文,对孔氏生平学术着墨不多,唯一全文收录《戴氏遗书序》,此序文较为详尽地阐述了戴学精神,江藩于序后作按语,称"广森深于戴氏之学,故能义探其原,言则于古也。世人徒赏其文词之工,抑亦末矣"⑤。既有此言论,江藩亦可谓深知戴学之人。

在戴震批判宋儒"以理杀人"这一问题上,江藩并未对戴著《孟子字义疏证》有过直接的评述。江藩有《姜嫄庙论》谈到"考之礼,妇人无庙,何以周、鲁

---

① 韦政通主编:《中国哲学辞典大全》,陈荣捷作"《汉学师承记》与《宋学渊源记》"条,世界图书出版公司1989年版,第745页。
② 三英:《江藩和他的〈国朝汉学师承记〉》,《古籍整理研究学刊》1992年第1期。
③ 江藩、方东树著,徐洪兴编校:《汉学师承记(外二种)》卷六《洪榜》,第116—117页。
④ 钱穆:《中国近三百年学术史》,第357页。
⑤ 江藩、方东树著,徐洪兴编校:《汉学师承记(外二种)》卷六《孔广森》,第124页。

皆有姜嫄庙"问题,解释为"此周之变礼也","圣人缘情制礼"①。即此而言,江藩在"情"和"礼"关系的理解上,似与戴震"遂情达欲"之说有相合之处。换句话说,江藩应当是赞同戴震的理学批判立场,这或许也是其看重《孟子字义疏证》的缘由。

综此而论,《汉学师承记》中《戴震传》、《洪榜贻朱笥河书》以及《戴氏遗书序》对戴震学说的阐释颇为明晰,此三篇文章构成了理解戴震为学精神的学术链条。江藩之学出于惠门,在吴派和皖派学术地位的编排上,列吴派为首,皖派次之,而《汉学师承记》着力表彰吴派,对于皖派尤其是戴震之学存在贬损评议。诚然,江藩未能像章学诚、洪榜那样重视戴震的义理之学,这或许与其轻视"空言"义理而注重训诂考据的理念有关。关于皖派学人评价,以及对戴学精神的整体把握上,《汉学师承记》大体做到了客观公允。

---

① 江藩:《隶经文》卷二《姜嫄庙论》,第22—23页。

第六章　吴派的汉宋观

讨论儒学的思想流变,必然言及汉学、宋学。四库馆臣有言:汉代以后二千年间,儒者沿波,学凡六变,而其归宿,则不过汉学和宋学两家互为胜负,"汉学具有根柢,讲学者以浅陋轻之,不足服汉儒也;宋学具有精微,读书者以空疏薄之,亦不足服宋儒也。消融门户之见而各取所长,则私心祛而公理出,公理出而经义明矣"[①]。其后,清儒王筠同样以为:"自古学者,不外汉宋两途。为汉学者,讥宋为师心自用;为宋学者,讥汉学为食古不化。纷如聚讼,势欲操戈,皆为气运所转移,而不自知也。"[②]所谓汉学是指许慎、郑玄为代表的经学,而宋学则是以程颐、程颢及朱熹为代表的理学。到了清代,汉宋学论更是理解乾嘉学术的一大枢纽,梁启超品评清代学术的源流变迁,即以雍正、乾隆年间的汉宋问题为一关键时段。[③] 以此,探讨吴派的学术风格,汉宋学论亦为不可不辨的命题。

第一节　惠氏的汉宋学论

章太炎讲述清代学术系统有言:清初亦有理学先生,后来汉学家出,尚不敢菲薄理学,"惠栋之流,说经虽宗汉,亦不薄宋"[④]。至于惠栋论学如何"宗汉"而"不薄宋",章氏未曾明言。就时人意见来说,以东吴惠氏为代表吴派学者的汉宋观,可以"六经尊服郑,百行法程朱"一语概之。此语出自江藩《宋学渊源记》:"近今汉学昌明,遍于寰宇,有一知半解者,无不痛诋宋学。然本朝为汉学者,始于元和惠氏,红豆山房半农人手书楹联云:'六经尊服、郑,百行法

[①] 永瑢等:《四库全书总目》卷一《经部总叙》,第1页。
[②] 王筠:《学论》,《清诒堂文集》,齐鲁书社1987年版,第34页。
[③] 梁启超著,夏晓虹导读:《论中国学术思想变迁之大势》,第133页。
[④] 章太炎先生讲,柴德赓记:《清代学术之系统》,《师大月刊》1934年第10期。

程、朱。'不以为非,且以为法,为汉学者背其师承,何哉? 藩为是记,实本师说。"①依江藩所言,"六经尊服郑,百行法程朱"为惠士奇手书楹联语,而惠氏汉宋观正可由此观之。那么,如何解读其中蕴意则尤为关键。钱穆《经学大要》讲义谈到惠氏对于宋学的态度,即引述惠士奇手书楹联立论:"惠定宇就作《易汉学》一书来讲,所以后来人讲汉学,一定推举吴派,一定要推举惠氏祖、父、孙三代。那么他们是不是只讲汉学而不讲宋学呢? 其实不是的。惠家大厅有副楹联:'六经尊服郑,百行法程朱。'下联'百行法程朱',修身、齐家、治国、平天下,乃至于日常生活一切行为,都师法程朱。程朱就是宋学,可见我们举乾嘉当时最足以代表的经学大师,他家传并不反宋学,不然怎么有这楹联呢? 上联'六经尊服郑',这才始是汉学。所以我们讲到乾嘉学派,讲到清朝人最推尊的惠氏三世传经,他们讲的汉朝经学,不过讲从前汉朝经学怎么讲的,现在人不知道了,他来考据,他来讲。惠氏一家,拿这副楹联十个字可以证明,并不是专讲汉学的,更不是反对宋学的。"②张舜徽同样指出:清代朴学之兴起发端于顾炎武,大抵清代朴学家治学的规模次第,莫不尊奉顾炎武为大师,"顾氏宗仰朱熹,而朴学家如吴之惠栋,皖之江永,都继承了这一传统。惠栋的父亲惠士奇,自书楹联有云'六经尊服郑,百行法程朱'"③。顾炎武论学宗仰朱子,惠栋对于这一传统也有继承,此点应当没有疑义,而问题在于,从惠士奇所书楹联来看,吴门惠氏所宗仰的程朱理学,被尊奉为"百行"效法的地位。以此,惠氏汉宋观则可从"学"与"行"两个层面分别观之。

对惠士奇手书十字楹联的内涵如何理解,关乎惠氏学说中的宋学观问题,在作进一步解释前,不妨引述惠士奇有关汉学、宋学关系的论述。惠栋《九曜斋笔记》有"趋庭录"条,"趋庭"一语,源出《论语》"趋而过庭",意谓随侍而受教于父,后世多有录庭闻训诫之作而名"趋庭录"。惠栋"趋庭录"记录惠士奇论学之语有云"先君言:宋儒可与谈心性,未可与穷经。栋尝三复斯言,以为不朽";"宋儒谈心性直接孔孟,汉以后皆不能及。若经学则断推两汉";"宋儒经学不惟不及汉,且不及唐,以其臆说居多而不好古也";"章句训诂,知也;洒扫

---

① 江藩:《宋学渊源记》卷上,江藩、方东树著,徐洪兴编校:《汉学师承记(外二种)》,第187页。
② 钱穆:《讲堂遗录》之《经学大要》,《钱宾四先生全集》,台北联经出版事业有限公司1998年版,第883—884页。
③ 张舜徽:《清代扬州学记》,上海人民出版社1962年版,第7页。

应对,行也。二者废其一,非学也";"汉有经师,宋无经师。汉儒浅而有本,宋儒深而无本,有师与无师之异。浅者勿轻疑,深者勿轻信,此后学之责"。①《九曜斋笔记》又有"汉宋"条,语谓:"汉人经术,宋人理学,兼之者乃为大儒。"②依惠栋所述,可知惠士奇"六经尊服郑"之"尊",在于尊崇汉代儒者经说;"百行法程朱"之"法",在于效法宋代儒者立身。"百行法程朱"所"法"者,主要表现为政治实践和道德说教层面,即修身处世的形而下践履,摒弃了程朱学派对于"性命"、"义理"问题的深度思考,转于其立身行事,张扬理学在道德伦理层面的教化意义。事实上,宋儒思辨哲学的"玄而又玄"主要表现为"心"、"性"等问题的探讨,宋儒思想中原本属于形而上范畴的"心"、"性"之辨,在惠士奇的思想体系中被纳入形而下的践履,从道德伦理的角度予以阐释。明清鼎革之际,晚明士大夫遭逢失国之痛,抨击阳明后学空言心性无益于世用,发起强势的"理学清算"浪潮,从"节性复礼"层面探求"心"、"性"、"理"、"道"诸问题,形而上本体化之"理"归诸形而下社会伦理之"礼"。惠士奇"六经尊服郑,百行法程朱"的学术理念可以说在一定程度上昭示了清初以至乾嘉间的学风转变。

进而言之,"六经尊服郑,百行法程朱"亦带有明显的"尊汉抑宋"倾向,在具体治学中则表现为批判宋明理学,张扬汉代经学。惠士奇以汉学去古未远,主张为学取径在于"经之义存乎训,识字审音,乃知其义,故古训不可改"③,如在解《易》问题上力主否定宋《易》图书派而复兴汉易,从而颠覆了宋儒治学的方法论乃至宋学的思想体系。

第二节 江藩的汉宋学论

江藩为吴派殿军,为学谨守汉儒治经家法,同时注重宋学心性之功,于《宋学渊源记》援引惠士奇手书楹联表明其对汉学、宋学的态度。"六经尊服郑,百行法程朱"的思想内涵在《汉学师承记》中也有反映。江藩于《汉学师承记》彰显著录传主的汉学思想,对其义理之学则不甚关注,至于传主在"思想"或"哲

---

① 惠栋:《九曜斋笔记》卷二《趋庭录》,第38—39页。
② 惠栋:《九曜斋笔记》卷二《汉宋》,第16页。
③ 江藩、方东树著,徐洪兴编校:《汉学师承记(外二种)》卷二《惠士奇》,第28页。

理"方面的叙述基本阙如,使得传主学术思想的整体面貌隐而不彰。例如江藩评价黄宗羲、顾炎武论学"皆深入宋儒之室",可谓把握了二氏的学术渊源,至于传文内容对黄、顾之宋学则着墨不多。《汉学师承记》有关黄宗羲、顾炎武传文主要采择于全祖望《鲒埼亭集》中《梨洲先生神道碑文》及《亭林先生神道表》两文[1],而较之于《鲒埼亭集》所录原文,江著传文多有删改。如全祖望谓黄宗羲习"十三朝实录"[2],江著改为习"十三经"[3];全氏谓"慈水寨主沈尔绪祸作,亦以公为首。其得以不死者,皆有天幸,而公不为之慑也"[4],江著改为"慈水寨主沈尔绪难作,牵连宗羲,大帅遣人四处搜捕,乃挈眷属伏处海隅,草间苟活"[5];全氏称黄宗羲论学"以濂洛之统,综会诸家;横渠之礼教,康节之数学,东莱之文献,艮斋、止斋之经制,水心之文章,莫不旁推交通,连珠合璧,自来儒林所未有也"[6],江著传文对此段陈述悉数刊落。再看江藩论黄宗羲为学要旨:"宗羲之学,出于蕺山,虽姚江之派,然以慎独为宗,实践为主,不恣言心性,堕入禅门,乃姚江之诤子也。又以南宋以后,讲学家空谈性命,不论训诂,教学者说经则宗汉儒,立身则宗宋学。"[7]江藩此处凸显黄宗羲之"实践",所谓"不恣言心性"云云,正是江氏论学立场的表述。传文又称黄宗羲为阳明"诤友",一个"诤"字,透露出江藩本人对阳明后学专就心性转向空疏的不满。在顾炎武传文处理上,江藩也有类似删改,江著传文对于黄、顾学说的叙述已失于偏颇。

如前所述,为了张扬有清一代的汉学成就,江藩在《汉学师承记》的撰述中,对于传主的宋学思想多有隐匿、忽略乃至删改处,江著也因之存在诸多不足甚至有失公允的评述。例如《凌廷堪传》对凌氏的生平、治史和诗词叙述颇详,对其学术重心的礼学思想叙述得极为简略,仅有"邃于《士礼》"寥寥数语。[8] 事实上,江藩本人深知凌廷堪在礼学方面的成就,所作《校礼堂文集序》

---

[1] 全祖望著,朱铸禹汇校集注:《全祖望集汇校集注》,上海古籍出版社2000年版,第212、226页。
[2] 全祖望著,朱铸禹汇校集注:《全祖望集汇校集注》,《鲒埼亭集》卷十一《梨洲先生神道碑文》,第214页。
[3] 江藩、方东树著,徐洪兴编校:《汉学师承记(外二种)》卷八《黄宗羲》,第148页。
[4] 全祖望著,朱铸禹汇校集注:《全祖望集汇校集注》,《鲒埼亭集》卷十一《梨洲先生神道碑文》,第219页。
[5] 江藩、方东树著,徐洪兴编校:《汉学师承记(外二种)》卷八《黄宗羲》,第150页。
[6] 全祖望:《全祖望集汇校集注》,《鲒埼亭集》卷十一《梨洲先生神道碑文》,第212页。
[7] 江藩、方东树著,徐洪兴编校:《汉学师承记(外二种)》卷八《黄宗羲》,第151页。
[8] 江藩、方东树著,徐洪兴编校:《汉学师承记(外二种)》卷七《凌廷堪》,第144页。

称凌氏"精于三礼,专治十七篇,著《礼经释例》一书,上绍康成,下接公彦,而《复礼》三篇则由礼而推之于德性,辟蹈空之蔽,探天命之原,岂非一代之礼家乎!"①。两相比较,可见《汉学师承记》对于凌廷堪学术思想的叙述不足,这也是江著作为学术史论著的明显问题。

谈到宋学的学术精神,江藩以为:"朱子主敬,大《易》'敬以直内'也;陆子主静,《大学》'定而后能静'也;姚江'良知',《孟子》'良知'、'良能'也。其末节虽异,其本则同,要皆圣人之徒也。"此处,江藩承认宋儒之学承继圣贤之道,均属于圣学一脉的传承,不过,对理学在"性"和"道"问题上偏于精微思辨的学术倾向,江藩则给予了足够批判,"陆子一传为慈湖杨氏,其言颇杂禅理,于是学者乘隙攻之,遂集矢于象山。讵知朱子之言又何尝不近于禅耶?盖析理至微,其言必涉于虚而无涯涘,斯乃'贤者过之'之病,中庸之所以为难能也"。实际上,江藩论学并非截然反对"析理",唯主张把握一个相对尺度,过则近于虚、近于禅。江藩从学术发展的逻辑推理入手,对理学热衷于精微思辨而落于"蹈空之蔽"的阐释别具眼光。在江藩看来,"儒生读圣人书,期于明道,明道在于修身,无他,身体力行而已"②。以此亦可见江藩对宋学家修身立世的推崇,这一点也正是其著述《宋学渊源记》的特别着力处。对于为宋学者攻讦汉儒,江藩亦有所反驳:"周、程、张、朱所读之书,先儒之义疏也。读义疏之书,始能阐性命之理,苟非汉儒传经,则圣贤传久坠于地,宋儒何能高谈性命耶",强调汉儒传经为宋儒治学的必要前提,后来者攻击郑玄不遗余力,可谓"数典而忘其祖";江藩还以朱熹论学尊崇郑康成为例,谓朱子曾言"康成是好人"、"康成是大儒"、"康成毕竟是大儒","朱子服膺康成如此,而小生竖儒妄肆诋诃,果何谓哉"。③ 江藩之所以三复斯言,本意在于借朱子之口为汉学家正名,进而树立汉学居于正统的学术地位。

江藩书写清代学术史,既有《汉学师承记》彰显服虔、郑玄,又以《宋学渊源记》效法二程、朱熹,有学者据此评述江藩的学术思想为汉宋兼采。例如钟泰所言:"江藩作《汉学师承记》,极力标榜汉学,亦取孙、李诸儒,纂为'宋学渊源'

---

① 江藩:《校礼堂文集·序》,凌廷堪著,王文锦点校:《校礼堂文集》,第3页。
② 江藩:《宋学渊源记》卷上,江藩、方东树著,徐洪兴编校:《汉学师承记(外二种)》,第186—187页。
③ 江藩:《宋学渊源记》卷上,江藩、方东树著,徐洪兴编校:《汉学师承记(外二种)》,第186页。

一记。谓:'惧斯道之将坠,耻躬行之不逮。愿学者求其放心,反躬律己,庶几可与为善。'(《宋学渊源记序》)其欲调停两家之意,委曲可见。"①钟氏以江藩有《汉学师承记》、《宋学渊源记》叙述清代学术,其间显露出江藩"欲调停两家"的倾向,这一评论似未契合江藩本意。就汉宋学术关系而言,汉学确有承继宋学而起的成分,宋学亦为乾嘉汉学家所无法回避的命题。然而,评判、认定学者的学术立场应从整体上加以把握。江藩作《宋学渊源记》彰扬宋学,固然是事实,然而其所侧重张扬的实为宋学家的立身行事,以及宋学的伦理道德价值,即程朱之学修身处世的形而下践履层面,为"百行法程朱"所"法"之内容,而摒弃宋学对"性命"、"义理"等问题的探讨。江藩读过《宋本四书》,其关注目光停留于宋本的版本价值,即校勘学上的意义,而未深究版本差异背后的学术议题,尤其是朱子对"性"、"道"的阐释。② 在江藩看来,"濂洛关闽之学,不究礼乐之源,独标性命之旨。义疏诸书,束置高阁,视如糟粕,弃等弁髦。盖率履则有余,考镜则不足也"③。江藩对于宋学形而上思辨层面诋厉有加而未尝稍假辞色,抨击宋学"空谈性命"谓"有宋一代,窃汉儒仁义礼智之绪余,创为道学性理之空谈,其去经旨弥远"④,又称"宋儒性命之学,自谓直接孔孟之原,然后所谓因其所发而遂明之以复其初,实本李翱《复性书》,以虚无为指归,乃佛氏之圆觉,不援墨而自入于墨矣。其谓反求之六经者,不式古训,独骋知识,亦我用我法而已。与陆子静六经为我注脚之言,何以异乎";宋儒"玄而又玄"的思辨哲学,主要表现在对"心"、"性"问题的讨论上。在江藩学术视域中,宋儒原本属于形而上思辨范畴的"心"、"性"议题,反被纳入形而下践履层面,置于伦理教化的角度加以阐释,言称:"盖性有五:木神则仁,金神则义,火神则礼,水神则信,土神则知,阳之施也。情有六:喜在西方,怒在东方,好在北方,恶在南方,哀在下,乐在上,阴之化也。圣人恐阴之疑于阳也,制礼乐以节之。《召诏》曰'节性',《中庸》曰'喜怒哀乐之未发谓之中,发而皆中节谓之和'是已。《孝经说》曰:'性者生之质命,人所禀受也。至于三科之寿命、遭命、随命,亦禀于天者,务仁立义,毋滔天以绝命,是谓知命之君子。'此皆七十子之微言

---

① 钟泰:《中国哲学史》下,辽宁教育出版社1998年版,第297页。
② 江藩:《半毡斋题跋》卷上《宋本四书》,商务印书馆1936年版,第2页。
③ 江藩、方东树著,徐洪兴编校:《汉学师承记(外二种)》卷一,第6页。
④ 江藩:《隶经文》卷四《徐心仲〈论语疏证〉序》,第57页。

大义,古圣贤性命之说不外是矣。后人不求之节性复礼,而求之空有,云'复其性,复其初',即法秀'时时勤拂拭,免使惹尘埃'偈语之义。是不知此义在彼法中已为下乘。今窃其说而津津乎有味言之,岂不谬哉?"①江氏批评后世儒者实即宋儒论学堕入佛学,陷于虚无,力主从"节性复礼"层面推求儒家性命之论。

进而言之,"六经尊服郑,百行法程朱"可以说是吴派汉宋观的集中反映,在治学层面返于汉儒,本诸六经论学,立身行事则偏于宋儒的德行践履,批判其就性命、义理的空谈,对于"性"、"理"问题,从"节性复礼"层面加以探求,归于形而下的社会伦理之"礼"而止,此种取向亦可谓清初"弃虚蹈实"学风之余绪。事实上,在汉宋学论问题上,非但吴派学者抱持"六经尊服郑,百行法程朱",乾嘉学界对于宋学同样持有"一分为二"的评价。如邵晋涵与章学诚谈到编修《宋史》的宗旨所言:"宋人门户之习,语录庸陋之风,诚可鄙也。然其立身制行,出于伦常日用,何可废耶?士大夫博学工文,雄出当世,而于辞受取与、出处进退之间,不能无箪豆万钟之择,本心既失,其他又何议焉?"②钱大昕有诗盛赞朱熹躬行自修,诗云:"孔孟已远,吾将安归?卓哉紫阳,百世之师。主敬立诚,穷理致知。由博近约,大醇无疵。山高海深,日丽星垂。浩然元气,入人心脾。庆元党禁,守正靡移。立德不朽,斯文在兹。"③阮元亦言"近之言汉学者,知宋人虚妄之病,而于圣贤修身立行大节略而不谈,乃害于其心其事",进而以为"两汉名教得儒经之功,宋明讲学得师道之益,皆于周孔之道得其分合,未可偏讥而互诮也"④。阮氏以汉宋学术相提并论,对于宋学的关注点在于德行教化方面。乾嘉时期,汉学如日中天,宋学则高居庙堂,在此时代环境下,推崇汉儒之治学、尊尚宋儒之立身,可以说是乾嘉学者治学立身精神之所在。

---

① 江藩:《隶经文》卷四《书阮云台〈尚书性命古训〉后》,第57—58页。
② 章学诚:《章氏遗书》卷十八《邵与桐别传》,文物出版社1982年版,第177页。
③ 钱大昕:《潜研堂文集》卷十七《朱文公三世像赞》,钱大昕著,陈文和主编:《嘉定钱大昕全集》(九),第263—264页。
④ 阮元:《揅经室一集》卷二《拟国史儒林传序》,第37页。

第七章　吴派的辐射与回响

从学术史视角观察吴派的影响，乾嘉学人之间的互动关系值得关注，然而其中也存在相当"风险"。考察乾嘉学人思想的渊源传承，既需要讲求史实依据的可信，应当着重于其相关度的比较阐述，正如钱穆所指出的，"思想之事，固可以闭门造车，出门合辙，相视于莫逆，相忘于无形者"，至于学人学术之交际，"学者于交游诵读间，固可以多方启发，自得深造，不必坚执一二端，以臆定其思想渊源之所自"。① 惠栋为吴派学术之集大成者，一生未得闻达而介然自守，学问德性为时人所敬重。陈黄中所撰墓志铭有言："（惠栋）终身学汉人之学，曾不得一遭汉儒之遇，而处之固然，耿耿自信，不为穷达所移，斯可谓笃信善道之君子已。然君晚岁，遇虽益蹇，名益高，四方士大夫过吴门者，咸以不识君为耻，人亦以小红豆称之。其所以绍门风者，盖不以爵而以德也。君为人，通不随波，介不绝俗，为学广博无涯涘。"② 在乾嘉学界，戴震、王鸣盛、钱大昕等一时通儒与惠栋多有交游，从诸人交游论学中颇可见吴派学术的辐射及其回响。

第一节　惠栋与戴震

乾嘉汉学有吴派与皖派之分，吴派以惠周惕、惠士奇、惠栋为代表，至惠栋而集大成，惠氏弟子江声、余萧客承继师说以成专门之学；皖派以江永、戴震为代表，至戴震而集大成，戴氏弟子段玉裁、洪榜、凌廷堪推衍其说，其学益精。惠栋和戴震为吴派和皖派两派的学术巨擘，彼时汉学阵营以及后来学者，如王昶、王鸣盛、任兆麟、洪亮吉、凌廷堪、汪中、江藩等已有惠、戴并立的相关论断。惠栋和戴震的关系可以说是研究清代学术史尤其是乾嘉汉学无法回避的焦点

---

① 钱穆：《中国近三百年学术史》，第393页。
② 陈黄中：《惠征君栋墓志铭》，钱仪吉、缪荃孙等辑：《清代碑传全集》，第674页。

议题。

乾隆三十年(1765)冬,戴震在《题惠定宇先生授经图》回忆了和惠栋的见面以及对惠门弟子学说的评价:

> 前九年,震自京师南还,始睹先生于扬之都转盐运使司署内。先生执震之手言曰:"昔亡友吴江沈冠云尝语余,休宁有戴某者,相与识之也久。冠云盖实见子所著书。"震方心讶少时未定之见,不知何缘以入沈君目,而憾沈君之不及觏,益欣幸获觏先生。明年,则又闻先生又殁于家。今徒拜观先生遗像,曰《授经图》者。盖先生之学,直上追汉经师授受欲坠未坠蒙蕴积久之业,而以授吴之贤俊后学,俾斯事逸而复兴。……震入都过吴,复交于先生令子秉高,与二三门弟子,若江君琴涛、余君仲林,皆笃信所授,不失师法,先生之学有述者,是先生虽已云逝,而謦欬仍留。震方慨然于徒接先生画像,而吴之贤俊后学,彬彬有汉世郑重其师承之意,可不谓幸与! 可不谓幸与!①

据此可知,乾隆二十二年(1757)冬,戴震北游南旋,途经扬州,和惠栋相见于两淮盐运使卢见曾司署。依戴震回忆所言,两人见面时,惠栋紧握戴震的手,讲述此前已从亡友沈彤处知晓戴震,作为后学的戴震则以得见惠栋为"欣幸",对其学术充满钦佩之情。惠、戴当日见面商讨的学术话题,已不可得知,不过有理由相信的一点是二人交谈的气氛颇为"融洽",戴震弟子凌廷堪曾说惠、戴扬州之会"论学有和";②对于惠门子弟以及吴地学风,戴震也特别指出其"笃信所授,不失师法"以及"彬彬有汉世郑重其师承之意"的特点和风格。

事实上,在戴震和惠栋相见之前,戴震对于东吴惠氏学术已有关注,戴氏论著也多引述惠说以为立论的佐证。戴震《考工记图注》卷上、卷下对惠士奇论说已有引证,此书作于乾隆二十年(1755)③,当时与惠栋并未相识。戴震《尚书义考》引述惠栋《九经古义》之《尚书古义》,并对惠说之疑多有辨析,《九经古义》为惠栋早年所作,《尚书古义》约成于1735年前后,戴震《尚书义考》为未

---

① 戴震:《题惠定宇先生授经图》,《戴震全书》(六),第504—505页。
② 凌廷堪:《戴东原先生事略状》,凌廷堪著,王文锦点校:《校礼堂文集》,第312页。
③ 段玉裁撰,杨应芹订补:《东原年谱订补》,《戴震全书》(六),第657页。

竟之作,成书年月不详,但亦说明戴震对于惠栋学说的关注。

惠栋和戴震相识之年,戴震年仅三十五,而惠栋已六十一,并于翌年下世。关于惠栋的学说思想,前文已有论述,今略述戴震当时的学识修养。在惠栋和戴震相识当年,戴震已完成《经考》的写作,并有《与是仲明论学书》。①《经考》和《经考附录》为戴震的读经札记,涉及《周易》、《尚书》、《诗经》、《礼经》、《春秋》、《论语》、《孟子》、《尔雅》、《孝经》、《孔子家语》、《石经》诸书。戴震摘录群书内容,援引各家注疏,自加按语立说。戴震对程颐、朱熹、邵雍、张载等理学家言论也有一定征引,同时包括汉之郑玄、马融,唐之陆德明、孔颖达,宋之王应麟、欧阳修、晁公武、陈振孙以及宋元之际的马端临等等。值得注意的是,戴震还关注到明末清初的一批学者,《经考》、《经考附录》对顾炎武、阎若璩、胡渭、朱彝尊、黄宗羲、黄宗炎、毛奇龄等解经观点均有引用,其中,所引顾氏《日知录》、阎氏《尚书古文疏证》、胡氏《禹贡锥指》、朱氏《经义考》几不胜数,《经考》、《经考附录》的《尚书》部分则引述阎若璩最多,几乎可以称为《尚书古文疏证》的读书札记。如所周知,顾炎武、阎若璩、胡渭、朱彝尊等学者,特别是顾、阎二氏一贯被视为乾嘉汉学的学术开山。戴震在著述中对此辈学者心存敬意,对其学说抱持着密切的关注。周兆茂在戴震《经考》、《经考附录》"整理说明"中将两书视为戴震早期尊奉程朱理学之学术路向的代表作。诚然,两部著作中确有材料表明戴震对于程朱理学的认同,若据此认定早期的戴震为"程朱理学的坚定信徒"②、"程朱理学的干城"③,则值得商榷。《经考》、《经考附录》两书似不足以说明戴震此时的论学立场为程朱理学的捍卫者,此时的戴震所显露出的,恰恰是和惠栋合拍的比较明显的汉学倾向。

戴震论学,讲求"读古人书,贵心通乎道"④。《与是仲明论学书》一文言及治学体悟云:"经之至者道也,所以明道者其词也,所以成词者字也。由字以通其词,由词以通其道,必有渐。"⑤在《题惠定宇先生授经图》一文,戴震以惠栋之学"直上追汉经师授受欲坠未坠貌蕴积久之业,而以授吴之贤俊后学,俾斯事

---

① 关于戴震《经考》成书年代,参见路新生:《戴震〈经考〉、〈与是仲明论学书〉的成书年代和学术价值》,《经学的蜕变与史学的"转轨"》,上海古籍出版社2006年版,第44—72页。
② 戴震:《经考》"经考说明",《戴震全书》(二),第189页。
③ 戴震:《经考》卷五《尔雅》,《戴震全书》(二),第359页。
④ 戴震:《经考附录》卷四《变乱〈大学〉》,《戴震全书》(二),第547—548页。
⑤ 戴震:《与是仲明论学书》,《戴震全书》(六),第370页。

逸而复兴",并称"松崖先生之为经也,欲学者事于汉经师之训故,以博稽三古典章制度,由是推求理义,确有据依。彼歧训故、理义二之,是训故非以明理义,而训故胡为？理义不存乎典章制度,势必流入异学曲说而不自知,其亦远乎先生之教矣"。① 对比《经考》和《题惠定宇先生授经图》论学之语,可见戴震治学以"明道"为宗旨,却绝非空所依傍,而是选择由音韵训诂之学探求经典微言大义,即"下学"而"上达"的学术取径。在和惠栋相识时,三十五岁的戴震在治学上对于一己精神之贯注已有见解,在论学上相近的话语为二人间的交流提供了良好的基础。正因如此,惠栋和戴震之会"一见订交"②。从现有文献来看,可以肯定的一点,惠栋对于戴震为学的影响主要在于治学取径。较之于戴震早年为学"无所专主",惠栋则有其深厚的家学积淀,戴震承惠栋而起成为乾嘉汉学一代宗师。

戴震论学有早期和晚期之分,学界对此已有讨论,然而其间究竟经历怎样的转变,大致存在两种意见。一种观点认为戴震学说由早岁"博闻强识"到晚岁"窥于性道"。此说最早见于洪榜,洪氏在《戴先生行状》论戴震为学之本末次第云："盖先生之为学,自其早岁稽古综核,博闻强识,而尤长于论述。晚益窥于性与天道之传,于老庄、释氏之说入人心最深者,辞而辟之,使与六经孔孟之书截然不可以相乱。"③其后,王昶《戴东原先生墓志铭》、任兆麟《戴东原先生墓表》均本洪氏之说。王昶论学羽翼惠栋,与戴震亦相友善,曾为二人作墓志铭,明晓两家论学之宗旨,其论惠栋和戴震学术之异云："(惠栋)论经述必宗汉魏,六朝次之。其于史子诸书,亦必取自唐以前。六书从《说文》,辅以《玉篇》、《广韵》,所著书凡十余种。先是,东南文士,疏于经谊,百有余年,及征君出而古学大昌。……时休宁戴东原震,均以经学称,且长于九章三角之术。但所宗在江氏慎修,多采宋元之说,与征君钻研汉学者不同。"④另一种观点认为戴震学说经历了由早期"尊奉程朱"到晚期"张扬汉学"。此说最早见于钱穆。钱著《中国近三百年学术史》以1757年惠、戴扬州之会作为转折点,认为"东原

---

① 戴震：《题惠定宇先生授经图》,《戴震全书》(六),第504—505页。按："三古"似当作"上古"或"三代"。
② 洪榜：《戴先生行状》,钱仪吉、缪荃孙等辑：《清代碑传全集》,第268页。
③ 洪榜：《戴先生行状》,钱仪吉、缪荃孙等辑：《清代碑传全集》,第267页。
④ 王昶著,周维德辑校：《蒲褐山房诗话新编》,第52页。

论学之尊汉抑宋,则实有闻于苏州惠氏之风而起"①,据此将戴震学说作出第一期和第二期的划分,其弟子余英时亦持此说。

钱穆从考察惠栋和戴震的学术渊源出发,认为"戴学从尊宋述朱起脚,而惠学则自反宋复古而来"②,"以徽学与吴学较,则吴学实为急进,为趋新,先走一步,带有革命之气度;而徽学以地僻风淳,大体仍袭东林遗绪,初志尚在阐朱,并不如吴学高瞻远瞩,划分汉宋,若冀越不同道也"③。由此,钱氏认为惠栋对于戴震的学术影响主要表现为两个方面:一则以戴震受到惠栋"经之义存乎训"学术理念的影响,一则以戴震的义理学著作受到惠栋《易微言》影响。依钱穆之见,戴震《原善》三篇,大约在游扬州识惠栋以后,戴震论学至是始变,"松崖治《易》,既主还复于汉儒,而汉易率主象数占筮,少言义理,故松崖又为《易微言》,会纳先秦、两汉诸家与《易》辞相通者,依次列举,间出己见。……大抵上卷言天道,下卷言人道,所谓义理存乎故训,故训当本汉儒,而周秦诸子可以为之旁证也。当时吴派学者实欲以此夺宋儒讲义理之传统,松崖粗发其绪而未竟";惠栋义理学未能通达之缘由,在于"学者精力有限,松崖已靡精耗神于此(指《周易述》),不得复深探潜索于彼(指《易微言》),故虽抽其绪而未究厥奥也"。④ 长久以来,学界对于惠栋的义理学思想关注不多,讨论惠学者极少言之,⑤钱穆注意到惠栋的义理思想,并据以阐述戴震思想前后变化,确有其独到卓识。就惠栋的义理学而言,惠氏学术博及群经,尤其擅长易学,对于《周易》的探究大致涵括批判宋代图书派易学、钩稽追考汉易源流以及阐述易学微言三方面。惠栋以《周易》蕴含"天人之道",寻求《易经》义理为论易旨归之所在。惠氏易学著述已可见《易》理之探求,如《易例》有《诗》尚中和,《礼》、《乐》

---

① 钱穆:《中国近三百年学术史》,第 355 页。
② 钱穆:《中国近三百年学术史》,第 353 页。
③ 钱穆:《中国近三百年学术史》,第 354 页。
④ 钱穆:《中国近三百年学术史》,第 358—359 页。
⑤ 黄顺益:"惠栋晚年所瘁力的《易微言》,有不少义理思想的言论。惜乎一般言惠栋之学者,绝大多数都未留意及惠栋的此一学术倾向。例如:蒋维乔所编述的《中国近三百年哲学史》,就只以为'惠栋之长乃在书中字义的整理贯通,于思想实无可述';而后像侯外庐《中国近世思想史》、陆宝千《清代思想史》,于惠栋之思想也都无所述;近年大陆学者王茂等所著的《清代哲学》,也不言及惠栋;朱伯崑所著的《易学哲学史》,在介绍了惠栋的《易》学名著《易汉学》、《周易述》之后,更直截地指出:'惠栋只是个考据学者,而不是哲学家。'"(黄顺益:《惠栋的成学历程》,《人文及社会科学教学通讯》2000 年第 11 卷第 5 期)

尚中和,《春秋》尚中和,君道尚中和,建国尚中和诸条阐述"中和"之义;《松崖文钞》卷一《易论》则阐发《周易》尚"时中"之义;①《易微言》对于天人、理欲也有专门论述,如释"理"字一段文字:"理字之义,兼两之谓也。人之性,禀于天性,必兼两。在天曰阴与阳,在地曰柔与刚,在人曰仁与义,兼三才而两之,故曰性命之理。《乐记》言天理,谓好与恶也,好近仁,恶近义。好恶得其正,谓之天理。好恶失其正,谓之灭天理。《大学》谓之拂人性。天命之谓性,性有阴阳、刚柔、仁义,故曰天理。后人以天人、理欲为对待,且曰天即理也,尤谬。格物致知,穷理之事,正心诚意,尽性之事,性尽理穷,乃天下至诚也。故至于命上天之载,无声无臭至矣,是也。"②惠栋此处直言"后人"以天人、理欲为对待的"天即理"说尤为谬误,实即批判二程、朱熹的"理"、"欲"对立论。无独有偶,钱大昕对于朱熹《论语集注》"天即理"论也有诟病、驳难,《十驾斋养新录》"天即理"条云:"宋儒谓性即理,是也;谓天即理,恐未然。'获罪于天,无所祷',谓祷于天也,岂祷于理乎?《诗》云'敬天之怒'、'畏天之威'。理岂有怒与威乎?又云'敬天之渝',理不可言渝也。谓理出于天则可,谓天即理则不可。"③钱氏此论,显然和惠栋所言同调。

若论吴派、皖派师承渊源,江永虽为皖派开山,却不及吴派渊薮之远,然而皖派学术自戴震《孟子字义疏证》出而放一大光辉,入于新境界。《孟子字义疏证》和惠栋义理学相近,而戴震有其明确的"求道"意识,其可贵处在于独树一帜地融会六经而揭示义理,既"博"又"约",有着自觉的哲学识断,对儒家经典《孟子》的阐述提升到理论高度,直指理学之根基的要害问题。大体而言,吴派学人缺乏戴震"求是"要于"求古"的意识。从三惠一直到江声、余萧客缺乏对于儒家经典义理的阐释,而戴震本人已然出类拔萃。弟子段玉裁评价其师学问之道,也谈到义理学的价值:"先生之治经,凡故训、音声、算数、天文、地理、制度、名物、人事之善恶是非,以及阴阳气化、道德性命,莫不究乎其实。盖由考核以通乎性与天道,既通乎性与天道矣,而考核益精,文章益盛。用则施政利

---

① 惠栋:《松崖文钞》卷一《易论》,第267—268页。
② 惠栋撰,江藩补,袁庭栋整理:《周易述》附《易微言下》之《理》,第678—679页。
③ 钱大昕著,杨勇军整理:《十驾斋养新录新注》,上海书店出版社2011年版,第45页。

民,舍则垂世立教而无弊。"①吴派学者未能最终达到由下而上,其短处显而易见。事实上,惠栋本人并非缺乏义理层面的修养,其易学著述即每每涉及义理,《周易述》《易微言》亦非皮相之论。皮锡瑞以为惠栋生当汉学初兴之时,论学"多采掇而少会通,犹未能成一家之言"②,惠栋"义理"之论早于戴震,经戴氏自觉发展而后来居上,在义理方面的成就远超惠氏。就惠、戴的学术传承而言,惠栋在义理方面的"自觉"并未辐射波及江声、余萧客,而戴震的义理学思想则或多或少影响到段玉裁、王念孙,胡适《戴东原的哲学》对此已有阐述,这或是吴派自惠栋而后渐趋式微,皖派自戴震而后尚有顽强生命力的缘由所在。

第二节 惠栋与钱大昕、王鸣盛

惠栋为吴派汉学宗主,钱大昕、王鸣盛为汉学阵营中人,属于惠栋后学辈。就其关系而论,依王昶所言:约乾隆十二年(1747),其与王鸣盛、钱大昕、吴泰来"从而羽翼"惠栋。③ 江藩《汉学师承记》则称惠栋"受业弟子"中最知名者为余萧客和江声,其他如王鸣盛、钱大昕、戴震、王昶均"执经问难,以师礼事之"④。可以说,钱大昕、王鸣盛和惠栋之间并无直接师承,然二人"羽翼"惠学,且执经问难,以师礼事之,和吴派学术关联最为密切。

一、惠栋与钱大昕

钱大昕(1728—1804),字晓徵,一字辛楣,号竹汀居士,晚号潜研老人,江苏嘉定(今上海市嘉定区)人。钱氏邃于经史,著述等身,今人整理有《嘉定钱

---

① 段玉裁:《戴东原集序》,段玉裁撰,钟敬华校点:《经韵楼集》,上海古籍出版社2008年版,第370页。
② 皮锡瑞:《经学通论》卷一"论近人说《易》,张惠言为专门,焦循为通学,学者当先观二家之书"条,第33页。
③ 王昶著,周维德辑校:《蒲褐山房诗话新编》,第52页。
④ 江藩、方东树著,徐洪兴编校:《汉学师承记(外二种)》卷二《惠栋》,第37页。

大昕全集》,生平可参王昶《钱大昕墓志铭》。乾隆十四年(1749),钱大昕在紫阳书院求学,结识惠栋,为惠氏引为忘年交。钱大昕为《古文尚书考》作序评价惠学影响,谓当时士大夫尊崇汉学"实出先生绪论",述及与惠栋交往言称:"予弱冠时谒先生于泮环巷宅,与论《易》义,亹仆不倦,盖谬以予为可与道古者。忽忽卅余载,楹书犹在,而典型日远,缀名简末,感慨系之。"①据此则钱大昕问学惠栋约在1749年,而事实上惠栋前此已经由王鸣盛介绍而略知其人,并于读书笔记两次著记钱氏学行,《松崖笔记》卷二"钱吴"条:"嘉定王孝廉鸣盛为予言其同邑诸生钱大昕,字晓徵,年少力学,十七史皆能成诵。己巳正月二十八日。同里顾秀才德馨为予言全椒吴烺字荀叔,工西法天文及等音,其父敏轩先生亦名士也。庚午十月二十九日。辛未三月,皇上南巡,钱、吴皆献诗。二十七日,御试于江宁将军办事衙门,二人皆钦赐举人,授内阁中书学习行走。"同卷"诗赋中式"条亦记述乾隆十六年(1751)乾隆南巡,钱大昕献诗赋事。②

在结识惠栋之后,钱大昕即经常问《易》学于惠栋,惠栋则以钱氏为"可与道古者"。王昶为钱大昕作墓志铭云:"初,君(案:指钱大昕)在书院时,吴江沈冠云、元和惠定宇两君,以经术称吴下,而惠君三世传经,其学必求之《十三经注疏》,又求之诸子史并注,参之以《方言》、《释名》、《玉篇》、《广韵》、《释文》诸书,总归于《说文》,以洗宋元来庸陋。君推而广之,更多前贤体会未到处。"③江藩《钱大昕传》亦称:"先是在吴门时,与元和惠定宇、吴江沈冠云两征君游,乃精研古经义声音训诂之学,旁及壬遁太乙星命,靡不博综而深究焉。"④由此可知,钱大昕从惠栋研习《周易》,于惠学说推而广之。惠栋卒后,钱大昕为作传文,称惠栋之学拟诸汉儒,当在何休、服虔之间,而马融、赵岐辈所不能及。

杜维运先生认为钱大昕的经学渊源于惠栋,又稍有不同:"惠之经学,在希心复古,以辨后起之伪说,其所治如《周易》,如《尚书》,其用心在溯之古而得其

---

① 钱大昕:《潜研堂文集》卷二十四《古文尚书考序》,钱大昕著,陈文和主编:《嘉定钱大昕全集》(九),第369页。
② 惠栋:《九曜斋笔记》卷二《钱吴》、《诗赋中式》条云:"辛未三月,皇上南巡,献诗赋者,江南一百三十三名,学臣庄拟取三十五名。安徽三十九名,学臣双拟取十二名。御览准试三名,翁照、陆遵诗、陆授书。考中五名,蒋雍植、钱大昕、吴烺、褚寅亮、吴志鸿。奉旨照浙江例,特赐举人,授内阁中书学习行走,考中进士一人,孙梦逵授内阁中书,遇缺即补。阅卷者三人,渤海相国高东轩斌、少司马汪由敦、少司寇钱陈群。"见第18—19页。
③ 倪所安:《跋〈钱大昕墓志铭〉》,载顾吉辰主编:《钱大昕研究》,第450页。
④ 江藩、方东树著,徐洪兴编校:《汉学师承记(外二种)》卷三《钱大昕》,第52页。

原。王鸣盛所谓'惠求其古,戴求其是'者是也。惟惠氏更精义例之学,欲引伸触类,贯通诸经之例而解释之。"钱大昕为惠栋作传褒扬其讲求"义例",而钱氏对义例之讲求,较之惠氏有过之而不及;钱氏以汉儒去古未远,训诂皆有家法,故而治经宗尚汉儒,"钱氏与惠氏治经之见解,前后如出一辙","惟钱氏之不同于惠,亦可谓超过于惠者,在钱之富有实事求是之精神。以后儒之说不可信,故信汉儒之说。然汉儒之说,如有疑问,亦不予深信。……此种从其是者的精神,为惠氏所未尝有"。① 确如杜氏所言,与惠栋相比,钱大昕更富有"求是"精神,钱氏以为"后儒之说胜于古,从其胜者,不必强从古可也。一儒之说而先后异,从其是焉者可也"②;儒者治经,不可陋今而荣古,"以古为师,师其是者"③。

进而言之,钱大昕"求是"精神也表现为经史关系的认识。钱氏为乾嘉年间史学大家,有巨著《廿二史札记》传世,而惠栋则为经师,学术成就不以史学见称。在史家著史的原则问题上,钱大昕以为"史家纪事,唯在不虚美,不隐恶,据事直书,是非自见。若各出新意,掉弄一两字以为褒贬,是治丝而棼之也"④。在传统社会,经学在政治层面有其道德教化功能,与史学研究相比,经学在求真求是方面有着先天不足,惠栋论学以儒家经籍为对象,经学固有的内在限制使其颇难在义理求是中有根本突破,也因之难以企及钱大昕治史求是的高度。

二、惠栋与王鸣盛

王鸣盛(1722—1797),字凤喈,号礼堂、西庄,晚号西沚,江苏嘉定(今上海市嘉定区)人。王氏长于经史之学,著述颇丰,有《尚书后案》、《十七史商榷》、《蛾术编》以及诗文传世,时称其学在王应麟、王世贞之间,行述可参钱大昕《西沚先生墓志铭》及王昶《王鸣盛传》。

---

① 杜维运:《清乾嘉时代之史学与史家》,学生书局1989年版,第153—156页。
② 钱大昕:《潜研堂文集》卷九《答问六》,钱大昕著,陈文和主编:《嘉定钱大昕全集》(九),第116页。
③ 钱大昕:《潜研堂文集》卷二十四《臧玉林经义杂识序》,钱大昕著,陈文和主编:《嘉定钱大昕全集》(九),第375页。
④ 钱大昕:《十驾斋养新录》卷十三《唐书直笔新例》,钱大昕著,陈文和主编:《嘉定钱大昕全集》(七),第20页。

同居吴地，王鸣盛对惠氏学说早有关注。惠士奇《四书文劝学篇》主张读书必有得力之书，王鸣盛以"惠说可为后生读书之法"，于《蛾术编》著录惠说以示劝诫。① 王鸣盛和惠栋相识颇早，乾隆九年（1744）王鸣盛参加乡试中副榜，后入紫阳书院得识惠栋，"亦师亦友"，王鸣盛每以"吾友惠征士栋"称之。② 就王鸣盛治学理念而言，于惠栋学术实有承继关系，尤其表现在经学领域。惠栋治经本诸"经之义存乎训"理念，主张"信古崇汉"，以汉儒经说为中介探求经书义理。王鸣盛同样强调"学莫贵乎有本，而功莫大乎存古"，从汉代到明代的俗学之弊在于"无本而不好古"③，孔子所称"信而好古"、"好古敏求"，"居今日而言古，唐以前书是也"④，然而魏晋玄学淆乱经文，不可作为论学依据。王鸣盛将治经视为专门之学，且论学归极于两汉经师训诂相传家法。对于学问之事，"必以读书为根本"⑤，"欲读书必先求识字，欲识字必先通《说文》"⑥。至于如何选择"通经达道"路径，王氏亦有其见解，即"经以明道，而求道者不必空执义理以求之也，但当正文字，辨音读，释训诂，通传注，则义理自见而道在其中"，治经又须以两汉为尊，"但当墨守汉人家法，定从一师而不敢他徙"⑦。王鸣盛笃信郑玄经说，其经学最要之作《尚书后案》即专宗郑康成，于郑注亡逸处则采录马融、王肃之说补之。此种治经理念自然和惠栋如出一途。正因如此，钱大昕以为王鸣盛和惠氏讲论经义，"知诂训必以汉儒为宗"⑧；王昶亦称王鸣盛从惠栋研习经学，"一以汉人为师，郑玄、许慎尤所墨守"⑨。杜维运先生则直言："大抵王氏之经学循吴派惠栋之藩篱，以汉儒为宗，去此不敢稍有所纵横。"⑩

---

① 王鸣盛：《蛾术编》卷八十二《读书必有得力之书》，第84—85页。
② 王鸣盛"吾友惠征士栋"（《蛾术编》卷二《采集群书引用古学》，第52页）；"亡友惠定宇"（《十七史商榷》卷九十八《十国春秋》，第923页）；"亡友惠松崖"，《跋明钞本〈孔子家语〉》（陈鸿森：《钱大昕王鸣盛阮元三家遗文续辑》，《经学研究论丛》第11辑，学生书局2003年版，第304页）。
③ 王鸣盛：《古经解钩沉序》，《西庄始存稿》卷二十四，第315页。
④ 王鸣盛著，黄曙辉点校：《十七史商榷》卷八十二《唐律》，第726页。
⑤ 王鸣盛：《〈重校圣济总录〉序》，陈鸿森：《钱大昕王鸣盛阮元三家遗文续辑》，《经学研究论丛》第11辑，第296页。
⑥ 王鸣盛著，黄曙辉点校：《十七史商榷》卷二十二《三苍以下诸家》，第161页。
⑦ 王鸣盛著，黄曙辉点校：《十七史商榷·序》，第1页。
⑧ 钱大昕：《潜研堂文集》卷四十八《西沚先生墓志铭》，钱大昕著，陈文和主编：《嘉定钱大昕全集》（九），第793页。
⑨ 王昶：《王鸣盛传》，钱仪吉、缪荃孙等辑：《清代碑传全集》，第223页。
⑩ 杜维运：《清乾嘉时代之史学与史家》，第22页。

自从阎若璩《尚书古文疏证》考辨伪《古文尚书》，惠栋《古文尚书考》析出真古文篇目，有关《尚书》真伪问题得以进一步推进。对于阎若璩、惠栋治《尚书》学的意义，王鸣盛颇为推崇且有意续作，言称："（伪《古文尚书》）自唐贞观以后，无一人识破，直至近时太原阎先生若璩、吴郡惠先生栋始著其说，实足解千古疑团。予小子得而述之，既作《尚书后案》，遂取注疏释文及《史记》、《汉书》等胪列于卷首而辨之，学者从是考焉可以霍然矣"①。阎若璩、惠栋有关《尚书》的"辨伪"和"存真"之功，为王鸣盛续作《尚书后案》推扬汉儒经说之前提，王鸣盛自然有着惠学痕迹，沿着惠栋开辟的道路前行。诚然，惠、王论学亦有不同之处，尤其在于史学研究方面。惠栋、王鸣盛均主张以考证方法治史，惠氏论学本诸经学发表意见，治史以解经明道，聚焦于两汉史学，即《史记》、《汉书》、《后汉书》的研究；王鸣盛早年治史，中岁转入经学，晚岁又反诸史学，以考史为务，且于诸史多有深究，一部《十七史商榷》遗泽后世，其史学意识较之惠栋，有过之而无不及。

惠栋之学，以《周易》研究为核心，王鸣盛推崇惠氏易学，对其不足也多有指正。如惠栋《周易述》增改经字颇多，王鸣盛于《蛾术编》"惠氏易"条专论惠士奇、惠栋父子易学兼及惠栋"改字之非"。② 王欣夫先生藏有《周易述》二十三卷，补三卷五册，惠栋集注并疏，乾隆己卯（1759）德州卢见曾雅雨堂初印本，补为甘泉江藩集注并疏，旧钞本。其中多有王鸣盛朱笔校读圈点处，对于惠说多有辨正。③

乾嘉时期，清初学界的理学清算浪潮有所缓和，学风趋实，而宋易图书派以及伪《古文尚书》等仍为惠氏学说体系的重要议题。王鸣盛论学严判儒释疆界，称佛道二氏与儒学"如枘凿冰炭之不相合"④，自然与惠氏"辟二氏"倾向相合。然而在对宋儒理学的态度上，王鸣盛并不认同惠氏所持有的批判立场，甚至以为惠氏论学有意与朱熹立异，言称："惠先生士奇《礼说》以师氏三德二曰敏德为即克己之谓，其说与大兄合。惠氏之学，专宗汉儒，今于克己之说痛诋刘炫，以其非汉人也。然左氏已作此解，左非周人乎？马融亦作此解，马非汉人

---

① 王鸣盛：《蛾术编》卷四《尚书今古文》，第 68 页。
② 王鸣盛：《蛾术编》卷三《惠氏易》，第 66—67 页。
③ 王欣夫撰，鲍正鹄、徐鹏标点整理：《蛾术轩箧存善本书录·癸卯稿》卷一，第 700—701 页。
④ 王鸣盛著，黄曙辉点校：《十七史商榷》卷六十四《顾欢论道佛二家》，第 522 页。

乎？是非宗汉，特有意与朱子立异耳。弟尝怪毛西河辈陷溺其心，有意翻朱子之案以快其胸臆，夫孔子之道得朱子而后明，朱子而可毁也，将孔子亦可毁乎？惠氏于训诂甚精，非毛氏比，然其有意与朱子立异之处，我辈亦勿效也。"①此外，论及汉宋诸儒义理学，王鸣盛主张："学者若能识得郑康成深处，方知程伊川、朱晦庵之义理学，汉儒已及见，因时未至，含蕴未发，程朱之时，训诂失传，经无家法，故轻汉儒，而其研精义理，仍即汉儒意趣，两家本一家。"②王氏以为汉学、宋学本为一途，宋儒义理之学，汉儒已及见之，强调汉宋义理之学的一脉相承，此论调和惠氏"六经尊服郑，百行法程朱"的汉宋观已然有别。

第三节　钱穆"常州之学原本惠氏"说

乾嘉学界，汉学之风虽大张其帜，却已然蛰伏今文经学的潜流。清代今文经学，庄存与开其源，庄述祖、刘逢禄和宋翔凤衍其流，及至龚自珍、魏源、康有为而大兴。庄、刘二氏为常州武进人，故而这一学术群体被冠以常州学派之名，此辈学人论学围绕《公羊传》展开，又称公羊学派。关于常州学派之兴起，魏源③、章太炎、梁启超、钱穆等各有见解，其中钱氏"常州之学原本惠氏"可谓新解。

关于常州学派之流变，刘师培有云："武进庄存与，喜治《公羊春秋》，作《春秋正辞》，于六艺咸有撰述。大抵依经立谊，旁推交通，间引史事说经……近于致用，故常州学者咸便之。……其兄子庄述祖亦遍治群经……庄氏之甥有武进刘逢禄、长洲宋翔凤，咸传庄氏之学。……别有邵阳魏源、仁和龚自珍，皆私淑庄氏之学，从刘逢禄问故。……湘潭王闿运亦治《公羊春秋》，复以《公羊》义说五经……其弟子以资州廖平为最著……其学输入岭南，而今文学派大昌。"④

---

① 王鸣盛：《西庄始存稿》卷二十九《与孙中伯舍人书》，第352页。
② 王鸣盛著，黄曙辉点校：《十七史商榷》卷六十四《顾欢论道佛二家》，第522页。
③ 魏源："君（庄存与）在乾隆末，与大学士和珅同朝，郁郁不合，故于《诗》《易》君子小人进退消长之际，往往发愤慷慨，流连太息。读其书可以悲其志云。"（《魏源集·武进庄少宗伯遗书序》，第237页）
④ 刘师培：《南北学派不同论·南北考证学不同论》，刘师培著，邬国义、吴修艺编校：《刘师培史学论著选集》，上海古籍出版社2006年版，第198—200页。

钱穆在《清儒学案序目》论及"常州之学"有云："当乾隆朝,武进庄存与方耕,于六经皆有著述,而不汉不宋,自为一派。其子述祖葆琛,及外孙同邑刘逢禄申受、长洲宋翔凤于庭,推衍穿凿,益广益深,所谓常州之学是也。"①关于常州学派的学术渊源,钱氏亦有其独到的认识,其《国史大纲》第九章《清代考证学》提出"常州之学源自惠氏"的观点,文称"盖其(常州学派)渊源所自,亦苏州惠氏尊古而守家法之遗"②。钱穆又引述刘逢禄《公羊春秋何氏解诂笺叙》,并作按语谓："刘氏此叙,自述专治《公羊》来历,最为明白。其笃信师传,守家法,为吴学嫡传。其以条例求经,则带皖学色彩。其不愿为章句训诂而务大体,则章(学诚)、方(东树)诸人攻击汉学之影响也。盖吴派本自革命走入承统,又自承统复归革命,则为今文学之渊源耳。"③1931年,钱穆执教北大,讲授"中国近三百年学术发展史"课程,后在讲稿的基础上撰成《中国近三百年学术史》,是著第十一章《龚定庵》附论常州学派,明确提出"常州之学原本惠氏"的论断。从全文所举惠氏之学与常州之学的几个方面来看,钱穆指出两家学说之间的相通特点,而"常州之学原本惠氏"实有可以商讨的余地。

第一,庄存与治学有惠氏"好诞之风而益肆"。钱穆以为,"庄氏为学,既不屑屑于考据,故不能如乾嘉之笃实。又不能效宋明先儒寻求义理于语言文字之表,而徒牵缀古经籍以为说,又往往比附以汉儒之迂怪,故其学乃有苏州惠氏好诞之风而益肆"④。惠氏好以"诞"、"妄"品评其极不认可魏晋学者及宋明理学家的论断,如惠有声认为杜预以时王之礼文其短丧之说"诞之甚!妄之甚!"⑤惠栋以道家创为先天之学托之伏羲"诞之甚、妄之甚!"在惠氏眼中,"诞"、"妄"之词多针对魏晋玄学、宋儒理学在治学上的"空疏"之论而发,措辞带有强烈的批判、否定意味。钱穆熟谙惠学,自当深知于此,因其推崇理学而对乾嘉汉学风尚无好感,又以"好诞之风"品评惠学。

第二,庄述祖、宋翔凤承惠氏遗风,治学颇究明堂阴阳。钱穆论惠氏之学云："苏州之学,成于惠栋。其为学也,尊古而守家法。继先天图象之辨而言汉

---

① 钱穆:《中国学术思想史论丛》(八)《清儒学案序目》,安徽教育出版社2004年版,第616页。
② 钱穆:《国学概论》,第305页。
③ 钱穆:《国学概论》,第287页。
④ 钱穆:《中国近三百年学术史》,第582页。
⑤ 惠栋:《春秋左传补注》,《清经解》卷三百五十三,第712页。

易,又因《易》而言明堂阴阳,故苏州学派多信纬术。盖其学风惟汉是尚,宜有此也。"①在论常州之学时,钱穆也指出其学多论明堂阴阳学说:"方耕有侄曰述祖,字葆琛,所著《珍艺宧丛书》,颇究明堂阴阳,亦苏州惠学也。"②又云:宋翔凤在《大学古义说》一书中,"以明堂阴阳相牵附。此亦吴学惠氏遗风也。"③汉儒论《周易》多掺杂阴阳五行学说,宋代易学义理派代表胡瑗、程颐,解释《周易》忽略阴阳灾异与天人感应的谶纬学说,转而注重阐发其性命道德之理。惠氏治学,博采汉儒,对其流于阴阳灾异及谶纬之说亦多有承继。如惠士奇对《春秋》及有关史籍所记载的阴阳灾异之说颇为关切,其《春秋说》第十四卷著录灾异现象,以申明董仲舒符瑞灾异思想,以致四库馆臣评价《春秋说》对阴阳灾异之类"反复辩诘,务申董仲舒'春秋阴阳',刘向、刘歆'洪范五行'之说,未免过信汉儒,物而不化"④。自从董仲舒以阴阳五行阐释《公羊传》,今文经学学风带有明显的阴阳五行痕迹,治学重阴阳亦为今文经学学术特质之一。因此,常州之学羼杂阴阳谶纬之论似不足以说明常州今文经学源自惠氏。

第三,刘逢禄论学主家法亦惠氏之风。在钱穆看来,刘氏论学主家法,实为"苏州惠氏之风",并云:"戴望《刘先生行状》,记嘉庆五年,刘举拔贡生入都,父执故旧遍京师,不往干谒,惟就张惠言问虞氏《易》、郑氏《三礼》。张氏为学亦由惠氏家法入也。刘氏有《虞氏易言补》,即补张氏书,又有《易虞氏五述》。此刘氏之以家法治《易》者。"⑤钱穆以为:常州公羊学与苏州惠氏学,以家法之观念一脉相承,彰然可见,"何氏'三科九旨'不见传文,而刘氏信之,则以家法师说之论为辨,此焦里堂所讥为'据守'之学也。常州公羊学之渊源于苏州惠氏家法之论,此等处最显"⑥。

自汉武帝罢黜百家、独尊儒术,五经博士各以家法授学,汉人研治儒家经典,各守家法,博士教授亦各主一家。两汉学者治学标榜"师法"、"家法"尤其体现在立为学官的今文经学家身上。作为汉学阵营的惠栋、王鸣盛、阮元均持此说,今文学家皮锡瑞、朱一新也持有同样观点。依皮锡瑞所述:"前汉重师

---

① 钱穆:《国学概论》,第270—273页。
② 钱穆:《中国近三百年学术史》,第583页。
③ 钱穆:《中国近三百年学术史》,第586页。
④ 永瑢等:《四库全书总目》卷二九《经部·春秋类四·易说》,第240页。
⑤ 钱穆:《中国近三百年学术史》,第585页。
⑥ 钱穆:《中国近三百年学术史》,第586页。

法,后汉重家法。先有师法,而后能成一家之言。师法者,溯其源;家法者,衍其流也。"①由此而论,常州学派治学重"家法",正说明其论学切中汉代今文学派的核心,符合汉代经学的基本特点。以惠栋为代表的乾嘉汉学家与以庄存与、刘逢禄、宋翔凤为代表的常州今文学派,虽有今古之分,但治经讲求"家法"却为共通之处。钱穆认为常州学派治学重"家法"受到惠栋重"家法"的影响,缺少直接史料的佐证,实不足以支持"常州之学源出惠氏"之论。

惠氏一门,四世传经,有弟子江声、余萧客推衍其说;庄氏之学,有刘逢禄、宋翔凤及子弟数人传承。吴派与常州学派均草创于家学基础,是建立在血缘关系上的学术流派。常州学派和惠氏学说具有相近的地缘关系,却又自有其相当的学术独立性,在当时占据着学术主潮流的是以惠学为代表的吴派汉学。从地域来看,常州与吴县比邻,常州学派的学者浸染其中,不可避免受到惠氏学说的影响。如刘逢禄论当时学风云:"清之有天下百年,开献书之路,招文学之士,以表彰六经为首,于是人耻向壁虚造,竞守汉师家法,若元和惠栋氏、武进张惠言氏之于《易》,歙程易畴氏之于《礼》,其善学者也。"②当时有学者以为刘逢禄的《左氏春秋考证》的功用"与阎、惠之辩《古文尚书》等"③。宋翔凤《过庭录》之《周易考异》亦引述惠氏《周易述》。④ 惠栋、宋翔凤均曾辑录《论语郑注》,宋辑本内有"惠氏栋曰"云云,援引惠氏之言佐证其说。王欣夫先生比勘惠、宋二氏辑本,发现"宋辑本与惠本十九相同",而宋序并未言及惠本,"颇有掠美之嫌"⑤。以上均说明常州今文学家对惠氏学说持有一定的关注。在治学特点上,常州学派带有明显的时代学风痕迹。如庄存与"深于《周礼》,深于《春秋》,深于天官历律五行之学",今古兼采,讲义理而不废小学,这些并不妨碍理解常州学派的学术特质。常州学派以《春秋》为中心,庄存与《春秋正辞》倡言"实予而文不予",刘逢禄《春秋论》批评钱大昕"《春秋》无书法"之说,《左氏春秋考证》则断《左传》为刘歆伪造之作。惠氏四世于《春秋》均有专门著述,若惠有声《春秋左氏补注》、惠周惕《春秋问》、惠士奇《春秋说》、惠栋《春秋左传补

---

① 皮锡瑞著,周予同注释:《经学历史》,第45页。
② 转引自路新生:《中国近三百年疑古思潮研究》,上海人民出版社2001年版,第135页。
③ 戴望:《故礼部仪制司主事刘先生行状》,钱仪吉、缪荃孙等编:《清代碑传全集》,第1181页。
④ 宋翔凤撰,梁运华点校:《过庭录》卷二《周易考异上》,中华书局2006年版,第10、15页。
⑤ 王欣夫撰,鲍正鹄、徐鹏标点整理:《蛾术轩箧存善本书录·辛壬稿》卷一,第405页。

注》及《春秋》之《古义》,等等。张素卿研究指出:"《春秋》公羊学者,一向严明家法,重视书法义例之论辩,相形之下,惠栋《公羊古义》不以此为重心,解释经传亦不墨守何休一家之言,甚或质疑《公羊传》之义;稽考文献之际似无意区画今文、古文疆界,总以古训解说经传为主。"①就学术特质而言,常州学派和乾嘉汉学家的《春秋》学说的思想已然有别,正如梁启超所指出的:"(庄)存与著《春秋正辞》,刊落训诂名物之末,专求所谓'微言大义'者,与戴(震)、段(玉裁)一派所取途径,全然不同。"②《清儒学案》也称言庄存与"于六经皆有撰述,深造自得,不斤斤分别汉宋,但期融通圣奥,归诸至当,在乾隆诸儒中,实别为一派"③。

对于惠学与常州之学的不同,钱穆有着较为深刻的认识,他说:"汉学贵实事求是,公羊家舍名物训诂而求微言大义,已失汉学精神。"④又云:"苏州惠氏专门之学,其意本在于考古,而常州诸贤,乃尊之为大义,援之以经世,此则其蔽也。"⑤具体比较惠士奇与刘逢禄《春秋》学之不同则称:"惠士奇论《春秋》曰:'《春秋》无《左传》,则二百四十年,盲焉如坐暗室中。左氏最有功于《春秋》,《公》、《穀》有功兼有过。'此与申受专尊《公羊》,深抑《左氏》者大异,然无害谓常州之学原本惠氏。"⑥由此而论,即便认识到常州之学与惠氏学说的差异,钱穆仍坚持"常州之学原本惠氏"的意见。在缺乏确凿史料佐证之下,钱穆何以推论"常州之学原本惠氏"一说,将常州今文经学与乾嘉汉学关联?个中缘由或当从钱穆的学术立场加以理解。

钱穆论学,以赓续、弘扬宋明理学为一己生命之关注,这也是《中国近三百年学术史》一以贯之的"魂魄"所在。纵观清代学术史,惠栋、戴震之汉学(包括戴氏义理学)及常州之今文经学在不同时期引领一时风尚,占据学术主流地位。以惠栋、戴震为代表的乾嘉汉学者承继清初"理学清算"风气,"尊汉抑宋"为其论学的最大特点。惠氏学说尤其围绕《周易》、《尚书》等专经反思、检讨宋学,批判宋明理学,钱穆自然不满于此,在清学史论著中对惠氏学说不甚关注,

---

① 张素卿:《惠栋的〈春秋〉学》,《台大文史哲学报》2002 年第 57 期。
② 梁启超著,朱维铮校注:《梁启超论清学史二种》,第 61 页。
③ 徐世昌著,陈祖武点校:《清儒学案》卷七十三《方耕学案上》。
④ 钱穆:《国学概论》,第 304 页。
⑤ 钱穆:《中国近三百年学术史》,第 584 页。
⑥ 钱穆:《中国近三百年学术史》,第 585 页。

仅在论及惠、戴关系时稍有提及,且多有贬抑之辞,而对惠门弟子江声、余萧客则几乎未置一词。常州学派以《公羊传》立论,这种义理学带有浓厚的传统政治哲学意味,虽未能达到宋明理学形而上的哲学化高度,但并不能因此而否认其价值。事实上,此种义理学亦曾得到彼时学者的认可。比如阮元即对庄存与的学问赞誉有加,以为庄氏之学"践履笃实,于六经皆能阐抉奥旨,不专专为汉宋笺注之学,而独得先圣微言大义于语言文字之外,斯为昭代大儒"[①]。钱穆则论云:"清代汉学考据之旁衍歧趋,不足为达道。而考据既陷绝境,一时无大智承其弊而导之变,彷徨回惑之际,乃凑而偶洎焉。其始则《公羊》,转而为今文,而常州之学乃足以掩晚清百年来之风气而震荡摇撼之。"[②]综此可见,钱穆"常州之学原本惠氏"说,在一定程度上羼杂了过多的个人思想色彩,渲染了惠氏学说对于常州之学的影响。

---

① 阮元:《庄方耕宗伯经说序》,转引自钱穆:《中国近三百年学术史》,第580页。
② 钱穆:《中国近三百年学术史》,第582—583页。

结　语

　　明末清初，学术界掀起"理学清算"浪潮，黄宗羲、阎若璩、胡渭等著述立说以"辟二氏"，尤其是辟道家之学为切入口，力斥先天、太极之说，批判图书派易学；考辨"十六字心传"之伪，给宋明理学以釜底抽薪之打击。在反理学浪潮的激荡下，清代学风整体趋于"弃虚蹈实"之路，学者治学的关注焦点由清初批判理学的侈谈义理、倡言经世转向讲求名物训诂、返诸汉学。

　　东吴惠氏，四世传经，吴派汉学奠基于惠周惕、惠士奇、惠栋，是依托在家学基础上产生、发展、壮大的学术流派，带着明显的家学和地域特征。惠氏之学以《周易》、《尚书》为核心，批判宋《易》图书派的援释入儒，力辨梅赜《古文尚书》之伪。可以说，以"理学清算"的取径扫清学术发展的"障碍"，通过汉学构建理想的治学范式，依然是乾隆年间的吴派汉学家所面临的时代课题。吴派的治学轨迹契合于清初"理学清算"浪潮，其学术立场也完全承继"理学清算"之风而起。就惠氏学说而论，惠周惕之学大体上树立了吴派的治学风向，惠士奇的易学研究则上承清初的理学清算浪潮，下启乾嘉汉易复兴之风，吹响汉易复兴的号角，尤其是确立了吴派易学的整体走向。吴派汉学定型于惠栋，其易学研究通过辨证宋《易》图书之学为道家之学，最终旨意落于推翻宋《易》立说的理论根据。这种论学取向上承明末清初"弃虚蹈实"之学风，下启乾嘉时期"实事求是"的治学宗旨。惠栋的《尚书》学研究，舍"十六字心传"而言书，同样抽去了宋明理学最关键的理论根基。此后，王鸣盛、孙星衍、江声承之而起，加以拓展、深入，清代的《尚书》学研究始成专门之学。

　　就吴派发展大势而言，江声、余萧客显然代表着一个极为重要的阶段，自江、余之学起，吴派学术成为专门之学。江藩师从江声、余萧客，属惠栋的再传弟子，是吴派学术之嫡传。江藩的"纯汉学"思想代表着吴派汉学发展的一种极致，《汉学师承记》的学术内涵则呈现出清代汉学自身体系的衍生变迁。一种学术思想的发展倘若失去了赖以滋生的外在环境，缺乏了创新精神，则必然会走向偏执与拘泥，面临先验"体系"内在的冲突或外来观念的挑战。江藩在编纂《汉学师承记》的过程中每每不得不将自己置于两难的矛盾中。诸如对黄宗羲、顾炎武学术评价的彷徨,对宋学思辨的排斥,对皖派汉学的定位,对今文经学微言大义的忽略等等,无不反映出他学术思想的矛盾与内心世界的困惑。这些问题本身透露出江藩个人学术理念的变化,在问题的背后则更折射着时代学风之丕变。面对日新月异的学术新潮,江藩及其《汉学师承记》为吴派汉学画上了一个终结性的"休止符"。

附录一 东吴三惠学谱简编

东吴惠周惕、惠士奇、惠栋为乾嘉汉学吴派的代表学者,也是清代学术史上的重要人物,然迄今尚无年谱行世。吴县王欣夫先生梦寐倾倒于红豆山庄,服膺惠氏学,遍求、精研三惠遗书及手校善本,有意试纂三惠年谱,惜未成稿。今笔者根据惠氏宗谱、相关论著以及文集资料,选辑三惠学行事迹材料,依时间先后略加编排,为"东吴三惠学谱简编"。

崇祯十四年辛巳(1641)　惠周惕一岁

正月十八日,惠周惕生,原名恕,字元龙,自号砚谿、研谿、红豆主人。

惠周惕《春日杂兴十首》第二首自注:"正月十八为余生辰。"①

惠士奇《先府君行状》:"公以前明崇祯十四年正月十八日生于东渚旧宅。宅南有溪,方而窪,形如砚凹溪,故公自号砚谿。后移居葑门,宅有红豆树,故又自号红豆主人。"②

顺治六年己丑(1649)　惠周惕九岁

惠周惕通九经章句。

惠士奇《先府君行状》:"公少开敏殊常,九岁,通九经章句。年十余,暗记三史。为古文,议论英颖。常读《蜀志》,慕关壮缪之为人,因作《关公论》,塾师叹为奇才。"③

顺治十年癸巳(1653)　惠周惕十三岁

惠周惕学赋诗,善五言,传诵一时,作有《阳山草堂集》。

惠士奇《先府君行状》:"十三学赋诗,天然去雕饰,最善五言,往往有杰句,

---

① 惠周惕:《砚谿先生遗稿》卷上《春日杂兴十首 庚辛》。
② 王欣夫撰,鲍正鹄、徐鹏标点整理:《蛾术轩箧存善本书录·癸卯稿》卷四,第1035—1036页。
③ 王欣夫撰,鲍正鹄、徐鹏标点整理:《蛾术轩箧存善本书录·癸卯稿》卷四,第1036页。

传诵一时。世所称《阳山草堂集》者,公少作也。"①

顺治十七年庚子(1660)　　惠周惕二十岁

惠周惕厄于贫,凡业三徙而三穷,遂发愤读书,学邃道明,文章有根柢。

惠士奇《先府君行状》:"既冠,厄于贫,曾曰:'我屈首受书者十年已,盍徙业乎?'于是去为府吏,迟顿不及事。去试弁,屡无拳勇。又去为废居,数折阅不售。凡业三徙而三穷,喟曰:'命也,亦天也!天可回乎?命可造乎?'遂弃去。益发愤读书,阖门十年不出。凡河洛之学,关闽之传,阴阳消长之度,躔次疆理之说,礼乐律历之数,无不寤疑辨惑,钩深诣微。至于井田、封建之规,郊祀、百官之制,食货、兵刑、河渠、沟洫利害之源,亦皆考之详,论之笃。由是学益邃,道益明,而文章益有根柢,充然成德为通儒矣。既壮,出试有司。郡守宁公、学使虞公见公文,叹曰贾、董才也。"②

康熙八年己酉(1669)　　惠周惕二十九岁

惠周惕从王士禛问学。

王士禛《居易录》:"吴郡门人惠周惕著《诗说》三卷,言博而辨,不主故常,可备说《诗》一家之言。周惕字元龙,康熙己酉,予在淮阴,始来执贽。及予为祭酒,又从游太学。辛未会试,予以兵部侍郎为考试官,周惕适以第六人中第,入翰林。"③

康熙十年辛亥(1671)　　惠周惕三十一岁　惠士奇出生

八月十五日,惠士奇出生。

《惠氏宗谱》:"生于康熙辛亥八月十五日午时。"④

杨超曾《翰林院侍读学士惠公墓志铭》:"公生康熙十年辛亥八月。"⑤

《齿录》:"惠士奇,仲孺,《易经》。辛亥年。"

---

① 王欣夫撰,鲍正鹄、徐鹏标点整理:《蛾术轩箧存善本书录·癸卯稿》卷四,第1036页。
② 王欣夫撰,鲍正鹄、徐鹏标点整理:《蛾术轩箧存善本书录·癸卯稿》卷四,第1036页。
③ 王绍曾、杜泽逊编:《渔洋读书记》,第6页。
④ 惠仰泉等主修,惠士阶等纂修:《惠氏宗谱》卷三十二《东渚徙居关上市浜世表》。
⑤ 杨超曾:《翰林院侍读学士惠公墓志铭》,钱仪吉、缪荃孙等辑:《清代碑传全集》,第246页。

康熙十四年乙卯(1675)　　惠周惕三十五岁　　惠士奇五岁

惠周惕乡副榜。

惠士奇《先府君行状》:"乙卯,乡副榜。"①

康熙十六年丁巳(1677)　　惠周惕三十七岁　　惠士奇七岁

惠周惕初至京师,以惠有声卒而返乡。

惠周惕《寄顾孝廉雨若四十韵》:"与君初入京,记是丁巳岁。……予时遭父丧,指日即南迈。"②

惠士奇《先府君行状》:"丁巳,游国学。当是时,朝廷方详延天下之士,士皆挟册负素,云会京师。公与诸儒学相高,名相甲乙,而独不能取容当世,故卒以龃龉穷。"③

康熙十七年戊午(1678)　　惠周惕三十八岁　　惠士奇八岁

惠周惕以博学宏词征,以丁外艰而未得应征,后困场屋二十余年。

惠周惕《春日杂兴十首》第七首自注云:"戊午年,予名曾玷启事,以父忧不赴召。"④

惠士奇《先府君行状》:"戊午,以博学宏词征,丁外艰,不起。"又云:"后以博学宏词征,丁外艰,不起。中间困于场屋垂二十年。回视向之挟册负素者,或登金门蹈玉陛,已至达官已。独公之穷犹如故,人咸扼腕攒额,代为公恨叹。而公笑曰:'吾穷固宜。'盖其恬憺如此。"⑤

康熙十九年庚申(1680)　　惠周惕四十岁　　惠士奇十岁

夏,惠周惕自北归。

惠士奇《先府君行状》:"庚申夏,公归自北,循江以南,逾石头,越鹊尾,转白茆湾,折而北,绝淮浮泗,溯河入济。一留齐,三至燕,再过曹、鲁,折而东出句

---

① 王欣夫撰,鲍正鹄、徐鹏标点整理:《蛾术轩箧存善本书录·癸卯稿》卷四,第1036页。
② 惠周惕:《砚谿先生集·北征集》之《寄顾孝廉雨若四十韵》,第82页。
③ 王欣夫撰,鲍正鹄、徐鹏标点整理:《蛾术轩箧存善本书录·癸卯稿》卷四,第1036页。
④ 惠周惕:《砚谿先生遗稿》卷上《春日杂兴十首 庚申》。
⑤ 王欣夫撰,鲍正鹄、徐鹏标点整理:《蛾术轩箧存善本书录·癸卯稿》卷四,第1036页。

章,入于粤,并海上乃还。计其程,水浮陆走,盖不下数万里,凡历十有二年,而公之穷益甚。"①

惠周惕作《春日杂兴十首》。

惠周惕《春日杂兴十首》末署"庚申"②。

康熙二十一年壬戌(1682)　惠周惕四十二岁　惠士奇十二岁

冬,惠周惕作《遵化李氏族谱序》。

惠周惕《遵化李氏族谱序》末署"壬戌冬日吴门惠某书"③。

惠士奇,能诗。

杨超曾《翰林院侍读学士惠公墓志铭》:"十二岁,能诗,有句云'柳未成荫夕照多',为先辈激赏。"④

钱大昕《惠先生士奇传》:"年十二,能诗,有'柳未成荫夕照多'之句,大为先辈激赏。"⑤

江藩《汉学师承记》卷二《惠士奇传》:"年十二,即能诗,有'柳未成荫夕照多'之句,为先辈所激赏。"⑥

康熙二十六年丁卯(1687)　惠周惕四十七岁　惠士奇十七岁

春,惠周惕自东归,结庐红豆斋,专事著述。

惠士奇《先府君行状》:"丁卯春,公归自东,结庐于葑溪南、清溪北,名其居曰红豆斋,坐卧其中,嚣然而乐。以为达则见之功业,穷则托之文章。于是毕力著书,为千古事。而公亦自此倦游已。"⑦

---

① 王欣夫撰,鲍正鹄、徐鹏标点整理:《蛾术轩箧存善本书录·癸卯稿》卷四,第1036页。
② 惠周惕:《砚谿先生遗稿》卷上《春日杂兴十首 庚申》。
③ 惠周惕:《砚谿先生遗稿》卷下《遵化李氏族谱序》。
④ 杨超曾:《翰林院侍读学士惠公墓志铭》,钱仪吉、缪荃孙等辑:《清代碑传全集》,第246页。
⑤ 钱大昕:《潜研堂文集》卷三十八《惠先生士奇传》,钱大昕著,陈文和主编:《嘉定钱大昕全集》(九),第651页。
⑥ 江藩、方东树著,徐洪兴编校:《汉学师承记(外二种)》卷二《惠士奇》,第25页。
⑦ 王欣夫撰,鲍正鹄、徐鹏标点整理:《蛾术轩箧存善本书录·癸卯稿》卷四,第1036—1037页。

康熙二十七年戊辰(1688)　　惠周惕四十八岁　惠士奇十八岁

六月,惠周惕作《〈历科文录〉序》。

惠周惕《〈历科文录〉序》末署"康熙戊辰夏六月朔"①。

康熙二十九年庚午(1690)　　惠周惕五十岁　惠士奇二十岁

惠周惕北行,后乡试,中第十。

惠士奇《先府君行状》:"庚午乡试,中第十。"又云:"先是试于乡,为主司劳公所知,已得解首,而主司某呵其文为大怪,遂见斥。"②又云:"庚午春,宋公骏业邀之北行,公不许。强之不可,曰:'我穷于世久已,岂堪以五十之年更向朱门乞食耶？'而宋公数从臾公行,太孺人又以为言曰:'我在也,尔不为菽水计乎？'公奉母命,遂行。是秋得受知于主司王公,魁顺天乡荐。遂连掇高第,选入翰林。识者以为且将寖用,而公未几以国书不通晓,外调矣。"③

《康熙三十年辛未科会试进士三代履历便览》:"惠周惕,易房。□生,吴县人。庚午顺天十名,会试六名,二甲七名,钦授翰林院庶吉士。"

康熙三十年辛未(1691)　　惠周惕五十一岁　惠士奇二十一岁

春,惠周惕会试,举进士,中第六。殿试二甲第七,选翰林庶吉士。

惠周惕《砚谿先生集·呓语集》:"余于辛未春,举进士。夏五月,选入翰林,诵习国书。"④

惠士奇《先府君行状》:"辛未会试,中第六。殿试二甲第七。选翰林院庶吉士,散馆,外调左授顺天府密云县知县,加二级。"⑤

王士禛《渔洋山人年谱》康熙三十年:"春,奉命主考会试,得张瑗等百五十余人。正主考文华殿大学士张玉书、工部尚书陈廷敬,而兵部侍郎李光地及士禛副之。"惠栋自注:"栋先王父砚谿公以是年成进士。榜后,谒山人,甫就坐,山人谓曰:'闱中得君卷,张、陈、李三公皆欲拟第一,予独难之,因置第六。以

---

① 惠周惕:《砚谿先生遗稿》卷下《〈历科文录〉序》。
② 王欣夫撰,鲍正鹄、徐鹏标点整理:《蛾术轩箧存善本书录·癸卯稿》卷四,第1036页。
③ 王欣夫撰,鲍正鹄、徐鹏标点整理:《蛾术轩箧存善本书录·癸卯稿》卷四,第1036—1037页。
④ 惠周惕:《砚谿先生集·呓语集》,第106页。
⑤ 王欣夫撰,鲍正鹄、徐鹏标点整理:《蛾术轩箧存善本书录·癸卯稿》卷四,第1036页。

数十年老门生,暗中摸索,反以予故不得元,岂非恨事?'叹息久之。盖先王父于康熙八年执贽于山人,迄今已二十三年矣。"①

郑方坤《惠吉士周惕小传》:"辛未,成进士。"②

《康熙三十年会试录》:"中式举人一百五十名。……第六名,惠周惕,江南吴县副榜,贡生。……《易》。第一场。河出图洛出书圣人则之。惠周惕。同考试馆给事中王绅。考试官兵部督捕右侍郎王士禛批:勃窣理窟。考试官兵部右侍郎李光地批:独得大意。考试官工部尚书陈廷敬批:理解精确。考试官大学士张玉书批:语有根据。……第四问。惠周惕。同考试官给事中王绅。考试官兵部督捕右侍郎王士禛批:考据详明。考试官兵部右侍郎李光地批:原委条晰。考试官工部尚书陈廷敬批:融洽经籍。考试官大学士张玉书批:条理该洽。"

惠士奇为诸生,补校官弟子。

杨超曾《翰林院侍读学士惠公墓志铭》:"二十一,补校官弟子。"③

江藩《汉学师承记》卷二《惠士奇》:"二十一,为诸生,不就省试。"④

康熙三十二年癸酉(1693)　惠周惕五十三岁　惠士奇二十三岁

正月,惠周惕作《书〈尧峰文钞〉后》。

惠周惕《书〈尧峰文钞〉后》末署"癸酉春正月"⑤。

康熙三十三年甲戌(1694)　惠周惕五十四岁　惠士奇二十四岁

惠周惕以不习国书,外调左授顺天府密云县知县。

惠周惕《砚谿先生集·呓语集》:"甲戌,散馆,以国书不通晓,外调。"⑥

惠士奇《先府君行状》:"后二年,授密云县知县,后一年而卒。"⑦

---

① 王士禛:《渔洋山人年谱》卷下,参惠栋编:《渔洋山人精华录训纂》,《四部备要》本,中华书局1989年版,第388页。
② 郑方坤:《惠吉士周惕小传》,钱仪吉、缪荃孙等辑:《清代碑传全集》,第243页。
③ 杨超曾:《翰林院侍读学士惠公墓志铭》,钱仪吉、缪荃孙等辑:《清代碑传全集》,第246页。
④ 江藩、方东树著,徐洪兴编校:《汉学师承记(外二种)》卷二《惠士奇》,第25页。
⑤ 惠周惕:《砚谿先生遗稿》卷下《书〈尧峰文钞〉后》。
⑥ 惠周惕:《砚谿先生集·呓语集》,第106页。
⑦ 王欣夫撰,鲍正鹄、徐鹏标点整理:《蛾术轩箧存善本书录·癸卯稿》卷四,第1037页。

惠周惕作《送计希深游闽中兼怀林吉人二首》。

惠周惕《送计希深游闽中兼怀林吉人二首》末署"甲戌"①。

康熙三十四年乙亥(1695)　惠周惕五十五岁　惠士奇二十五岁

十月,惠周惕作《家书一通》,告士奇读书之法。

惠周惕《家书一通》署"乙亥冬十月十六日,书于京师寓中。"②

康熙三十五年丙子(1696)　惠周惕五十六岁　惠士奇二十六岁

惠周惕任同考试官。

惠士奇《先府君行状》:"丙子,同考试官。"③

康熙三十六年丁丑(1697)　惠周惕五十七岁　惠士奇二十七岁　惠栋出生

闰三月二十八日,惠周惕卒于官舍,年五十七。

惠士奇《先府君行状》:"丙子,同考试官。未满秩,卒于官舍。时康熙三十六年闰三月二十八日也。"又云:"呜呼！公少而贫,壮而游,艾而仕。盖五十有七年而厄于贫,困于游,踬于仕,屯遭否塞,卒穷以死。"④

十月初五日,惠栋生。

《惠氏宗谱》:"(惠栋)生于康熙三十六年丁丑十月初五日辰时。"⑤

王昶《惠先生墓志铭》:"(惠栋)先生生康熙三十六年丁丑十月初五日。"⑥

康熙四十年辛巳(1701)　惠士奇三十一岁　惠栋五岁

惠士奇与李绂、徐葆光同治诸生业,结诗文之会。

李绂《蒋树存七十寿谨序》:"康熙辛巳秋,余襆被游学吴门,年才二十有七。与徐子亮直、惠子仲儒并治诸生业,谭艺砥学,结诗文之会。"⑦

---

① 惠周惕:《砚谿先生遗稿》卷上《送计希深游闽中兼怀林吉人二首 甲戌》。
② 惠周惕:《砚谿先生遗稿》卷下《家书一通》。
③ 王欣夫撰,鲍正鹄、徐鹏标点整理:《蛾术轩箧存善本书录·癸卯稿》卷四,第1036页。
④ 王欣夫撰,鲍正鹄、徐鹏标点整理:《蛾术轩箧存善本书录·癸卯稿》卷四,第1036—1037页。
⑤ 惠仰泉等主修,惠士阶等纂修:《惠氏宗谱》卷三十二《东渚徙居关上市浜世表》。
⑥ 王昶:《惠先生墓志铭》,钱仪吉、缪荃孙等辑:《清代碑传全集》,第674页。
⑦ 李绂:《穆堂别稿》卷二六《蒋树存七十寿谨序》,《续修四库全书》本,第429页。

康熙四十七年戊子(1708)　　惠士奇三十八岁　惠栋十二岁

惠士奇中乡试第一。

李绂《蒋树存七十寿谨序》:"戊子,余首举于乡,仲儒亦为江南榜首,亮直举京兆试,君(蒋树存)被荐亦在都。"①

《惠氏宗谱》:"康熙戊子,解元。"②

杨超曾《翰林院侍读学士惠公墓志铭》:"康熙戊子,中乡试第一。"③

钱大昕《惠先生士奇传》:"戊子,乡试第一。"④

《康熙四十八年己丑科会试进士三代履历便览》:"惠士奇,仲儒。《易经》。辛亥年八月十五日生,吴县人。戊子一名,会试十六名,二甲十六名,钦授翰林院庶吉士。曾祖万方,隐居不仕。祖有声,禀贡生,敕赠文林郎。父周惕,庚午、辛未翰林院庶吉士。"

康熙四十八年己丑(1709)　　惠士奇三十九岁　惠栋十三岁

惠士奇中进士,选庶吉士。

《惠氏宗谱》:"己丑,中会试十六名。殿试二甲第十六名。馆选庶吉士。"⑤

杨超曾《翰林院侍读学士惠公墓志铭》:"己丑,会试第十六,殿试二甲十六,馆选庶吉士。"⑥

王昶《惠先生墓志铭》:"康熙己丑进士。"⑦

钱大昕《惠先生士奇传》:"明年,成进士,选庶吉士,散馆授翰林院编修。"⑧

惠士奇与李绂入史馆。

李绂《蒋树存七十寿谨序》:"己丑,余与仲儒成进士,入史馆,君与亮直同

---

① 李绂:《穆堂别稿》卷二六《蒋树存七十寿谨序》,第429页。
② 惠仰泉等主修,惠士阶等纂修:《惠氏宗谱》卷三十二《东渚徙居关上市浜世表》。
③ 杨超曾:《翰林院侍读学士惠公墓志铭》,钱仪吉、缪荃孙等辑:《清代碑传全集》,第246页。
④ 钱大昕:《潜研堂文集》卷三十八《惠先生士奇传》,钱大昕著,陈文和主编:《嘉定钱大昕全集》(九),第651页。
⑤ 惠仰泉等主修,惠士阶等纂修:《惠氏宗谱》卷三十二《东渚徙居关上市浜世表》。
⑥ 杨超曾:《翰林院侍读学士惠公墓志铭》,钱仪吉、缪荃孙等辑:《清代碑传全集》,第246页。
⑦ 王昶:《惠先生墓志铭》,钱仪吉、缪荃孙等辑:《清代碑传全集》,第674页。
⑧ 钱大昕:《潜研堂文集》卷三十八《惠先生士奇传》,钱大昕著,陈文和主编:《嘉定钱大昕全集》(九),第651页。

入武英朵殿,修书京莘,游聚之乐,与在吴门无异。"①

李绂《瀛洲亭草二·闰五日国史馆下直储中子招惠天牧小饮次中子韵》。②

康熙五十一年壬辰(1712)　惠士奇四十二岁　惠栋十六岁

惠士奇授编修,纂修《三朝国史》。

《惠氏宗谱》:"壬辰,授编修,纂修《三朝国史》。"③

康熙五十二年癸巳(1713)　惠士奇四十三岁　惠栋十七岁

惠士奇充会试同考官。

《顺康雍三朝会试题名》:"康熙五十二年癸巳科会试,同考,编修惠士奇,江南吴县人,己丑。""康熙五十四年乙未科会试,同考,编修惠士奇,江南吴县人,己丑。"

钱大昕《惠先生士奇传》:"癸巳、乙未会试,再充同考官。"④

江藩《汉学师承记》卷二《惠士奇》:"癸巳、乙未会试,两充同考官。"⑤

康熙五十四年乙未(1715)　惠士奇四十五岁　惠栋十九岁

惠士奇再充会试同考官(同前条)。

康熙五十五年丙申(1716)　惠士奇四十六岁　惠栋二十岁

惠栋补元和县学诸生。

惠栋《九曜斋笔记》卷二"张儋伯"条:"张锡爵,字儋伯,嘉定人。康熙五十五年与余同补博士弟子员。"⑥

---

① 李绂:《穆堂别稿》卷二六《蒋树存七十寿谨序》,第 429 页。
② 李绂:《穆堂初稿》卷八《瀛洲亭草二·闰五日国史馆下直储中子招惠天牧小饮次中子韵》,第 284 页。
③ 惠仰泉等主修,惠士阶等纂修:《惠氏宗谱》卷三十二《东渚徙居关上市浜世表》。
④ 钱大昕:《潜研堂文集》卷三十八《惠先生士奇传》,钱大昕著,陈文和主编:《嘉定钱大昕全集》(九),第 651 页。
⑤ 江藩、方东树著,徐洪兴编校:《汉学师承记(外二种)》卷二《惠士奇》,第 26 页。
⑥ 惠栋:《九曜斋笔记》卷二《张儋伯》,第 15 页。

惠栋《王臞庵六十寿序》:"昔余弱冠,与君同补博士弟子生员。"①

王昶《惠先生墓志铭》:"年二十,补元和县学诸生。"②

陈黄中《惠征君栋墓志铭》:"君世家学,弱冠补弟子员,即遍通诸经,于汉唐说经诸家,熟洽贯穿,而易学尤邃。所著《周易述》一书,专宗汉说,历三十年,四五易稿,犹未卒业,其专心孤诣类如此。"③

康熙五十七年戊戌(1718)　　惠士奇四十八岁　惠栋二十二岁

冬,惠栋作《春秋左传补注序》。

惠栋《春秋左传补注序》末署:"戊戌冬日,东吴惠栋定宇序。"④

康熙五十八年己亥(1719)　　惠士奇四十九岁　惠栋二十三岁

正月,太皇太后升祔礼成,惠士奇奉命祭告炎帝、舜帝陵。

杨超曾《翰林院侍读学士惠公墓志铭》:"己亥,祭告炎帝陵、舜陵。"⑤

钱大昕《惠先生士奇传》:"己亥正月,太皇太后升祔礼成,特命祭告炎帝、舜帝陵。"⑥

《惠氏宗谱》:"己亥春,皇太后升祔礼成,遣官祭岳镇海渎、历代帝王。士奇奉命祭炎陵、舜陵。……康熙五十八年十月编修臣惠士奇恭纪。"

康熙五十九年庚子(1720)　　惠士奇五十岁　惠栋二十四岁

秋,惠士奇充湖广乡试正考官。十一月,提督广东学政。

---

① 惠栋:《松崖文钞》卷二《王臞庵六十寿序》,第 283 页。
② 王昶:《惠先生墓志铭》,钱仪吉、缪荃孙等辑:《清代碑传全集》,第 674 页。
③ 陈黄中:《惠征君栋墓志铭》,钱仪吉、缪荃孙等辑:《清代碑传全集》,第 674 页。
④ 惠栋:《春秋左传补注》,《清经解》卷三百五十三,第 712 页。按:樊宁据上海图书馆藏惠栋《春秋左传补注》稿本指出:《左传补注》初名《春秋左传考》或《春秋考》,与《九经古义》初稿《九经考》为同一系列著作,皆撰于雍正十二年(1734)以前。乾隆六年(1741)左右,随着"古义"思想日趋成型,惠氏又作相关修订,乾隆八年(1743)得见阎若璩《古文尚书疏证》,又进行增补,故《左传补注》稿本修补部分完成于乾隆八年或稍后。参氏著《惠栋〈春秋左传补注〉版本考述》(《文献》2020 年第 6 期)、《从〈春秋左传补注〉的撰作过程看惠栋汉学思想之演进》(《文史》2022 年第 1 辑)。
⑤ 杨超曾:《翰林院侍读学士惠公墓志铭》,钱仪吉、缪荃孙等辑:《清代碑传全集》,第 246 页。
⑥ 钱大昕:《潜研堂文集》卷三十八《惠先生士奇传》,钱大昕著,陈文和主编:《嘉定钱大昕全集》(九),第 651 页。

《清圣祖实录》五十九年十一月丙寅："编修惠士奇提督广东学政"。①

杨超曾《翰林院侍读学士惠公墓志铭》："庚子,主湖广省试,提督广东学政。"②

钱大昕《惠先生士奇传》："庚子秋,主湖广乡试。其冬复奉督学广东之命。"③

《广东通志》卷四十八："惠士奇以文行荐任,以为积善之报。康熙五十九年崇祀乡贤。"④

康熙六十一年壬寅(1722)　惠士奇五十二岁　惠栋二十六岁

梁章钜《国朝臣工言行记》："(惠士奇)舟中题诗寄子,命弃宅田,输县官,复为书曰:犹记康熙六十一年秋,岁试初毕,还省城,与将军管源忠、巡抚杨宗仁燕语。管谓予曰:'老先生不名一钱,固善,万一日后奉旨当差,如之何?'杨正色曰:'天理可凭,决无此事,吾能保之。'予摇首曰:'保不得!保不得!'杨愕然曰:'何谓也?'予曰:'男儿堕地,死生祸福已前定,万一吾命当死,公能保我不死耶? 君子惟洁乃心,尽厥职而已,他非所知也。'管左右顾,笑曰:'好汉!好汉!'予当时已料及此事,君能致其身,即粉骨分所不辞,倘有几微难色,便非好汉。汝当仰体我心,欢欣鼓舞,以乐饥寒,则我快然无憾矣。"⑤

雍正元年癸卯(1723)　惠士奇五十三岁　惠栋二十七岁

惠士奇学政任期满,得广东巡抚年希尧、两广总督杨琳奏保留任。

《宫中档雍正朝奏折》:雍正元年六月二十日,署理广东巡抚事务年希尧奏陈学臣清方公明折云:"窃臣到任后,闻学臣惠士奇清介自持,取士秉公,细加察访,岁科两试,果然不受贿赂,不徇情面。所取文武生童,多系孤寒之士,十府一州,莫不悦服。能仰体皇上作养人才之盛心,是诚不负圣恩。如此廉洁之员,

---

① 《清圣祖实录》卷二百九十,五十九年十一月丙寅,《清实录》第六册,第819页。
② 杨超曾:《翰林院侍读学士惠公墓志铭》,钱仪吉、缪荃孙等辑:《清代碑传全集》,第246页。
③ 钱大昕:《潜研堂文集》卷三十八《惠先生士奇传》,钱大昕著,陈文和主编:《嘉定钱大昕全集》(九),第651页。
④ 《广东通志》卷四十八,《四库全书》本。
⑤ 梁章钜:《国朝臣工言行记》卷十三引《测海集》"惠士奇"条,《清代传记丛刊》本,第55册,第657—658页,转引自漆永祥:《江藩与〈汉学师承记〉研究》,第306页。

未易多得。今考试已竣,现遵部文补试加额童生。据通省生童赴臣衙门具呈,恳请题留再任。臣不敢壅于上闻,相应具折据实奏知。伏乞皇上睿鉴。谨奏。"雍正朱批云:"今另差一员前往,可保比惠士奇更胜也。"①

同年八月廿三日,两广总督杨琳奏陈年希尧官声折云:"广东学臣编修惠士奇校士公明,一文不取,臣初亦未敢尽信,今三年已满,现今补考特恩广额童生,亦将完毕,则其始终如一矣。臣遍历各省,所遇学臣中仅见者。有此清操特出之员,臣何敢掩没不为上闻,合并奏知。谨奏。"雍正朱批云:"早有旨留任三年矣!"又云:"惠士奇观其人吏治可以用得否?"②

十一月十六日,杨琳奏覆惠士奇非吏治长材折云:"本年十月二十九日,奉到朱批。臣奏广东学臣惠士奇清操折内奉批'早有旨留三年矣!''惠士奇观其人吏治可以用得否?钦此。'查惠士奇校士公明,臣已试之三年,是以敢为奏闻。但惠士奇虽未做过临民之官,臣与之共事三年,观其作用,惟有衡文乃其所长,恐非吏治之长材也。理合面奏。"雍正朱批云:"如此据实方是,知道了。"③

杨超曾《翰林院侍读学士惠公墓志铭》:"世宗宪皇帝御极,复以中允超授学士。……雍正元年癸卯,留任四年。"④

钱大昕《惠先生士奇传》:"世宗御极,复命留任三年。"⑤

雍正二年甲辰(1724)　惠士奇五十四岁　惠栋二十八岁

惠士奇延徐夔入幕。

惠栋:"故友长洲徐君夔字龙友,为何丈义门高弟。性倜傥,诗才清丽。先

---

① 《宫中档雍正朝奏折》第一辑,第 376 页。
② 《宫中档雍正朝奏折》第一辑,第 646 页。
③ 《宫中档雍正朝奏折》第二辑,第 66—67 页。又《世宗宪皇帝朱批谕旨》卷十四元年八月二十三日:"广东学臣编修惠士奇,校士公明,一文不取。臣初未敢尽信。今三年已满,现在补考广额童生亦将完毕,则其始终如一,可以深信。似此清廉操持出之员,臣何敢匿不上闻。"雍正朱批云:"惠士奇操守廉洁,知道了。才情可宜于吏治否? 尔其审视,更奏以闻。"杨琳回奏:"臣与之共事三年,观其作用,惟有衡文乃其所长,恐非吏治之长也。"
④ 杨超曾:《翰林院侍读学士惠公墓志铭》,钱仪吉、缪荃孙等辑:《清代碑传全集》,第 246 页。
⑤ 钱大昕:《潜研堂文集》卷三十八《惠先生士奇传》,钱大昕著,陈文和主编:《嘉定钱大昕全集》(九),第 651 页。

君视学粤东,延之入幕,时雍正甲辰也。明年秋,以病卒于高凉。"①

十二月初九,惠士奇作《奏奉圣训叩谢天恩折》。

《宫中档雍正朝奏折》:提督广东学政翰林院编修加一级臣惠士奇奏为恭谢圣训事。雍正二年十一月二十八日,新选广东粮道吴焵于舟次叩宣皇上面谕:"'大凡读书人,谨厚安静,循规蹈矩。如河南开封秀才罢考强梁,张廷璐不能教训,大负朕心。可先下旨于惠士奇,学院为士子表率,于每县中择品行端方、学术纯正者,奖励鼓舞,成个明体达用之儒。俾一乡观感兴慕,则一县之人,无不学为端方纯正矣。总要不务虚名,躬行实践,士风方能挽回。将此亦下与惠士奇,钦此。'臣跪听圣训叩谢恩讫。钦惟我皇上兴廉举孝,褒德禄贤。僻在海隅,咸知向化。恭承天语,弥切冰兢。现在遍行确核有端方纯正者加意奖励外,另造册报部,鼓舞一乡之善玉,成全粤之材。仰服期克副帝心,俯用竭尽臣力。又臣素系寒士,并无的当家人,谨封固附督臣孔毓珣代进。臣谨奏。"雍正朱批云:"只要务实。"②

雍正四年丙午(1726)　　惠士奇五十六岁　　惠栋三十岁

惠士奇补詹事府右春坊右中允,升翰林院侍讲学士,转侍读学士。十一月,奉旨还京。

《惠氏宗谱·节旌录》:"雍正四年十一月奉旨:惠士奇在任六年,声名甚好。着来京陛见。钦此。"③

杨超曾《翰林院侍读学士惠公墓志铭》:"丙午,补詹事府右春坊右中允,升翰林院侍讲学士,转侍读学士。"④

钱大昕《惠先生士奇传》:"任满还都,送行者如堵墙。既去,粤人尸祝之,设木主配食先贤,潮州于昌黎祠,惠州于东坡祠,广州于三贤祠,每元旦及生辰,诸生咸肃衣冠入拜。其得士心如此。"⑤

---

① 王欣夫撰,鲍正鹄、徐鹏标点整理:《蛾术轩箧存善本书录·庚辛稿》卷四,第240页。
② 《宫中档雍正朝奏折》第三辑,第583—584页。
③ 惠仰泉等主修,惠士阶等纂修:《惠氏宗谱》卷五《节旌录》。
④ 杨超曾:《翰林院侍读学士惠公墓志铭》,钱仪吉、缪荃孙等辑:《清代碑传全集》,第246页。
⑤ 钱大昕:《潜研堂文集》卷三十八《惠先生士奇传》,钱大昕著,陈文和主编:《嘉定钱大昕全集》(九),第652页。

雍正五年丁未(1727)　　惠士奇五十七岁　　惠栋三十一岁

正月二十五日,惠士奇面圣奏对不称旨,为雍正斥责,罚修镇江城。

《世宗宪皇帝朱批谕旨》五年正月二十五日:"惠士奇前在粤东,声称藉甚。及见其人,庸平之至,想系随波逐流、与时俯仰、到处逢迎、窃名邀誉之所致耳,此等欺世盗名之行为,断不可效法。"①

杨超曾《翰林院侍读学士惠公墓志铭》:"丁未,奉旨修理镇江城垣。"②

钱大昕《惠先生士奇传》:"丁未五月,奉旨修理镇江城,即束装赴工所,弃产兴役,所修不及二十分之一,以产尽停工罢官。"③

十月十六日,惠栋长子嘉学出生。

《惠氏宗谱》:"栋之长子:嘉学,字伯台,生于雍正五年丁未十月十六日巳时,卒于乾隆十八年癸酉十二月初四日辰时,仅年二十七岁。娶陈氏,生于雍正八年庚戌十一月初三日戌时,卒于乾隆二十二年丁丑十月初七日辰时,仅年二十九岁,合葬于倪家巷父茔之次。子一,廷凤。"④

雍正七年己酉(1729)　　惠士奇五十九岁　　惠栋三十三岁

五月二十八日,《上谕内阁》载惠士奇罚修镇江城事。

雍正《上谕内阁》七年五月二十八日:"又奉上谕:翰林院侍讲学士惠士奇,前任广东学政时,该督抚人人称其善。巡抚年希尧极力保荐,乞再留粤三年,是以复令其留任。嗣后,督抚等亦无不交称扬,誉言日闻于朕。及差满来京,进见时,见其举止轻佻,奏对不实。至问以地方利弊,茫然不知;问以官员贤否,亦一味含糊。惟极力袒庇方愿瑛。又荐一年迈不能出仕之人,求朕旌奖。似此居心行事,与朕前此所闻迥异。况在粤两任,未闻陈奏地方利弊一事。其为沽取誉名,视国事如膜外,谄媚督抚,致令越格保荐也,明矣。其人甚属巧诈,朕留心细加察访,其在学政任内亦并非一尘不染之人。从前将伊留任三年,竟为所欺矣。似此巧诈奸诡之风,不可不遏。着交与祖秉衡,令伊修理镇江城垣,效力以

---

① 《世宗宪皇帝朱批谕旨》,五年正月二十五日,《四库全书》本。
② 杨超曾:《翰林院侍读学士惠公墓志铭》,钱仪吉、缪荃孙等辑:《清代碑传全集》,第246页。
③ 钱大昕:《潜研堂文集》卷三十八《惠先生士奇传》,钱大昕著,陈文和主编:《嘉定钱大昕全集》(九),第652页。
④ 惠仲泉等主修,惠士阶等纂修:《惠氏宗谱》卷三十二《东渚徙居关上市浜世表》。

赎欺诈之罪！"①

六月十二日，惠栋次子嘉绪出生。

《惠氏宗谱》："栋之次子：嘉绪，后改承绪，字秉高，大学生。生于雍正七年己酉六月十二日，元聘姚氏，继娶余氏，生于雍正十三年乙卯四月二十七日辰时，卒俱失考。子二，廷鸾、廷鹓。"②

雍正八年庚戌(1730)　　惠士奇六十岁　　惠栋三十四岁

惠栋始钻研易学，当在此前后。

惠栋《沈君果堂墓志铭》："余学《易》二十年，集荀、郑、虞诸家之说，作《周易述》。"③

雍正九年辛亥(1731)　　惠士奇六十一岁　　惠栋三十五岁

惠士奇作《祭从兄端明先生文》。

《惠氏宗谱》："士楷字端明。……生于康熙六年十一月二十九日丑时，卒于雍正九年五月初五日戌时，享年六十五岁。"④

惠士奇《祭从兄端明先生文》："今岁季夏，闻兄炳革。有客投书，叩门声急。忽得凶问，端午日卒。未及开缄，执书而泣。"⑤

惠栋始著《后汉书补注》，历十一年成书。《后汉书补注》成书时间，漆永祥先生《东吴三惠著述考》考述详尽，转录如下：

> 北京大学图书馆藏薛寿校德裕堂刊本《后汉书补注》：第一本末题朱笔补录原书惠氏自识云："雍正九年，缘事查产，对簿之暇，因著是书。十一年成。"并有"惠栋"白文长方印。又第三本末题云："缘事查产，写吴中

---

① 《世宗宪皇帝上谕内阁》卷八十一，七年五月二十八日。按：《雍正朝起居注册》"雍正七年五月二十九日内阁奉上谕"条亦有收录，仅个别词语有异(中国第一历史档案馆编：《雍正朝起居注册》第四册，第2834页)。
② 惠仰泉等主修，惠士阶等纂修：《惠氏宗谱》卷三十二《东渚徙居关上市浜世表》。
③ 惠栋：《松崖文钞》卷二《沈君果堂墓志铭》，第287页。按：谷继明《参赞化育：惠栋易学考古中的大道微言》对此已有考证，今从其说(生活·读书·新知三联书店2024年版，第445页)。
④ 惠仰泉等主修，惠士阶等纂修：《惠氏宗谱》卷三十二《东渚徙居关上市浜世表》。
⑤ 惠仰泉等主修，惠士阶等纂修：《惠氏宗谱》卷五《祭文》。

醋坊桥。"第四本末题云："丁巳(1737)馆尚衣署撰。(案黄裳,字尚衣,号集芙,嘉定人。)"第五本末题云："庚申(1740)寓粤东西湖街撰。"第六本末题云："辛酉(1741)寓金陵库使署抄。"亦有"惠栋"印。第七本末题云："壬戌(1742)二月艮受丙撰毕。是年,立哄毕,课子弟。"有"惠栋"印。第八本末题云："壬戌三月巽受辛撰毕。"第九本末题云："壬戌四月一日撰毕。"有"惠栋"印。第十、十一、十二本末皆有"定宇"印。如是,则惠书始撰于雍正九年(1731),成于乾隆七年(1742),恰为十一年,故知后数卷虽不注何年所撰,皆可推知皆成于壬戌也。①

惠士奇罢官。

杨超曾《翰林院侍读学士惠公墓志铭》："辛亥,以产尽停工,罢官。"②

雍正十二年甲寅(1734)　　惠士奇六十四岁　　惠栋三十八岁

九月十六日,《雍正朝起居注册》记有惠士奇罚修镇江城事。

《雍正朝起居注册》十二年九月十六日引《丝纶簿》："镇守江南京口镇海将军王釴奏:'原任直隶布政使杨绍、原任翰林院侍讲学士惠士奇奉旨修理镇江府城垣,查杨绍共用过银一万八百余两,惠士奇用过银三千九百余两,咸称家产已尽,应否令其回籍?候旨遵行'一疏。奉谕旨:'杨绍准其回籍。惠士奇夤缘督抚,保留两任学政。伊在广东,惟事逢迎,巧诈沽名,致令士习浮嚣,毫无整顿约束,深负委用之恩。及离任回京,奸状毕露,派修镇江城垣,又复迟延推诿,将资财尽为藏匿,只修三千余两之工程,兼欲邀清廉之名,希图脱卸,甚属奸鄙。着乃留镇江,再修二千金之工,该将军奏闻请旨,倘敢怠玩,即行纠参,令加重处。'"③

夏秋间,惠栋始作《古文尚书考》。

惠栋《古文尚书考》："予少疑后出古文,年大来文理未进,未敢作书指斥。甲寅夏秋间,偶校九经注疏,作《疑义》四条、辨《正义》四条。继又作《古文证》

---

① 漆永祥:《东吴三惠著述考》,袁行霈主编:《国学研究》第14卷,第401页。
② 杨超曾:《翰林院侍读学士惠公墓志铭》,钱仪吉、缪荃孙等辑:《清代碑传全集》,第246页。
③ 中国第一历史档案馆编:《雍正朝起居注册》第五册,第3999页。转引自漆永祥:《东吴三惠著述考》注释语。(袁行霈主编:《国学研究》第14卷,第61页)

九条、辨《伪书》十五条,又先后续出两条,共为一卷。其二十五篇采摭传记,兼录其由来,藏箧衍数年矣。"①

雍正十三年乙卯(1735)　惠士奇六十五岁　惠栋三十九岁

惠栋《九经古义》之《周易古义》约成于是年。

王欣夫先生曾于苏州文物管理委员会得见《周易古义》手稿一册,序题乙卯,为雍正十三年。②

四月二十八日,惠栋四子嘉附出生。

《惠氏宗谱》:"栋之四子:嘉附,字宣文,生于雍正十三年乙卯四月二十八日,卒失考。"③

乾隆元年丙辰(1736)　惠士奇六十六岁　惠栋四十岁

惠士奇奉旨调取来京引见,入三礼馆。所欠修城银两得宽免。

史语所藏内阁大库档案乾隆元年七月间三礼馆总裁鄂尔泰等奏称:"臣等公同于翰詹官员内选派得:侍读徐用锡、李清植,编修徐以升,庶吉士赵青藜、徐铎、金门诏,候补侍读惠士奇,中允任启运,原任庶吉士宋照,原任湖广岳州府教授现举博学鸿词王文清,福建贡生官献瑶,江南生员和风翔共十二员,俱留心经学,堪膺纂修之任,相应请旨取入。又有江南举人蔡德晋,臣杨名时素知其亦留心经学,应请旨一并取入,令充纂修。"④

杨超曾《翰林院侍读学士惠公墓志铭》:"乾隆元年乙卯,吏部带领引见,奉旨以侍读用。丙辰,补翰林院侍读。"钱仪吉于"乾隆元年乙卯"后作按语云:"元年丙辰,此在思旨起废时雍正十三年也。"⑤

钱大昕《惠先生士奇传》:"今天子即位,有旨调取来京。引见,以讲读用。所欠修城银两得宽免。"⑥

---

① 惠栋:《古文尚书考》卷一,第705页。
② 王欣夫撰,鲍正鹄、徐鹏标点整理:《蛾术轩箧存善本书录·甲辰稿》卷三,第1316—1317页。
③ 惠仰泉等主修,惠士阶等纂修:《惠氏宗谱》卷三十二《东渚徙居关上市浜世表》。
④ 张涛:《乾隆三礼馆史论》,上海人民出版社2015年版,第124页。
⑤ 杨超曾:《翰林院侍读学士惠公墓志铭》,钱仪吉、缪荃孙等辑:《清代碑传全集》,第246页。
⑥ 钱大昕:《潜研堂文集》卷三十八《惠先生士奇传》,钱大昕著,陈文和主编:《嘉定钱大昕全集》(九),第652页。

惠士奇与李绂相遇京师,以《礼说》见示。

李绂《蒋树存七十寿谨序》:"今春,仲孺蒙召复官,出其《礼说》相赏析。"①

惠栋与王膴庵定交。

惠栋《王膴庵六十寿序》:"余年四十,始与君遇于某公许,君读余《钟葵歌》及序,颇击节。"②

乾隆二年丁巳(1737)　惠士奇六十七岁　惠栋四十一岁

六月,惠士奇补侍读学士。

钱大昕《惠先生士奇传》:"丁巳六月,补侍读,时已垂老,耳渐聋。"③

惠栋作《书蒋盘漪临李少温谦卦后》、《河议》。

惠栋《书蒋盘漪临李少温谦卦后》、《河议》末署"丁巳稿"④。

惠栋校并跋《大戴礼记》。

"高安朱文端公刻《藏书》十三种,内有《大戴礼记》一种,序云于年友满制府案头得宋刻善本,录而读之,为正句读而付之梓。则是本乃从宋刻校刊。丁巳季秋从雅雨先生借校一过。松崖。"⑤

乾隆四年己未(1739)　惠士奇六十九岁　惠栋四十三岁

四月一日,惠士奇以病告归。

史语所藏内阁大库档案乾隆四年四月十一日:"翰林院典薄厅为移会事,照得本衙门侍读惠士奇、编修诸锦俱于四月初一日告假回籍,相应知会贵馆可也。"⑥

惠栋《吴人以丧肃宾》:"先君子以乾隆四年,乞假里居。"⑦

---

① 李绂:《穆堂别稿》卷二六《蒋树存七十寿谨序》,第430页。
② 惠栋:《松崖文钞》卷二《王膴庵六十寿序》,第283页。
③ 钱大昕:《潜研堂文集》卷三十八《惠先生士奇传》,钱大昕著,陈文和主编:《嘉定钱大昕全集》(九),第652页。
④ 惠栋:《松崖文钞》卷二《书蒋盘漪临李少温谦卦后》,第270、276页。
⑤ 王欣夫撰,鲍正鹄、徐鹏标点整理:《蛾术轩箧存善本书录·辛壬稿》卷一《大戴礼记》,第385页。
⑥ 张涛:《乾隆三礼馆史论》,第303页。
⑦ 惠栋:《松崖笔记》卷一《吴人以丧肃宾》,第2页。

钱大昕《惠先生士奇传》:"己未春,以病告归。"①

按:杨超曾《翰林院侍读学士惠公墓志铭》作"戊午,告归"②;江藩《汉学师承记》作"戊午,以病告归"③。杨、江所言疑有误。

六月,八旗志书馆告成,惠士奇奉旨着纪录二次。

《惠氏宗谱·纪恩录》:"乾隆四年六月,八旗志书馆告成。奉旨着纪录二次。"④

惠栋代惠士奇作《募修鹤林禅院疏》,似在是年。

惠栋《募修鹤林禅院疏》小注题"代家君",文中有云:"昔年于役,曾攀戴寺之松;今日归田,尚忆秦潭之月。"⑤

惠栋作《重卦考》。

惠栋《重卦考》末署"己未稿"⑥。

四月二十七日,惠栋五子嘉蕚出生。

《惠氏宗谱》:栋之五子:嘉蕚,字汉臣,生于乾隆四年己未四月二十七日,卒缺。⑦

乾隆六年辛酉(1741)　惠士奇七十一岁　惠栋四十五岁

三月二十二日,惠士奇卒,年七十一。

《惠氏宗谱》:"(士奇)卒于乾隆六年辛酉三月二十二日,享寿七十有一岁。娶朱氏处士宗昌公之长女,诰封安人,累赠宜人。生于康熙壬子正月二十三日,卒于雍正十一年癸丑六月初十日,享年六十二岁。于乾隆六年辛酉十一月十九日合葬于吴县二十二都七图冬字圩先茔之次癸山丁向。"⑧

杨超曾《翰林院侍读学士惠公墓志铭》:"吾师侍读学士惠公,以乾隆四年移病告归。又二年三月,考终于里第。其八月,孤子栋等以公与元配朱宜人合葬。"⑨

---

① 钱大昕:《潜研堂文集》卷三十八《惠先生士奇传》,钱大昕著,陈文和主编:《嘉定钱大昕全集》(九),第652页。
② 杨超曾:《翰林院侍读学士惠公墓志铭》,钱仪吉、缪荃孙等辑:《清代碑传全集》,第246页。
③ 江藩、方东树著,徐洪兴编校:《汉学师承记(外二种)》卷二《惠士奇》,第27页。
④ 惠仲泉等主修,惠士阶等纂修:《惠氏宗谱·纪恩录》。
⑤ 惠栋:《松崖文钞》卷二《募修鹤林禅院疏》,第286页。
⑥ 惠栋:《松崖文钞》卷一《重卦考》,第268页,第270页。
⑦ 惠仲泉等主修,惠士阶等纂修:《惠氏宗谱》卷三十二《东渚徙居关上市浜世表》。
⑧ 惠仲泉等主修,惠士阶等纂修:《惠氏宗谱》卷三十二《东渚徙居关上市浜世表》。
⑨ 杨超曾:《翰林院侍读学士惠公墓志铭》,钱仪吉、缪荃孙等辑:《清代碑传全集》,第246页。

钱大昕《惠先生士奇传》:"辛酉三月,卒,年七十有一。"①

乾隆七年壬戌(1742)　惠栋四十六岁

惠栋校《春秋公羊传注疏》。

"壬戌六月十八乙巳始,廿六日癸丑毕。"②

乾隆八年癸亥(1743)　惠栋四十七岁

春,惠栋见阎若璩《尚书古文疏证》稿本,采其说以为佐证,《古文尚书考》始成定本。

惠栋《古文尚书考》:"癸亥春,于友人许得太原阎君《古文疏证》,其论与予先后印合。大氐后出《古文》,先儒疑者不一,第皆惑于孔冲远之说,以郑氏二十四篇为伪书,遂不得真古文要领,数百年来终成疑案耳。阎君之论,可为助我张目者,因采其数语附于后。其博引传记逸书别为一卷,亦间附阎说,后之学者详焉。"③

惠栋与沈大成交往。

沈大成《亡友惠征君授经图四十六韵》:"忆昔岁癸卯,余时客吴门。始叩红豆斋,老树上参天。诗书塞墙壁,几榻罗丹铅。匆匆便别去,未及相讨论。"④

乾隆九年甲子(1744)　惠栋四十八岁

惠栋乡试以《汉书》立论,为考官所黜,息意进取。

王昶《惠先生栋墓志铭》:"甲子乡试,以用《汉书》,为考官所黜,由是息意进取。"⑤

惠栋《易汉学》稿成。

---

① 钱大昕:《潜研堂文集》卷三十八《惠先生士奇传》,钱大昕著,陈文和主编:《嘉定钱大昕全集》(九),第652页。
② 王欣夫撰,鲍正鹄、徐鹏标点整理:《蛾术轩箧存善本书录·癸卯稿》卷一《春秋公羊传注疏》,第769—770页。
③ 惠栋:《古文尚书考》,第705页。
④ 沈大成:《亡友惠征君授经图四十六韵》,《学福斋诗集》卷三十三,《续修四库全书》本,上海古籍出版社2002年版,第413页。
⑤ 王昶:《惠先生栋墓志铭》,钱仪吉、缪荃孙等辑:《清代碑传全集》,第674页。

惠栋《易汉学自序》:"呜呼!先君子即世三年矣!以栋之不才,何敢辄议著述。然以四世之学,上承先汉,存什一于千百,庶后之思汉学者,犹知取证,且使吾子孙无忘旧业云。"①

按:惠士奇卒于乾隆六年(1741),《易汉学自序》作于"即世三年",书当成于是年。

乾隆十一年丙寅(1746)　惠栋五十岁

惠栋专心经术,尤邃于《易》。

钱大昕《惠先生栋传》:"年五十后,专心经术,尤邃于《易》。……予尝论宋元以来,说经之书盈屋充栋。高者蔑弃古训,自夸心得,下者剿袭人言,以为己有。儒林之名,徒为空疏藏拙之地。独惠氏世守古学,而先生所得尤深。拟诸汉儒,当在何邵公、服子慎之间,马融、赵岐辈不能及也。"②

乾隆十三年戊辰(1748)　惠栋五十二岁

王昶从惠栋问学。

严荣、瑞唐编《述庵先生年谱》:"十三年戊辰,二十五岁。五月,见惠定宇秀才栋,因识沈冠云贡生彤、李客山布衣果。定宇博通经术,于汉学最深;冠云通三礼,又与客山并以古文称,自是潜心经术。"③

王昶《惠先生墓志铭》:"余弱冠游诸公间,因得问业于先生。"④

王昶《湖海诗传》:"丁卯、戊辰后,予与凤喈、晓徵、企晋从而羽翼之,继卢雅雨、毕秋帆又为尽梓所作行世。而《四库全书》馆开,纪晓岚、陆健男悉取其书,作为提要,发明大指,然后古经师大儒流传之绪,犹可窥其涯略,皆征君力也。"⑤

秋,沈彤著《周官禄田考》成。惠栋为之作序。

---

① 惠栋:《松崖文钞》卷一《易汉学自序》,第270页。
② 钱大昕:《潜研堂文集》卷三十九《惠先生栋传》,钱大昕著,陈文和主编:《嘉定钱大昕全集》(九),第662—667页。
③ 按:严荣、瑞唐编《述庵先生年谱》,嘉庆十二年塾南书舍刻本《春融堂集》附录。
④ 王昶:《惠先生墓志铭》,钱仪吉、缪荃孙等辑:《清代碑传全集》,第675页。
⑤ 王昶著,周维德辑校:《蒲褐山房诗话新编》,第52页。

沈彤《果堂集》卷五《后序》①。

乾隆十四年己巳(1749)　　惠栋五十三岁

惠栋始著《周易述》。

惠承绪、惠承萼《周易述》卷首题识:"先子研精覃思于汉儒易学,凡阅四十余年,于乾隆己巳始著《周易述》一书,手定为四十卷。如《易微言》、《易大义》、《易例》、《易法》、《易正讹》、《明堂大道录》、《禘说》,俱以与《易》互相发明,故均列卷内。不谓书未成而疾作,命不肖辈曰:"余之精力尽于此书,平时穿穴群经,贯串周秦汉诸子之说,因得继绝表微,于圣人作《易》本旨,庶乎有合。独以天不假年,未能卒业为憾。今已脱稿者,惟《明堂大道录》及《禘说》两种耳。《下经》尚缺十有四卦,与《序卦传》、《杂卦传》俱未脱稿,而《易微言》采辑十有七八,《易大义》止有《中庸》一种,《易例》则粗有端绪。然皆随笔记录,为未成之书,知音者希,真赏殆绝。汝其录而藏之,毋致迷失可也。"不肖泣而识之,不敢失坠。居庐时,收拾遗书,亟录副本,间有涂抹点窜,不能辨识者,为搜所引原书,覆加参订,编辑成帙。会两淮运使卢公,以书来征先子著作,将为梓行,以惠学者。今年夏,《周易述》二十卷先已刻竣,盖距先子之殁已逾小祥矣。……己卯秋日,男承绪、承萼谨识。"②

冬,惠栋作《太上感应篇》序。

惠栋《太上感应篇注自序》:"汉术士魏伯阳著《参同契》,荀爽、虞翻、干宝诸儒采以注《易》。后之言《易》者,未能或之先也。盖魏晋以前,道家之学未尝不原本圣人。惟是圣人赞化育,以天地万物为坎离;术士炼精魄,以一身为坎离为较异耳。然《玉钤经》言:'求仙者,必以忠孝、友悌、仁信为本。'故《宋·艺文志》及《道藏》皆有《太上感应篇》一卷,即《抱朴子》所述汉世道戒,皆君子持己立身之学,其中如三台、北斗、司命、灶神之属,证诸经传,无不契合,劝善之书,称为最古,自此以下无讥焉。雍正之初,先慈抱病,不肖栋日夜尝药,又祷于神,发愿注《感应篇》以祈母疾。天诱其衷,母疾有间。因念此书感应之速,欲

---

① 沈彤:《果堂集》卷五《后序》,《清经解》本。
② 《周易述》卷首惠承绪、惠承萼题识。引自陈国庆、刘莹:《中国学术思想史编年　明清卷》,陕西师范大学出版社 2006 年版,第 418 页。

公诸同好。余友杨君石渔见之叹曰:'此书得此注,不惟可以劝善,且使后世道家知魏晋以前,求仙之本,初未尝有悖于圣人,反而求之忠孝、友悌、仁信之间而致力焉,是亦圣人之徒也。其诸君子亦有乐于是欤?'既镂诸版,而仍问序于余。余嘉杨君子好善,因述注书之由趣而为之序。乾隆十四年冬日惠栋序。"①

钱大昕从惠栋问学,约在是年。

钱大昕《古文尚书考序》:"予弱冠时谒先生于泮环巷宅,与论《易》义,更仆不倦,盖谬以予为可与道古者。忽忽卅余载,楹书犹在,而典型日远,缀名简末,感慨系之。"②

按:钱大昕生于雍正六年(1728),弱冠问学惠栋,当在是年。

惠栋与张锡爵晤谈,张以诗赠。

惠栋《九曜斋笔记》卷二"张儋伯"条:"张锡爵,字儋伯,嘉定人。康熙五十五年与余同补博士弟子员。乾隆己巳来晤予,握别三十四年矣。赠余诗云:'三十年前问惠施,翩翩公子擅文词。缥囊细帙吴欧舫,丹荔红蕉岭外厄。老去相逢霜满鬓,秋来闭阁草侵墀。著书拥鼻名家事,莫厌虚堂病起迟。'盖予丁卯秋病,至己巳尚未已也。"③

乾隆十五年庚午(1750)　　惠栋五十四岁

惠栋重阅《春秋公羊传注疏》。

"庚午三月初五戊申重阅。"④

惠栋校阅《荀子》。

"庚午十一月十三日阅一过"、"《荀子》六册,先君手阅,内阙一册,此册为栋补阅也。庚午十二月谨识。卷六末"。⑤

余萧客以《注雅别钞》就正于惠栋,受业称弟子。

江藩《汉学师承记》卷二《余古农先生》:"年二十二,以《注雅别钞》就正于

---

① 惠栋:《松崖文钞》卷一《太上感应篇注自序》,第 273 页。
② 钱大昕:《潜研堂文集》卷二十四《古文尚书考序》,钱大昕著,陈文和主编:《嘉定钱大昕全集》(九),第 369 页。
③ 惠栋:《九曜斋笔记》卷二《张儋伯》,第 15 页。
④ 王欣夫撰,鲍正鹄、徐鹏标点整理:《蛾术轩箧存善本书录·癸卯稿》卷一《春秋公羊传注疏》,第 769—770 页。
⑤ 王欣夫撰,鲍正鹄、徐鹏标点整理:《蛾术轩箧存善本书录·辛壬稿》卷三《荀子》,第 561 页。

松崖先生。先生曰：'陆佃、蔡卞，乃安石新学，人人知其非，不足辨。罗愿，非有宋大儒，亦不必辨。子读书撰著，当务其大者远者。'先生闻之矍然，遂执贽受业，称弟子焉。"①

按：任兆麟《余君萧客墓志铭》："君没于乾隆四十二年某月某日，年四十有九。"②推之，余萧客生于雍正七年（1729），年二十二，当在是年。

乾隆十六年辛未（1751）　惠栋五十五岁

朝廷诏举经明行修之士，尹继善、黄廷桂荐惠栋，未及进而罢归。

顾栋高《后汉书补注序》："辛未之岁，今天子诏内外官员列荐海内笃志经学、博物洽闻之士，大吏以君名上，会天子慎重遴选，诏大学士九卿核定四人，先生不得与，而余以衰老滥膺恩命。"③

王昶《惠先生墓志铭》："乾隆十六年，天子诏举经明行修之士，两江总督黄公廷桂、陕甘总督尹公继善咸以先生名上。会大学士九卿索所著书，未及进，罢归。"④

陈黄中《惠征君栋墓志铭》："晚岁一应公车征，且以为几得售矣。又未及抵都，辄报罢。"⑤

江藩《汉学师承记》卷二《惠松崖》："乾隆十五年，诏举经明行修之士，两江总督文端公尹继善、文襄公黄廷桂，交章论荐，有'博通经史，学有渊源'之语。会大学士九卿索所著书，未及进而罢归。"⑥

《惠氏宗谱》卷三《征君松崖公传赞》："乾隆十六年，诏举经明行修之士，江督黄廷桂、陕督尹继善交荐之。会大学士九卿索所著书，未及进，罢归。"

按：据《清高宗实录》：乾隆十四年十一月颁谕旨，大学士、九卿、督抚遴访老成敦厚、淳朴渊通之士。此事延宕至十六年五月，始保举经学陈祖范、吴鼎、梁锡玙、顾栋高四人。惠栋得荐未及进而罢归事，各方记载有所抵牾，今取乾隆十六年说。

---

① 江藩、方东树著，徐洪兴编校：《汉学师承记（外二种）》卷二《余古农先生》，第40页。
② 任兆麟：《余君萧客墓志铭》，钱仪吉、缪荃孙等辑：《清代碑传全集》，第677页。
③ 顾栋高：《后汉书补注序》，惠栋：《后汉书补注》，第512页。
④ 王昶：《惠先生墓志铭》，钱仪吉、缪荃孙等辑：《清代碑传全集》，第674页。
⑤ 陈黄中：《惠征君栋墓志铭》，钱仪吉、缪荃孙等辑：《清代碑传全集》，第674页。
⑥ 江藩：《汉学师承记（外二种）》卷二《惠松崖》，第30页。

惠栋《王臞庵六十寿序》约作于是年。

惠栋《王臞庵六十寿序》："余与王臞庵交十五年矣……余年四十,始与君遇于某公许,君读余《钟葵歌》及序,颇击节。时君太夫人春秋无恙,余登堂拜母,遂定金石之盟。……先是,岁己巳为君六十悬弧之辰,同人多有赠言,余以病弗与。今岁,病稍间,君顾余曰:'子终无一言见及乎？'余笑曰:'诺,当为君举开一之觞书此为侑,且以志素交云。'"①

按:惠栋年四十与王臞庵定交,二人相识十五年,当为是年。

乾隆十七年壬申(1752)　惠栋五十六岁

惠栋校阅《荀子》。

"壬申二月初六日,又阅一过。以上卷二十末。"②

惠栋校《春秋公羊传注疏》。

"壬申二月十七己酉复阅。松崖。"③

"乾隆己未冬,偶见曹通政寅所藏蜀本《公羊》于友人沈君腾友许,借以校六、七、八三卷未毕,适有闽中之行,辍笔而往。此书腾友嗣君鬻诸他氏,遂不见,怅然久之。今岁偶借小山何氏校本,与沈君略同,大喜过望。校毕两卷,因书于后云。乾隆壬申九月卅日记,松崖"、"壬申九月,得吴江沈君所藏小山何氏本校,仅五册。今岁春始获何氏手校足本校正,遂成完璧。癸酉二月下浣又记,松崖"。④

惠栋作《读经笔记序》。

惠栋《读经笔记序》:"乾隆辛未、壬申间,先生(管凤苞)屡至吴门,以其书示栋,且谓栋曰:'子为我序之。'栋受而卒业焉。"⑤

十二月,惠栋作《沈君果堂墓志铭》。

惠栋《沈君果堂墓志铭》:"乾隆十七年十月二十五日,吴江沈君果堂以疾

---

① 惠栋:《松崖文钞》卷二《王臞庵六十寿序》,第283页。
② 王欣夫撰,鲍正鹄、徐鹏标点整理:《蛾术轩箧存善本书录·辛壬稿》卷三《荀子》,第561页。
③ 王欣夫撰,鲍正鹄、徐鹏标点整理:《蛾术轩箧存善本书录·癸卯稿》卷一《春秋公羊传注疏》,第769页。
④ 王欣夫撰,鲍正鹄、徐鹏标点整理:《蛾术轩箧存善本书录·癸卯稿》卷一《春秋公羊传注疏》,第769—770页。
⑤ 惠栋:《松崖文钞》卷一《读经笔记序》,第272页。

卒。越两月，孤子培本将葬君于邑之朱村先垄，乞余铭其墓。君行谊卓绝，经传洽熟，推为纯儒。余与君交虽晚而契独深。数年来，以道义相勖，学业相证。知余者莫君若，知君者亦莫余若也。"①

乾隆十八年癸酉(1753)　　惠栋五十七岁

六月，惠栋作《北宋本〈礼记正义〉跋》。

惠栋《北宋本〈礼记正义〉跋》："此本(北宋本《礼记正义》)颇善，未识本自蜀石经否。癸酉六月用北宋本《正义》校一过，南宋本间亦参焉，称完善矣。"②

十月，惠栋校《荀子》。

"乾隆癸酉十月，又取何氏校景定本校此二卷。松崖。卷二末。"③

十二月，惠栋批校阅毕明新建李克家刻本之《国语》。

"癸酉十二月朔日阅毕，松崖。"④

冬，惠栋校《春秋公羊传注疏》。

"有曹通政寅所藏宋本《公羊》，合何氏所校宋椠官本、蜀大字本及元版注疏，并参以《石经》，用朱墨别异。癸酉冬月，惠栋识。"⑤

冬，惠栋为卢见曾代作《啸村诗序》。

惠栋《啸村诗序代》："癸酉冬，余再至扬州。君以故人时时造余。一日，哀其生平所著三体诗，就余论定，且乞余序。"⑥

乾隆十九年甲戌(1754)　　惠栋五十八岁

惠栋以《后汉书补注》见示顾栋高，嘱之为序。六月，顾作《后汉书补注序》。

顾栋高《后汉书补注序》："乾隆岁甲戌，元和惠子定宇以所著《后汉书补

---

① 惠栋:《松崖文钞》卷二《沈君果堂墓志铭》，第286页。
② 惠栋:《松崖文钞》卷二《北宋本礼记正义跋》，第276页。
③ 王欣夫撰，鲍正鹄、徐鹏标点整理:《蛾术轩箧存善本书录·辛壬稿》卷三《荀子》，第561页。
④ 韦力:《芷兰斋书跋·惠栋批校〈国语〉二十一卷存卷一至卷三》，《收藏家》2012年第11期。
⑤ 王欣夫撰，鲍正鹄、徐鹏标点整理:《蛾术轩箧存善本书录·癸卯稿》卷一《春秋公羊传注疏》，第769—770页。
⑥ 惠栋:《松崖文钞》卷二《啸村诗序代》，第281页。

注》二十四卷见示,且属为之叙。……六月上浣二日,锡山同学顾栋高书。"①

惠栋客两淮盐运使卢见曾幕。

惠栋《秋灯夜读图序》:"甲戌之岁,余馆德水卢使君衙斋,讲授之暇,篝灯撰著。"②

乾隆二十年乙亥(1755)　　惠栋五十九岁

五月,惠栋校并跋《春秋繁露》。

"乙亥五月,借周幔亭本校。内有朱笔,王慭堂在前校,与此略同。幔亭云,此书校雠系建康前辈及其先世集狐而成,诸公名字,幔亭犹能记忆。愚案此本是定处颇多,而臆见亦复不免,竟以是为定本,则吾岂敢。乙亥五月望后一日,松崖书于运使署中之闻政轩。"③

惠栋校《周礼注疏》。

"乙亥九月十五日校毕。俗冗牵率,心绪梦如,不知何所立命也。松崖。卷七末。"

"乙亥岁暮校,时四儿承跗病狂易,朝夕防护,心绪甚恶,而不辍业。然《乐师》以下,除夕迨新正始校毕。《诗》云:'风雨如晦,鸡鸣不已。'殆余之谓欤?松崖。卷二十七末。"

"阳月小雪后三日,灯下比校讫,时昏鼓已逾晨戒矣。卷三十九末。"

"雅雨卢公得宋椠本经注《周礼》,将以进御。因装潢之暇,校阅一过。书共十二卷,每卷一册。时乙亥十二月小除夕前一日。松崖。"④

江声师事惠栋,有意作《尚书集注音疏》。

江声《尚书集注音疏》:"年三十五,师事同郡惠松崖先生,见先生所著《古文尚书考》,始知古文及孔传皆晋时妄人伪作。于是搜集汉儒之说,以注二十九篇,汉注不备则旁考它书,精研故训,以足成之,并为之音,且为之疏。非敢云

---

① 顾栋高:《后汉书补注序》,惠栋:《后汉书补注》,第511页。
② 惠栋:《松崖文钞》卷二《秋灯夜读图序》,第278页。
③ 王欣夫撰、鲍正鹄、徐鹏标点整理:《蛾术轩箧存善本书录·辛壬稿》卷一《春秋公羊传注疏》,第401页。
④ 王欣夫撰、鲍正鹄、徐鹏标点整理:《蛾术轩箧存善本书录·癸卯稿》卷一《春秋公羊传注疏》,第734页。

纂述也,学焉而已,故曰学,仿何劭公注《公羊》称何休学也。"①

江藩《汉学师承记》卷二《江艮庭先生》:"年三十五,师事同郡通儒惠松崖征君,得读所著《古文尚书考》及阎若璩《古文疏证》,乃知古文及孔传,皆晋时人伪作。于是集汉儒之说,以注二十九篇。汉注不备,则旁考他书,精研故训,成《尚书集注音疏》十二卷,附《补谊》九条、《识伪字》一条、《尚书集注音疏》前后《述》;外编一卷,《尚书经师系表》也。经文注疏,皆以古篆书之。"②

按:江声生于康熙六十年(1721),年三十五师事惠栋。孙星衍《江声传》谓江声"年三十,师事同郡惠征君栋"当有误。③

乾隆二十一年丙子(1756)　惠栋六十岁

惠栋与沈大成同客卢见曾幕,往来论学。

王昶《惠先生墓志铭》:"余弱冠游诸公间,因得问业于先生。及丙子、丁丑,先生与予又同客卢运使见曾所,益得尽读先生所著,尝与华亭沈上舍大成手钞而校正之。故知先生之学之根底,莫余为详。"④

"沃田于乾隆戊子与定宇同客扬州卢雅雨运使署,遍借定宇所校经子,传录于自校本上。"⑤

"乾隆三十三年戊子,沃田、定宇同客广陵,因借定宇读本,用朱笔照录此本。"⑥

按:乾隆三十三年戊子为1768年,时惠栋已卒十年,自不当有与沈沃田交往之事。王欣夫《蛾术轩箧存善本书录·甲辰稿》有云:"今案:惠栋生于康熙三十六年丁丑,卒于乾隆二十三年戊寅,年六十有二。"⑦出此讹误,当为误判。惠栋与沈沃田在卢见曾幕论学,当为乾隆二十一年事。

---

① 江声:《尚书集注音疏》,《清经解》卷三百九十,第834页。
② 江藩、方东树著,徐洪兴编校:《汉学师承记(外二种)》卷二《江艮庭先生》,第42页。
③ 孙星衍:《江声传》,钱仪吉、缪荃孙等辑:《清代碑传全集》,第681页。
④ 王昶:《惠先生墓志铭》,钱仪吉、缪荃孙等辑:《清代碑传全集》,第675页。
⑤ 王欣夫撰,鲍正鹄、徐鹏标点整理:《蛾术轩箧存善本书录·辛壬稿》卷三《淮南子鸿烈集解》,第566页。
⑥ 王欣夫撰,鲍正鹄、徐鹏标点整理:《蛾术轩箧存善本书录·甲辰稿》卷三《管子》,第1287页。
⑦ 王欣夫撰,鲍正鹄、徐鹏标点整理:《蛾术轩箧存善本书录·辛壬稿》卷三《淮南子鸿烈集解》,第566页。

乾隆二十二年丁丑(1757)　　惠栋六十一岁

冬,戴震自京南归,与惠栋相识于扬之都转运使卢见曾署内。戴震年三十五。

戴震《题惠定宇先生授经图》:"前九年,震自京师南还,始睹先生于扬之都转盐运使司署内。先生执震之手言曰:'昔亡友吴江沈冠云尝语余,休宁有戴某者,相与识之也久。冠云盖实见子所著书。'震方心讶少时未定之见,不知何缘以入沈君目,而憾沈君之不及觏,益欣幸获觏先生。"[1]

洪榜《戴先生行状》:"东吴惠定宇先生栋,自其家三世传经,其学信而好古,于汉经师以来,贾、马、服、郑诸儒,散失遗落,几不传于今者,旁搜广摭,哀集成书,谓之《古义》,从学之士甚众。先生于乾隆乙亥岁北上京师,见惠于扬州,一见订交。"[2]

除夕,惠栋病中与陈黄中论学术人才之升降。

陈黄中《惠征君栋墓志铭》:"丁丑除夕,病中以书抵余,拳拳论学术人才之升降,其识趣高迈,又雅不欲以经生自命也。"[3]

乾隆二十三年戊寅(1758)　　惠栋六十二岁

五月二十二日,惠栋卒于家,年六十二。

《惠氏宗谱》:"卒于乾隆二十三年戊寅五月二十三日,享年六十二岁。于乾隆二十五年十二月十五日葬于吴县光福倪家巷。"[4]

王昶《惠先生墓志铭》:"终乾隆二十三年戊寅五月二十二日,年六十有二。"[5]

陈黄中《惠征君栋墓志铭》:"君以乾隆二十三年五月十二日卒,年六十二。"[6]

按:依上文所见,惠栋卒日有三说。《惠氏宗谱》为后世续修,辗转抄录,或出现讹误。王昶与惠栋交游多年,陈黄中为惠栋弟子,两说未知孰是,疑《惠征君栋墓志铭》脱"二"字,今持"二十二日"说。

---

[1] 戴震:《题惠定宇先生授经图》,《戴震全书》(六),第504页。
[2] 洪榜:《戴先生行状》,钱仪吉、缪荃孙等辑:《清代碑传全集》,第268页。
[3] 陈黄中:《惠征君栋墓志铭》,钱仪吉、缪荃孙等辑:《清代碑传全集》,第674页。
[4] 惠仰泉等主修,惠士阶等纂修:《惠氏宗谱》卷三十二《东渚徙居关上市浜世表》。
[5] 王昶:《惠先生墓志铭》,钱仪吉、缪荃孙等辑:《清代碑传全集》,第674—675页。
[6] 陈黄中:《惠征君栋墓志铭》,钱仪吉、缪荃孙等辑:《清代碑传全集》,第674页。

附录二　吴派经学甄微

目　次[①]

溯源第一

析流第二

惠氏第三

江余第四

钱氏第五

王氏第六

江藩第七

曹氏第八

支裔第九

别裁第十

自序第十一（原缺）

[①] 《吴派经学甄微》，贝琪著，扉页署"吴学甄微"，目次则署"吴派经学甄微"，稿本。部分篇目刊于《学术世界》：1935年第1卷第9期，题名"吴学甄微"，为"目次；溯源第一"；1935年第1卷第10期，题名"吴学甄微（续）"，为"析流第二；惠氏第三"；1935年第1卷第12期，题名"吴学甄微（续）"，为"江余第四"；1937年第2卷第3期，题名"吴学甄微"，为"钱氏第五"。

溯源第一

古者治教未分,官师合一,学主于官,官守其书。周衰道微,处士横议,仲尼思挽叔季之颓,用修废坠之业,删定六艺,著以为经,大义微言,准则万世。秦政一天下,变革古制,患博士儒生相与非议,燔五经之文,设挟书之禁。由是旧时学术,一时销匿不张,虽秘隐或存,亦已微矣。汉兴,典籍出于灰烬之余,抱残守缺之士各进所传,而于异文逸说则莫绎其全焉。诸儒考订稽核,补苴罅隙,张皇幽邈,其说皆递相师承,不为向壁虚造。大势所迫,风会所趋,故两汉间训诂之学特盛。然及其流弊,不务守大体,破辞害义,卑卑于文字章句之末,而于一经之宏旨转昧焉。魏晋以降,继世推移,或胶于旧说,坚固罕通,而笃守师承,抱持未坠。宋儒说经不信注疏,务反古训而探索新义,遂多纯任主观,武断事实,其说亦有突过前人者,而蹈于玄虚,驯至自立伪证,移经就己,则大谬生矣。夫汉学之所以征实不诬,在重家法,守专门,宋儒既无家法专门之传授,又薄章句训诂之牵拘,本实先拨,歧途自迷,固其宜也。元明株守宋说,所得益陋。逮满清入主中夏,而学风于以丕变。清初诸儒重考据兼明义理,汉宋兼采之学也。乾嘉间说经者皆主实证,不轻下己意,蔑弃宋诠,独标汉帜,博名物,穷训诂,弟子景从,讲诵不绝,则粹然汉儒家数矣。其间区以地域,俨如具门户、著学统者凡二派,曰东吴学派,曰皖南学派,而尤以吴派为笃信汉说,锐意复古,于一代学风之开拓有大力焉。

析流第二

吴派经学开宗者为惠定宇栋。定宇之先有何义门焯、陈少章景云等,杂治经史文辞,皆尚通洽,然未能成宗派也。定宇承其祖元龙周惕、父天牧士奇家学,益覃精经术,崇尚汉儒,世称吴中三惠。由是壁垒森严,承其绪者甚众。而同邑江艮庭声、余古农萧客、嘉定王西庄鸣盛、钱竹汀大昕最为嫡传。余如吴江沈果堂彤、阳湖孙渊如星衍、洪稚存亮吉辈亦转相号召,流衍益广。艮庭弟子中有元和顾千里广圻、甘泉江郑堂藩。郑堂亦就学萧客,撰《国朝汉学师承记》,清儒流派,昭然可稽。自是流风所被,大江南北,以次兴起。长洲褚鹤侣寅亮、江都汪容甫中、高邮李孝臣惇、武进臧拜经庸等亦标汉学之帜，皆吴派之支与流裔也。道咸以下，常州今文学派崛起，而吴学寖衰微，末流肤受，震于新异，刊落训诂，徒长虚憍。吴中曹叔彦元弼独谨守朴学，笃志述汉，丕振坠绪，号东南大师，为鲁灵光。惜其说泥拘不化，而禀师承以不贰者亦几几衰息矣。呜呼！班固之言曰："惑者失精微，而辟者又随时抑扬。是以五经乖析，儒学日微，此辟儒之患。"方今滔滔者流，皆辟儒之亚臣耳。班氏所诮，宁独见议于汉世哉？

惠氏第三

夫辨章学术，考镜源流，咸有从入之途。汉儒通经，或寻条理，或守专门，故所造纵有不同，而俱足以名家。惠氏周惕、士奇，父子专经。栋受家学，益弘其业，以强记博览为入门，以尊古守家法为究竟，其治经要旨，谓当以汉经师说与经并行，古训不可改，经师不可废，则纯宗汉儒之守专门者也。

惠氏说经，莫邃于《易》。按《易》自孔子殁后，得其传者独称商瞿。秦燔诸经，而《易》以卜筮之书，得未波及，传受者不绝也。汉时，齐田何至丁宽凡一传，宽作《易说》三万言，训故举大义而已，不言阴阳灾变也。宽传田王孙，王孙传施雠、梁邱贺，由是《易》有施、梁邱之学也，是为《易》之正传。东海孟喜亦从田王孙受《易》，传《易》家候阴阳灾变书，谓师田生且死时，枕喜膝，独传喜。而同门梁邱贺辈咸目喜为诞诈也。然孟喜之学，虽与施、梁邱等所传不同，要为田王孙之所自出。独东郡京房之《易》为别出，房事梁人焦延寿，延寿著《易林》十六卷，其书以一卦演六十四卦，总四千九十六卦，各系以繇词，文句古奥，汉《易》之流为术数，自此始也。京房说《易》，长于灾变，分六十四卦，更直日用事，以风雨寒温为候，各有占验，而其推衍更精于延寿，由是《易》有京氏之学。京氏《易》于东汉特盛，言占候者皆宗之。于时民间复有费直、高相二家之说，以《彖》、《象》、《系辞》十篇《文言》解说上下经，亡章句，为《易》古文之学。故综汉儒论《易》之说，凡分两派：一派训故举大谊，如丁宽以至费、高皆是也；一派阴阳候灾变，则孟喜、京房之流是也。东汉末，北海郑玄初从第五元受京氏《易》，又从扶风马融受费氏《易》，故所学出入两家，然要其大旨，费义居多。同时颍川荀爽，以硕儒作《易传》，据爻象承应阴阳变化之义，以十篇之文解说经意，亦宗费氏而言消息。自是费氏兴而京氏亦衰。晋王弼援老庄之说以论

《易》，阐明义理，自标新学。而吴士之善《易》者，曰会稽虞翻、吴郡陆绩。翻先世本治孟氏《易》，而绩之注则采诸《京氏易传》者为多。嗣后弼注盛行，诸家皆废。丁、费、孟、京之说，传者都绝矣。宋儒以道教丹鼎之术附会《易》说，谬戾更甚。惠氏生千数百年之后，力矫王弼以下空言说经之弊。士奇撰《易说》六卷，以为"《易》者，象也。圣人观象而系辞，君子观象而玩辞，六十四卦皆实象，安得虚哉？""汉儒言《易》，孟喜以卦气，京房以适变，荀爽以升降，郑玄以爻辰，虞翻以纳甲，其说不一，而指归则同，皆不可废"。征引赅备，顾不免失之于杂。定宇承父之说，精研三十年，引伸触类，益能贯通其旨，乃追考汉儒易学，掇拾绪论，以见大凡。为《易汉学》八卷，凡《孟氏易》二卷，《虞氏易》一卷，《京氏易》二卷，《郑氏易》一卷，《荀氏易》一卷，其末一卷，则定宇发明汉《易》之理，以辨正宋儒河洛说之妄者也。又自为解释，成《周易述》二十三卷，以荀爽、虞翻之说为主，而有不通，则参以郑玄、宋咸诸家之说，约其旨为注，演其义为疏，持论尤精警者，如孔颖达《正义》据马融、陆绩说，以爻辞为周公作，与郑学异。其所执者，《明夷》六五云"箕子"，《升》六四云"王用享岐山"，皆文王后事，论者不能夺也。独定宇引《春秋传》、《禹贡》、《尔雅》，以证"王用享岐山"之为夏后氏，而非文王，而箕子明夷，则用汉赵宾之说，疏通证明之，皆敢为异论者也。自是清儒论《易》家，多信孟、京，其端实自惠氏启之。然定宇辑汉儒《易》说之动机，原由于不满魏晋以后之《易》书，故所贡献，在搜讨之勤，使久坠之汉儒学说，复呈于吾人之前，而谓其有功《易》道，则未必也。盖汉人纳甲、爻辰、卦气诸说之矫诬，在无汉宋成见者观之，初不亚于先天太极、河图洛书，左右佩剑，庸有异乎？而定宇于宋儒则攻之不遗余力，于汉人则崇之惟恐不至，此过信之失也。且杂采孟、虞、京、郑、荀诸氏之说，而统曰汉学，亦殊未当。汉儒说《易》，各具家数，势不尽合，兼收并蓄，无所去取，又岂能真谓专门之学耶？故高邮王伯申引之评之曰："定宇先生考古虽勤，而识见不高，心不细，见异于今者则从之，大都不论是非。"仪征刘申叔师培评之曰："惠氏执注说经，随文演绎，富于引伸，寡于裁断，夫不问是非，见异于今则从之。"①以此治学，安能通方？故惠氏说《易》，所造亦未必宏也。不过区分畛域，使学者得以考见汉儒之学说，

———

① "仪征刘申叔师培评之曰：'惠氏执注说经，随文演绎，富于引伸，寡于裁断，夫不问是非，见异于今则从之。'"原稿为："新会梁任公启超评之曰：惠氏治学方法，吾得以八字蔽之曰：凡古必真，凡汉皆好。夫不问是不是，惟问汉不汉。"

厥功诚不可泯耳。

惠氏说《易》诸书外，于《书》、《诗》、《礼》、《春秋》，均有论及。元龙撰《诗说》三卷、《春秋问》五卷、《三礼问》六卷，其说《诗》尤解人颐，博而不芜，辨而不诡于正。大旨谓："大小雅以音别，不以政别。"谓："正雅变雅，美刺杂陈，不必分《六月》以上为正，《六月》以下为变，《文王》以下为正，《民劳》以下为变。"谓："周、召之分判，郑笺误以为文王。"谓："天子诸侯均得有《颂》，《鲁颂》非僭。"其言率有依据。天牧撰《礼说》十四卷、《春秋说》十五卷，其论《周礼》曰："《礼经》多出屋壁，多古字古音。经之义存乎训，识字审音，乃知其义，故古训不可改也。康成注经，皆从古读。盖字有音义相近而讹者，故读从之。后世不学，遂谓康成好改字，岂其然乎？康成三礼，何体《公羊》，多引汉法，以其去古未远，故借以为说。贾公彦于郑注多不能疏，其字亦不尽识。辄曰'从俗读'，甚非'不知盖阙'之义。夫汉远于周，而唐又远于汉，宜其说之不能尽通也，况宋以后乎？周秦诸子，其文虽不尽雅驯，然皆可引为《礼经》之证，以其近古也。"其论《春秋》曰："《春秋》三传，事莫详于《左氏》，论莫正于《穀梁》。韩宣子见《鲁春秋》曰：'周礼尽在鲁矣！'然则《春秋》本周礼以记事者也。《左氏》褒贬，皆春秋诸儒之论，故记事皆实，而论或未公。《公羊》不信国史，惟笃信其师说，师所未言，则以意逆之，故所失尝多。要之，《左氏》得诸国史，《公》、《穀》得之师承，虽互有得失，不可偏废。"其言至公允也。定宇于《礼》撰《明堂大道录》八卷、《禘说》二卷，谓禘行于明堂，明堂法本于《易》。又撰《古文尚书考》二卷，继太原阎百诗若璩之业，考订东晋晚出之二十五篇为伪，而以郑玄所传之二十四篇为孔壁真古文。其说较阎氏益慎密。自是晚出《古文尚书》之伪乃为定谳，皆持论至精者也。善夫钱大昕之称曰："惠氏所得，拟诸前儒，当在何休、服虔之间，马融辈不及也。"所言或不无过论，顾亦庶几不远者矣。

江余第四

惠栋弟子最著者，曰江艮庭，曰余古农，皆亲炙惠氏，笃守师承不变者也。艮庭所长在《书》，亦兼治《说文》。古农则杂研诸经古训，为摭拾校勘之学。艮庭作《尚书集注音疏》十二卷，用力颇勤。按《尚书》伪古文自阎百诗及惠定宇等考定后，唐贞观时根据孔传所作之《正义》，当然价值低落。于是《尚书》乃有另作新疏之必要。艮庭此书,即应此要求而出者也。其体例系取《书传》所引《汤征》、《泰誓》诸篇逸文,按《书》序入录。又采《说文》、经子所引《书》古文本字,更正秦人隶书,及唐时改易古字之谬,辑郑玄之注,并汉儒逸说,参以己见为之疏,末附《尚书集注音疏述》,对于《尚书》传注之变迁,与今古文之纠纷,叙述颇明晰。自述作书之大意曰:"唐贞观间,诏儒臣纂《五经正义》,孔颖达辈误以梅赜所上之《书》为壁中古文而为之正义,反斥郑氏所述之二十四篇为张霸伪造。斡弃周鼎,而宝康瓠。由是孔氏之古文亡,而郑氏三十四篇注亦与之偕亡矣。呜呼!《尚书》之阨,一至于此哉。声窃愍汉学之沦亡,伤圣经之晦蚀,于是翻阅群书,搜拾汉儒之说,参酌而辑之,更傍采他书之有涉于《尚书》者以益之。皆以己意为之疏,以申其谊。"又曰:"吾师惠定宇先生《周易述》,融会汉儒之说以为注,而复为之疏,其体例固有自来矣。声不揆梼昧,综核经传之训故,采摭诸子百家之说,与夫汉儒之解以注《尚书》,言必当理,不敢衒奇;谊必有征,不敢欺世,务求惬心云尔。顾自唐宋以来,汉学微甚,不旁证而引伸之,鲜不以为孟浪之言。奚以信今而垂后,则疏其弗可已也矣。"由前之说,可见江氏著书之动机;由后之说,可见江氏治学之态度。惠派学者皆笃守汉说,故此书立意模仿定宇之《周易述》,大体皆以汉儒之言为主,其搜讨之宏博,信足以扶翼马、郑也。

艮庭治《说文》亦极精审,病后世深求考老转注之义,至以篆迹泥之。著《六书说》一卷,谓:"建类一首,即始一终亥五百四十部之首也。"时治小学者多以为允。独皖南学派开宗者休宁戴东原震氏疑之,谓贯全部则义太广,乃折之曰:"若止考老为转注,不已隘乎?且谐声一义,不贯全部乎?"艮庭与戴氏以学相重,其和而不同如此。厥后艮庭孙子兰沅亦精研《说文》。金坛段懋堂玉裁作《说文解字注》,多所商榷。尝以《说文》五百四十部从段氏《音韵表》十七部编之,字为之注,凡段氏之讹者,加驳正焉。惟全书卷帙繁重,未克付梓。今传者仅《说文释例》二卷耳。

古农从定宇问学前,尝精研《尔雅》,作《尔雅旧注疏》未就,成《注雅别钞》八卷,专攻陆佃、罗愿之误。其后质之定宇,定宇谓:"陆氏乃安石新学,罗亦非有宋大儒,均不必辨。子读书撰著,当务其大者远者。"古农闻之瞿然,自是于宋以下说经书不屑措意。探索古训,深有所获。念唐以前经说颇多阙遗,欲求补之,乃翻览训典,兼及类书,有可采摘,即付之楮翰。岁月积久,篇帙略备,乃依经文诠次，为《古经解钩沉》三十卷。其体例一仍定宇之《九经古义》，凡《叙录》一卷，《周易》二卷，《尚书》三卷，《毛诗》二卷，《周礼》一卷，《仪礼》二卷，《礼记》四卷，《左传》八卷，《公羊》、《穀梁》、《孝经》、《论语》各一卷，《孟子》二卷，《尔雅》三卷。《叙录》备述唐以前诸儒名氏，及其已佚之书名。《周易》以下各卷，则掇次古谊，然其间多寡，亦微有准绳。辞采丰蔚，则掇其菁英；一二仅存，则随条备录。兼注所引书名卷第，以示不由臆撰。并以北宋精本参校前明监版之讹舛，于辑佚之外，兼及校勘，扶微捃绝，厥功甚伟也。惟辑搜虽勤，而疏落之处亦多，故戴东原氏评之，谓"有钩而未沉者，有沉而未钩者"。虽然古农以一介寒儒，生平读书，皆有资于借钞，居然博稽广核，成此巨著，则非有不懈之毅力，乌克臻此？其搜讨之未完备，则地位与资力限之也。江郑堂曰："戴震谓《古经解钩沉》有钩而未沉者，有沉而未钩者。夫沉而未钩，诚如震言；若曰钩而未沉，则震之妄言也。今核考其书，岂有是哉？惟皇侃《论语义疏》，其书出于著《钩沉》之后，且为足利赝鼎，何得谓之钩而未沉者乎？潘为先生受业弟子，闻之先生曰：'《钩沉》一书，汉、晋、唐三代经注之亡者，本欲尽采，因罹危疾，急欲成书，乃取旧稿，录成付梓。至今歉然也。'"观郑堂之言，讥之者当可谅然矣。

古农亦精《文选》之学，所著有《文选纪闻》三十卷，《杂题》三十卷，《音义》八卷，皆博洽之作，为艺林所珍重云。

钱氏第五

自江艮庭、余古农外，其亲炙惠氏之教者，有王西庄等；其服膺惠氏之说者，有钱竹汀等。然钱、王之学，揆其意趣，实与三惠稍异其趋。尤以钱氏为甚。盖益推其术以治史，不拘拘于说经矣。

竹汀初从沈归愚，属文辞，蜚声吴中。既忽弃置不为，以为此徒绣其鞶帨耳。于是闳览群籍，勉为博洽之儒。故所造就，不专一家，举凡经史、金石、算术无不通达。而其重要之贡献，则在于史之校勘。尝谓："史之难读久矣，二十二家之书，文字烦多，义例纷纠，地则今昔异名，侨置殊所，官则沿革迭代，冗要逐时，欲其条理贯串，了如指掌，良非易事。"因作《二十二史考异》，稽核典实，校正文字，识趣甚精。其自序曰："史非一家之书，实千载之书。祛其疑乃能坚其信,指其瑕疵以见其美。拾遗规过,匪为齮龁前人,实开导后学。然如考古者拾班、范之一言,摘沈、萧之数简,兼有竹素烂脱,豕虎传讹。出校书者之陋,非作史者之愆,而皆文致小疵,目为大创,驰骋笔墨,夸曜凡庸,予所不能效也。更有空疏措大,辄以褒贬自任,强作聪明,妄生疻痏,不叶年代,不揆时势,强人以所难行,责人以所难受,陈义甚高,居心过刻,亦予所不能效也。"其言至为公允。盖竹汀一本实事求是为治学之态度,言必有征,不务泛论。故《考异》虽仅采掇旧闻,辨析同异,有近于撷拾之学。而加惠后儒,固胜于枵腹空谈者万倍也。

钱竹汀氏于元史之学,实为有清一代首出之名家。按明纂《元史》,芜漏实甚,竹汀尝有志改修,未果。得旧时史料《元朝秘史》,因刊行之。《秘史》叙蒙族初起,兼并诸部落事,极为详确,可证宋濂《元史》之误。徒以译文质朴,悉用当时元人俚语。明初修史诸臣,鄙弃不加留意,任其湮没。竹汀既得《秘史》旧本,稽考内容,乃知此为可据可宝之史料,并考出其中与《元史》不合之各事,毅然认为彼误而此信,其识断之明决为何如。所著书涉及《元史》者,于《二十二史考异》中《元史考异》外,尚有《辽金元史拾遗》五卷、《补艺文志》四卷、《补氏族表》三卷,而《补氏族表》尤为生平精力所萃。其《表》盖据陶宗仪氏《辍耕录》所载蒙古七十二种、色目三十一种,而分列表晰之。属稿时于前代史料之有关元事者,旁搜远绍,正史、杂史外,兼及碑刻、文集,考其得失,审其异同,用力几及三十年,可谓勤矣。

竹汀亦深于音韵、历算之学,颇多心得。如论反切七音,皆甚精卓,一洗雷同剿说之谈。《金石文跋尾》等专核金石,各有发明,间出大兴翁覃溪方纲、镇洋毕秋帆沅诸家之外。《疑年录》考核汉末至清重要学者之生卒年月,惜未完备。又成《恒言录》十卷,纂辑成语,分门排列,一一详其出处,为今人纂《辞源》之所本。其书虽无关宏旨,然吴派学者好为支支节节之搜求,故科条详密,亦从可知矣。

竹汀之弟,曰竹庐大昭,亦淹通经史,著述甚富,惟刊行者仅《后汉书补表》八卷而已。从子溉亭塘精天算,十兰站精舆地,余如亦轩东垣、小庐绎、赵堂侗辈,皆渊源家学,各有撰述,一门景从,蔚为东南之望焉。

王氏第六

西庄之学,与竹汀极相似,皆标揭汉学之名。而所长则在于考订史事,然有微不同者。竹汀治学之精神，虽一本惠氏，而绝不类西庄之主张墨守，观其言"学问乃千秋事，订讹规过，非訾毁前人，实嘉惠后学"之语，可知其并不过信古人，而西庄则胶执古训，守一家之言，不能越惠氏之籓篱而自抒心灵，故竹汀可谓与三惠歧其趋矣。而西庄则虽移其术以治史，固与江艮庭、余古农辈异途而同归者也。

西庄尝论治经与治史异同之点，为一生治学之核心。其言曰："读经之法，与读史小异而大同。何以言之？经以明道，而求道者不必空执义理以求之也，但当正文字、辨音读、释训诂、通传注，则义理自见，而道在其中矣。史以纪述，读史者不必以议论求法戒，而但当考其典制之实，不必以褒贬为与夺，但当考其事迹之实，亦犹是也，故曰同也。若夫异者则有矣。治经者断不敢以经驳经，而史则虽子长、孟坚，苟有所失，无妨箴而砭之，此其异也。抑治经者岂特不敢驳经而已，经文之艰奥难通者，若于古传注凭己意择取融贯，犹不免于僭越，但当墨守汉人家法，定从一师而不敢他徙。至于史则于正文有失，尚加箴砭，遑论裴骃、颜师古一辈乎？其当择善而从，无庸偏徇，固不待言矣。"此种论调，最足代表吴派治学之宗旨。盖读经但当遵守汉人之家法，其敢指斥者，则目为信道不笃。自惠氏元龙、天牧、定宇以至西庄，皆一贯此精神而不变者也。西庄尝作《尚书后案》三十卷，极力搜罗郑氏遗注，积三十六年始成完善，裁成损益，征引博繁，惟胶执古训，守一家之言，而不能自抒其性灵。自序言："予于郑氏一家之学，可谓尽心焉而已，若云有功于经，则吾岂敢。"其言非自谦也。夫本此态度以治经，不问是非，一意遵守，充其量不过为汉人之忠仆而已，奚足贵哉？而其治史则取择善以从之旨，故所得转优于经。尝汇录校读史书时所札记之质料，成《十七史商榷》一百卷，主于校勘文字，补正脱讹，审事迹之虚实，辨纪传之同异。最详于舆地、职官、典章制度，独不喜参以评议，以为："书生胸臆，每患迂愚，即使考之已详，而议论褒贬，犹恐未当，况其考之未确者哉？学问之道，求于虚不如求于实，议论褒贬，皆虚文耳，作史者之所记录，读史者之所考核，总期于能得其实焉而已矣。"又撰《蛾术编》百卷，分《说录》、《说字》、《说地》、《说制》、《说人》、《说物》、《说集》、《说刻》、《说通》、《说系》十目。钱竹汀评之，谓"仿王深宁、顾亭林之意，而援引尤博赡"云。

江藩第七

惠氏三世之学，皆确宗汉诂，以掇拾为主。定宇研经，尤能覃抉奥义，其说《书》、说《易》、说《礼》之作，莫不根究古训，扶植微学，笃守而不疑。厥后掇拾之学，传于余古农；《尚书》之学，则江艮庭得其传。故余、江之书，言必称师。郑堂受业古农，兼事艮庭，笃信师说，可谓得惠氏之正传矣。

郑堂所著书，以《国朝汉学师承记》为最著，其中辨析吴皖派别，持之甚严，由是汉儒家法之承受，清代经术之源流，厘然可考。顾标揭汉学之名，仁和龚定庵自珍等咸不谓然，定庵贻笺诤之曰："大著读讫，其曰《汉学师承记》，名目有十不安焉，改为《国朝经学师承记》，敢贡其说。夫读书者实事求是，千古同之，此虽汉人语，非汉人所能专，一不安也。本朝自有学，非汉学，有汉人稍开门径而近加邃密者，有汉人未开之门径，谓之汉学，不甚甘心，不安二也。琐碎饤饾，不可谓非学，不得谓汉学，三也。汉人与汉人不同，家各一经，经各一师，孰为汉学乎？四也。若以汉与宋为峙，尤非大方之言，汉人何尝不谈性道？五也。宋人何尝不谈名物训诂？不足概服宋儒之心，六也。近者有一类人，以名物训诂为尽圣人之道，经师收之，人师摈之，以诬汉人，汉人不受，七也。汉人有一种风气，与经无与，而附于经，谬以禆灶、梓慎之言为经，因以汨陈五行，矫诬上帝为说经，《大易》《洪范》，身无完肤，虽刘向亦不免，以及东京内学，本朝人何尝有此恶习？本朝人又不受矣。八也。本朝别有绝特之士，涵泳白文，创获于经，非汉非宋，亦其是而已矣，方且为门户之见者所摈，九也。国初之学，与乾隆初年以来之学不同，国初即不专立汉学门户，大旨欠区别，十也。有此十者，改其名目，则浑浑圜圜，无一切语弊矣。"郑堂不肯从。同时甘泉焦里堂循亦有异议，桐城方植之东树且作《汉学商兑》，以为反唇之讥，门户角立，盖自此始矣。

郑堂于《汉学师承记》外，又成《宋学渊源记》三卷，分北学、南学、附记共若干人。更裁取诸儒撰述中之专精汉学者，仿唐陆德明《经典释文》传注姓氏之例，成《国朝经师经义目录》一卷，义旨严正，文词茂美，虽间或失之颛固，然能甄择无泛爱。如吴江陈长发启源说《诗》"西方美人"一言不善，即削其姓氏不录。而《宋学》所载，止穷檐苦行，摈南方浮华之士，其体例亦甚谨严也。

郑堂他著，于《易》有《周易述补》，申定宇之剩义；于乐有《乐县考》，稽古时之典制；于小学有《尔雅正字》、《尔雅小笺》，厘别形声，亦极详备，皆有功后学者也。

曹氏第八

自汉学昌明，特识之士，皆疲精殚思于析名辨物、梳文栉字之间。二百年来，硕儒大师，且有倾毕生之力于一经一义者，是固无益于人国，而为群经忠仆，使后此治国学者，省无量精力，其功亦不可诬也。然道穷则变，逮其晚季，江之南，淮之北，虽犹有承学方闻之彦，谨守摭拾校勘之学，标揭汉帜，以为说经之正宗者，然精华既竭，泄发无余，鲜深识玄解，未能竟胜前儒。末学小生，稍习章句，违于别择，昧厥源流，亦傍依门户，辗转稗贩，说经至此，盖穷而欲变矣。于是西汉今文派说崛起常州，摧拉贾、马、许、郑之说，以微言大义相矜，然恑诡诐谬，逞臆为谭，往往支离穿凿，不能自完其说也。吴县曹叔彦氏不为俗流所动，禀承三惠、江、余、钱、王、江藩诸儒之学，探赜索隐，确守许、郑，研习之精，当世罕俪，盖庶几东吴学派之殿。

叔彦治诸经皆能贯通，而尤邃《易》、《礼》。其读《易》，初据虞氏义，意深辞奥，都不能解，乃批览定宇《周易述》，觉文从字顺，心无窒碍，以之参证虞氏，悉得其旨，故说《易》一宗汉儒，而力祛求象太过之弊，所著有《周易学》七卷，融会众说，集其大成。而叙次诸家得失，允执厥中，尝言《易》含万象，经文时一及之。诸儒有说有不说，当并存之也。于近人之说《易》者，谓惟惠定宇及张皋文惠言、姚仲虞配中三家为善，所言不背经旨。又撰《周易郑注笺释》、《周易集解补释》等书，皆精当不刊，足以传之名山，汉《易》至此，盖炳炳矣。

叔彦治三礼最有心得，自谓沉研钻极，积精覃思，盖有年月，视听言动，悉范乎礼，进德修业，卓然人师，当与并世好学之士共甘之。其所撰述，若《礼经校释》、《礼经纂疏》等，皆贯串经传，体大思精，于济阳张稷若尔岐、绩溪胡竹村培翚、仪征阮云台元诸氏以外，别成一家言者也。生平最服膺郑玄，尝曰："先师郑君康成作六经注义，穷理尽性，而三礼之学，尤集大成，即以十七篇注论，今文古文，各求其是，二戴别录，必从其长，本《周礼》以提其纲，引《戴记》以阐其义，参之以《易》、《书》、《诗》、《论语》、《孝经》以观其会通，考训诂，捃秘逸，转相发明，定一义而全经贯，起一例而众篇明，吉凶常变，各止其科，辞所不及，通之以指，辨记传之讹，正旧读之失，案图立文，举今晓古，若网在纲，如晦见明，其学实为天下儒者宗。"顾叔彦虽笃守康成，而亦未尝无择别之意。故其言又曰："注者，所以解经，治经为经也，非为注也。苟后人之说果是，郑君之说固未是，何必唯郑之从，且从善服义者，君子之心也；屈经以就传，学者之惑也。郑君之意，在经义之明，不在己说之申。苟其说果有未合于经者，方深望后人之弥缝其阙，而匡救其违。又何必反为之曲护也。"此其言之明允为何如乎？而惜乎曹氏之未能实践厥言，其释《礼》之一字一义，莫不呻吟康成，是其所是，非其所非，不敢越藩篱一步，宜乎有识者之消其泥拘而不化也。

支裔第九

吴派经学，自惠氏三世开其先，江、余、钱、王昌其焰，郑堂以下衍其传，家派宗法，确然以立。由是朝野上下有志学术者，承流向风，奚可悉数。其尤著称者，于乾嘉时期有沈果堂、褚鹤侣、王兰泉昶、吴客槎凌云、洪稚存、孙渊如、臧拜经、金璞园曰追、费在轩士玑、李孝臣、宋飚园绵初、程东冶际盛、李许斋赓芸、王南陔绍兰辈。于道光时则有顾千里、陈恬生璪、朱咀露右曾、王实斋聘珍、赵宽夫坦、李天彝贻德、臧眉卿寿恭辈，虽所造未能大宏，而尊经笃古，渊乎汉训是则，皆确然有所建树，为吴派之支干扶翼者也。今略撮其学谊，论列于江藩、曹氏以下，非敢先后倒置也。比观汇述，用便省览故也。

果堂之学，长于《礼》，而尤精《周官》，尝谓："官之命者必有禄，禄必称其爵，而量给于公田，是《周官》法制之大端，其等与数之相当，在当时固彰彰可考也。自《司禄》籍亡，先、后郑注专取诸《王制》，而本经之禄秩以晦。迨欧阳修发'官多田寡，禄将不给'之疑，而周制几无复显。"因撰《周官禄田考》，都凡三篇，曰《官爵数》，曰《公田数》，曰《禄田数》，义例颇为慎密。《四库提要》评之谓"于郑、贾注疏以后，可云特出"，亦足想见其价值矣。夫《周官》一书，为考周制者所必据，然大为浅学者所疑，妄断其出于汉人之伪造，果堂以实制而考订之，亦吴派学者笃信古义之色采也。其所用方法，凡田、爵、禄之数，不见于经者则求诸注，不见于注者则据经起例，推阐旁通，补经所无，又岂平庸无识地者所能为乎？他著尚有《仪礼小疏》、《尚书小疏》、《春秋左氏传小疏》等书，则得失互见，且俱未成完书，故不论云。

鹤侣治经，亦邃于礼，研事者几三十年，乃确知郑康成注之可从，而元敖君善之说之无据。乃著《仪礼管见》三卷，谓："宋人之说经，每好标新立异，弁髦古注，惟《仪礼》为朴质之书，空谈义理者不能措辞，故郑氏旧义未为异说所汨。至元敖氏理董之，虽云采先儒之言，其实自注疏而外皆逞私臆，专攻高密。学者苦注疏之难读，而喜其平易，遂入其彀中而不悟。"疏通证明，敖氏之说以摧，虽好辩者亦莫能致其喙也。兼精天文历算，长勾股和较诸法，钱竹汀亦服其精审。又成《公羊释例》三十篇，谓："三传仅《公羊》为汉学，孔子作《春秋》，本为后王制作，訾议《公羊》者，实违经旨。"其言为后来常州今文学派之所宗，然支离附会、变本加厉之说，则亦非褚氏之所知也。

王兰泉氏为惠定宇弟子，故治学一遵汉人之说。《诗》、《礼》宗毛、郑，《易》学荀、虞，然发明绝鲜，故于经学上之贡献，殊为寥寥。所著书除文集、地志外，大都金石、笔记之类，虽亦有关涉史事、可资参稽者，顾亦微矣。惟以达官贵显而提倡朴学，四方学人，景仰者颇多，故其功不在研经之覃精，而在为经学之羽翼耳。

吴客槎氏专精小学，而说经则纯宗汉儒。尝取十三经释文，最录其文字、声音、训诂之互异者，剖析其义类，折衷许书，实事求是，不苟依傍前贤，亦不妄与前贤驳难，惜未及完稿而殁。然即其成书者观之，皆简质精卓，辞达而理举，且多阐发前人未宣之秘云。

汪容甫氏为学殊赅博，经传诸史外，旁逮医药种树之书，靡不观览，而解经尤有神识。治三代典礼，溯源于荀卿、贾傅，纲提条析，得其会通，于《丧服》用力最深；治《尚书》，撰《尚书考异》；治《春秋》，撰《春秋述义》。尝推阐六经之指，以合于世用，凡古今制度沿革，民生利病，皆博问而切究之。又考核文字训诂、名物象数，成一家言，为《述学》内外篇；依据经证，实事求是，为《经义知新记》此二书均刊行，识议超卓，箴砭俗学，论者谓唐以下所未有也。子孟慈喜孙亦通经好古，所学由声音以通训诂，由训诂以通名物，由名物以通周秦大义，而要以经明行修为归。著书有《国朝名臣言行录》、《经师言行录》诸种。①

洪稚存，著述极富，文章行谊，俱为当世所重。于经，深《春秋》，以杜元凯注《左氏传》，训诂既有剌谬，地理又多舛误，乃撰《春秋左氏传诂》二十卷，纠正

---

① 按：此段原稿题注"移下别裁篇"。

旧文，折衷至当，而于杜注地理之误者，博摭司马彪、京相璠等残文遗简，以相诘难；又辑三传古义，成《公羊》、《穀梁》二卷。于六书，通谐声，谓："古之训诂，即声音展转相训，不离其初。"又曰："求汉魏人之训诂而不先求其声音，是舍本也逐末。"乃作《汉魏音》四卷，专考汉魏声音，所据材料，大都以当时人传注为主；复次转互之训，成《六书转注录》十卷，依《广雅》例，成《比雅》十卷，皆例严思精者也。然洪氏之最大贡献，实在于古地理之研究。尝仿《宋书·州郡志》作《补三国疆域志》二卷，于要害争夺之可考者，著于郡县下；又以东晋疆志与实土广狭不同，侨置名目益多混淆，且有不详其地者，乃作《东晋疆域志》四卷，复依其例，杂采诸史，撰《十六国疆域志》十六卷，皆补正旧史之缺略者也。此外《晓读书斋杂录》八卷，《传经表》、《通经表》各二卷等，亦精谛之作，皆加惠后学者云。

孙渊如与稚存齐名，淹贯经史，长于校勘，生平致力最勤之书，曰《尚书今古文注疏》，自序述作书之大旨曰："兼疏今古文者，仿《诗疏》之例，毛、郑异义，如其说以疏之。史迁所说，则孔安国故；《书大传》则夏侯、欧阳说；马、郑《注》则本卫宏、贾逵孔壁古文说，皆有师法，不可遗也。今古文说之不能合一，犹三家《诗》及三传难以折衷。至晋以后，乃用李斯'别黑白定一尊'之学，独申己见，自杜预之注《左氏》、王弼之注《易》、郭璞之注《尔雅》滥觞也。"故此书所长，即在能分清今古文之界限，不相混淆，较艮庭、西庄之书，尤为厘然有序，故治《尚书》之学者，莫不视为最完善之本焉。至渊如对于古书校注、辑佚之功，尤不可没，所辑如《孔子集语》、《燕丹子》、《尸子》、《晏子春秋》等，皆其成绩之较著者也。

与孙渊如、洪稚存辈同时者有臧拜经。拜经之曾祖曰玉琳，精《尔雅》、《说文》，谓："不识字何以读书，不通训诂何以明经。"后儒注经，疏于校雠，多讹文脱字，致失圣人之本意，因作《经义杂记》三十卷，会萃唐以前诸儒之说，辨其离合，咸有确证，非由臆决。拜经笃守先说，而剖析尤极精微，尝拟《经义杂记》为《拜经日记》八卷，虽不过为短条之札记，然其中不乏考核缜密、精审过人之处。生平稽古甚勤，故辑古之书亦多，《子夏易传》、《韩诗遗说》等，其最著者也。

金璞园氏为王西庄入室弟子，研治实学，好古而具深识。其于诸经注疏，悉心校雠，并有成书，汇刊之曰《十三经注疏正讹》，就中《仪礼正讹》十七卷，博采众说，详加考定，折衷至当，取较诸家所得，盖不啻数倍之云。

费在轩亦受业西庄之门，得其指授，所造甚深，而尤邃于礼。三礼注疏之同异，言之历历如指掌，兼治汉《易》，并有发明。故西庄尝称之曰"吾门下士以金子璞园为第一，费子在轩次之"，盖见许如此。

李孝臣治经博洽通敏，尤深于《诗》及《春秋》三传之学。是时皖南学派力倡古学，与吴派相持，极一时之盛。同邑王石臞念孙、兴化任子田大椿辈皆尊信之，说经一尊戴氏，孝臣独笃守吴说，而与王、任辈皆相友，著述甚多，然刊行者仅《群经识小》八卷而已。亦精历算，得宣城梅氏文鼎等之书，尽通其术，与嘉定钱氏齐名云。

宋飚园氏为高邮硕儒，说经贯串古义，能得其会通，所著书于《礼》有《释服》二卷，自冕服、深衣，下逮履舄之类，莫不原原本本，曲为考订。于《诗》有《韩诗内传征》四卷，征引翔实，训故明析，深得西汉今文家法。子定之保能世其家学，然受业同里王石臞之门，故说经宗戴东原诸人，非吴派之支裔矣。

长洲程东冶氏精研三礼，辨析文字同异，以为诸儒各记所闻，不可强合，郑君或以今文易之，仍载古文古音，不轻改一字，以尊经典，乃手摘其要，区为三卷，曰《周礼古书考》，曰《仪礼古文今文考》，曰《礼记古训考》，其中稽钩推抉，自为证明，尤不务泛滥旁涉，极得治经之体云。

李许斋为钱竹汀弟子，通六书、《苍》、《雅》及三礼，其属文，以《礼经》、史志为根柢，在文家别开一径。著书十余种，后汇编为四卷，说经一卷，论小学二卷，考订子史金石疑讹一卷。他著尚有《唐五代宋学士年表》等，则代竹汀所撰者也。

萧山王氏通经术，南陔承家学，所造益精核，著述极富。其尤著者，于经有《漆书古文尚书逸文考》、《礼堂集议》、《王氏经说》等，于小学有《说文集注》、《说文段注订补》等，于史有《后汉纪补证》、《汉书地理志校注》等，莫不训义邃精，故论者谓可仿惠、戴，然南陔尊古好博，殊不类东原，固于吴派为支流云。

顾千里氏与江郑堂同时，并为江艮庭高第弟子，通经史小学之义，然江氏以墨守汉人为务，而千里则虽不失吴派矩矱，颇有裁别之识，尝谓："汉人治经，最重师法，古文今文，其说各异，混而一之，则缪戾不胜矣。"盖不满于惠氏以下"凡汉皆好"之主张也。覃精校雠之学，较之孙渊如辈有过之无不及，当时学者无不重视之。所校书如士礼居本之《国语》、《国策》，平津馆本之《抱朴子》，皆其最著者也。

陈恬生，父妙士，尝从钱竹汀问学，精研六书，得汉儒家法，以学行著于时，所著有《说文声义》、《读书证疑》等。恬生承庭训，研经益臻精微，居恒谓："学者通经，必先识字，不有《说文》，何以究《苍》、《雅》之遗文、篆籀之微旨。顾《说文》之存于今者，误鳌脱落，窜入改易，许君原本，仅十之六七。惟所称诸经虽亦更传写移抄，而证以他书，汉儒之训诂，七十子之大义微言，往往而在也。"因作《说文引经考证》七卷，而附以《异同之说》一卷焉。又撰《国语翼解》、《春秋岁星算例》等书，皆考订翔实，且多发前人所未发者云。

朱咀露与陈恬生并为嘉定硕儒，恬生邃于《说文》，而咀露则致力于《诗》及《逸周书》，尝谓："《周书》弘深质古，虽未必真出文、武、周、召之手，要非战国、秦汉间人所伪托。"顾注本疏略，更多讹误，爰采集各家之说，仍是删违，断以己意，为《逸周书集训校释》十卷，其体例，一、考定正文，二、正其训诂，三、详其名物，洵孔、晁以下唯一善本也。又成《诗地理征》七卷，取《诗经》中地名，广搜群籍，一一辨订，并考其今地所在，亦审谛完善之作也。

王实斋氏覃志学礼，研治者数十载，未尝辍诵习。病《大戴记》旧注之少，且又不尽允当，乃博访通儒，遍稽古籍，融会郑氏说经诸书，分节注之，成《解诂》十三卷，用力甚勤，为功巨矣。别有《周礼学》、《仪礼学》残稿等，亦刊行。

赵宽夫于诂经精舍肄业时，王兰泉、孙渊如等迭主讲席，举重其学。其研究汉经师言，能博综贯串，一一疏通证明之。所著书有《周易郑注引义》、《春秋异文笺》等，尤好古金石文，钩稽剔抉，具有深识，为当世所重云。

李天彝为淹博之儒，于经史皆甚精熟，而尤邃于《诗》、《礼》，各有纂述，惜均未成。其成书者，为《春秋左传疏解》，盖取贾、服注与杜氏异者，疏通而证明之也。与孙渊如交往甚密，渊如晚年所著书，天彝为卒其业者居多，然退然不伐其功云。

长兴臧眉卿氏治经亦纯宗汉儒，其教人也，谓当据一经以通诸经，尝诏弟子杨见山岘曰："置散钱满屋，无下手处，授以索，则贯矣。四部书千万卷，犹散钱也，沉研一经而群书为之用，殆犹索欤！"故其治经，覃精《春秋左氏传》，作《春秋古谊》一书，摭先秦、两汉旧说，及贾、服之注，正杜预之谬，订核义赡，洵所谓"沉研一经而群书为之用"也。

嗣是以下，吴中学者，如管申季礼耕、叶鞠裳昌炽、叶孔彬德辉等，皆为时流所宗仰，然说经或不遵守汉儒，所造或短促不能具大体，固不足为三惠、钱、王辈之支与流裔也，是以存而不论云。

别裁第十

夫吴派经学之所以兴起，原鉴于宋学既不足尚，而力攻宋学，如萧山毛西河奇龄辈，其谬戾尤甚焉，故纯取汉儒之说，不敢出入其间，所以廓清芜障也。然过于崇信，汉人之所是者是之，汉人之所非者亦是之，胶执古训，寡于裁断，此其大短也。于是有原本吴学，参证他派，裁以己意，折衷一是者。若江都汪容甫、武进张皋文、闽县陈左海寿祺、番禺侯君模康、宝应刘端临台拱、仪征刘孟瞻文淇、江都凌晓楼曙、旌德姚仲虞、长洲陈硕甫奂、句容陈默斋立、丹徒柳宾叔兴恩等，皆其伦也。是数子者，虽非惠氏以后之嫡裔，然论究吴派经术，欲指示其流变，揆榷其得失者，亦不可不叙及之也。

（此处须补入汪容甫一节）

张皋文说《易》，实本定宇而修明之，其《周易虞氏义》、《周易虞氏消息》，专申一家之学，视惠氏研核尤精。按汉儒说《易》大旨之可考见者凡三家，曰虞翻，曰郑玄，曰荀爽。虞氏言消息，本乎孟喜，郑氏言《礼》，荀氏言升降，则本乎费直，轨辙不同，故其势未可悉合。定宇作《周易述》，遵虞翻而补以郑、荀，诸凡汉《易》皆在汇辑之列，不问其说之可通与否，实违失汉儒专门传受之意。皋文力矫其弊，说《易》一主虞氏，以阴阳消息、六爻发挥，释其疑滞，明其条贯，归于乾元用九而天下治，依物取类，会通比附，实衍孟氏《易》家阴阳之学，而非宋儒意造图书者所可比。又刺取《易》文之可与《礼经》相合者，本郑氏以《礼》言《易》之指，不用爻辰，而更以虞氏之例，为《易礼》二卷，更撰《易事》、《易言》诸书，皆补充其说《易》之主张者也。故近人评之曰"皋文意在探赜索隐，俾存一家之学，其识见盖高出于惠氏"云。

陈左海氏以博闻强记，覃精许、郑之学，与张皋文等并负当世重誉。阮云台氏尝思萃群经古义，成《经郛》一书，左海定义例十条上之，一曰探原本，二曰钩微言，三曰综大义，四曰备古礼，五曰存汉学，六曰证传注，七曰通互诠，八曰辨剿说，九曰正谬解，十曰广异文，规模宏远，惜未及成书。其说经也，能通两汉大义，每举一事，必有折衷，所著书有《五经异义疏证》等。子朴园乔枞亦邃经术,欲寻西汉今文不传之绪,故于《今文尚书》及齐、鲁、韩诸家《诗》用力尤深,所著以《三家诗遗说考》为著名。盖自齐、鲁、韩《诗》亡后,宋王应麟始掇拾残剩,辑《三家诗考》三卷,其后虽间有补苴罅漏者,然终不如此书为赅备,特是功在辑逸而罕所发明耳。

侯君模氏为粤中硕儒,研精注疏,尽通诸经,尝考汉、魏、六朝礼仪,贯穿三礼,著书数十篇,治《春秋穀梁传》,考其涉于礼者,为《穀梁礼证》一书,疏通证明,多前儒所未及。按《穀梁》自范注行后,汉儒师法久绝,惟刘中垒遗著及班史所采各说仅存。君模深明礼制,而又笃守汉法,洵足以扶微补绝。故余杭章太炎炳麟先生称之曰:"《春秋》三传,《穀梁》最微,番禺侯氏,丹徒柳氏,具抉微补绝之心,非牢守一家以概六艺者。"亦吴派之变迁欤?

宝应刘氏数世传经,端临精熟三礼,不为虚辞穿凿,尤邃《论语》,撰《论语骈枝》一卷,或推广郑义,或驳正孔注,均极明确。族子念楼宝楠亦治《论语》,尝病皇、邢笺疏芜陋,乃搜采汉儒旧说,益以近世诸家及宋人长义,作《正义》二十四卷,未完稿。子叔俛恭冕厘定之。叔俛读《公羊》注,见何休引《论语》文甚夥,知何氏亦深嗜《论语》,或意欲作注而未成耳,遂搜辑何氏诸书,凡有涉于《论语》者皆次第录之,成《何休注论语述》一卷,与《论语正义》俱刊行。故说者谓宝应刘氏之于《论语》,盖为颛家绝业云。

于宝应刘氏以外,其有通经好古,足以世其家学,为东吴学派之别出者,有仪征刘氏四世。惟宝应之绝业在《论语》,而仪征则世守《左氏》之学。刘孟瞻氏于经史皆曾博览,而于《左氏传》致力尤深,尝欲辑《左传旧注疏证》一书,以为《左氏》之义,为杜元凯注所剥蚀已久,其稍可观览者,大抵袭取旧说,爰取贾、服、郑三君之注,疏通证明,凡杜氏之所排击者纠之,所剽袭者彰之,遍稽诸家之书,苟有可采,咸与登列,未始下以己意,定其从违,务期《左氏》大旨,炳然著明,然《长编》虽具,未及写定而遽卒,所成者仅《左传旧疏考正》八卷而已。子松崖毓崧能读父书,通经史诸子百家,为《左氏》之学,缵承先志,所撰有《春秋左氏传大义》、《周礼尚书毛诗礼记旧疏考正》等,皆博综载籍,旁究根要,剖析精微,顾于孟瞻所遗《左氏旧疏长编》,亦整理未就。松崖子恭甫寿曾凤承庭训,洞达汉儒之学,念累世覃研《左氏》,未成完书,乃创立程限,锐志编纂,疏稿属至襄公四年,而遘微疾竟卒,千秋大业,终亏一篑,是诚可叹已。恭甫犹子有申叔师培者,传先人之业,攻《左氏》,守古文家法,以《春秋》三传同主诠经,而《左传》为书,说尤赅备,审其义例,或经无传著,或经略传详,以传勘经,知笔削所昭,类存微旨,爰阐厥科条,著之凡例,成《春秋左氏传例略》一卷;又精研三礼,成《周礼古注集疏》、《礼经旧说考略》、《佚礼考》等书,匡微补缺,阐发宏多,其树一义,建一说,必广征古说,旁推交通,虽百思莫能或易,故造述纵视前儒为妙,而精当寖寖过之。信乎!研精覃思,持之有故者矣。然于先人未竟之业,不思传述而阐表之,时论惜之。

凌晓楼氏为刘孟瞻舅氏,以治《公羊春秋》名,尝玩索汉以下诸家《春秋》说,深念《春秋》之义存于《公羊》,而《公羊》之学传于董子《繁露》一书,乃博参旁讨,承意仪志,梳其章,栉其句,为注十七卷,又别撰《公羊礼疏》、《公羊礼说》、《公羊问答》等,皆博洽精审,为治《公羊》学者必读之书也。

姚仲虞氏说《易》为近儒所宗,其所发明,盖于惠定宇、张皋文二家以外,别辟一蹊径者也。尝究研汉儒群说,以为郑氏最优,顾苦其简略,意推之至形梦寐,成《周易参象》十四卷,依象说义,不泥象窒义;又撰《周易姚氏学》一书,通贯《易》象,折衷己意;复以《月令》一编,实先王体天穷民之大经,其义一皆本于卦气,为《月令笺》三卷,《月令说》一卷,皆广甄旧说,自创新解者也。曹叔彦称之曰:"当道光之季,经术已衰,邪说方兴,世变将作,凡今日内忧外患,当时皆已萌兆。姚氏见微知著,忧深思远,故其书于伦理治化、是非得失之故,辩之再辩,合于作《易》忧患之旨。"其言非过誉云。

陈硕甫氏师友皆皖南学派人,然其说《诗》专守毛传,笃信古训,实与吴派相近。尝谓:"《毛诗》多记古文,倍详前典,或引申,或假借,或互训,或通释,或文生上下而无害,或辞用顺逆而不违。"因先仿《尔雅》,编作义类,凡声音、训诂之用,天地、山川之大,宫室、衣服、制度之精,鸟兽、草木、虫鱼之细,分别部居,各为探索,久乃划除条例章句,揉成作疏,凡三十卷,于先儒微言大义,靡不曲发其蕴。清儒说《毛诗》者,允以此为最完善之著述也。又撰《毛诗音》、《毛诗说》等书,皆与传疏互为发明,盖《毛诗》之有硕甫,犹虞《易》之有张皋文矣。然硕甫虽确宗毛氏学,亦颇稽三家同异,又兼通《礼经》以旁证《春秋穀梁传》,撰《穀梁逸礼》一卷,盖其贯通诸经,固未尝拘墟于一孔之陋见也。

陈默斋氏与凌晓楼、刘孟瞻等均负时望,称名师。默斋通许氏《说文》、《公羊春秋》、郑氏《礼》,而于《公羊》用力独勤,尝以《公羊》一书,多言礼制;故欲治《公羊》,必先精熟三礼,而《白虎通德论》实能集礼制之大成,且书中所列大抵皆《公羊》家言，可谓通经之滥觞，乃撰《白虎通疏证》十二卷，稽典制，考古训，而于汉代今文、古文之流别，亦厘然详明。顾其生平殚精极思之作，实在《公羊义疏》一书，于徐氏疏、孔氏《通义》以后，钩稽贯串，允能复邵公之家法者也。故说者谓《公羊》家专门绝业之学，得晓楼、默斋二氏出而稍彰云。

《春秋》三传，以《公羊》、《穀梁》为隐晦难治，而《穀梁》尤微。清儒覃志研索者，番禺侯氏以外，丹徒柳宾叔最为大师。宾叔初治《毛诗》，著《毛诗注疏纠补》三十卷；嗣以毛公师荀卿，荀卿师穀梁，而《穀梁春秋》，千古绝谊，唐以后绝鲜治之者，乃纂《穀梁春秋大义述》一书，凡《述日月例》第一、《述礼》第二、《述异文》第三、《述古训》第四、《述师说》第五、《述经师》第六、《述长编》第七，倡明鲁学，成一家言，议者或谓自日月例外，所采稍杂，然其书本为释例作也。阮云台见之，许为"扶翼孤经"云。

其他说经之书尚富，以名繁不具录。

草本章既竟，问者有以陈朴园、凌晓楼、陈默斋等皆为常州今文学派之硕儒，不当列于吴学别派内相诘难者。答之曰："子不闻余杭章太炎先生之言乎？章先生曰：'今文之学，不专在常州，其庄方耕存与、刘申受逢禄、宋虞廷翔凤、戴子高望诸家，执守今文，深闭固拒，而附会之词亦众，则常州之家法也。若凌晓楼之说《公羊》，陈默斋之疏《白虎》，陈朴园之稽三家《诗》与三家《尚书》，只以古书难理，为之疏明，本非定立一宗旨者，其学亦不出自常州，此种与吴派专主汉学者当为一类，而不当与常州派并存也。'章氏之言如此，学者可以深思其故矣。"

参考文献

一、吴派论著

[清]惠周惕:《砚谿先生集》,《续修四库全书》本。

[清]惠栋编:《砚谿先生遗稿》,《八年丛编》之《庚辰丛编》本。

[清]惠士奇:《易说》,《四库全书》本。

[清]惠士奇:《大学说》,《续修四库全书》本。

[清]惠士奇:《礼说》,《清经解》本。

[清]惠士奇:《半农春秋说》,《清经解》本。

[清]惠栋撰,江藩补,袁庭栋整理:《周易述》附《易微言》,巴蜀书社1993年版。

[清]惠栋:《易汉学》,《四库全书》本。

[清]惠栋:《易例》,《四库全书》本。

[清]惠栋:《易大谊》,《丛书集成初编》本。

[清]惠栋:《明堂大道录》,《丛书集成初编》本。

[清]惠栋:《周易本义辨证》,《续修四库全书》本。

[清]惠栋:《禘说》,《清经解》本。

[清]惠栋:《九经古义》,《清经解》本。

[清]惠栋:《春秋左传补注》,《清经解》本。

[清]惠栋:《古文尚书考》,《清经解》本。

[清]惠栋:《后汉书补注》,《续修四库全书》本。

[清]惠栋:《荀子微言》,《续修四库全书》本。

[清]惠栋:《松崖文钞》,《续修四库全书》本。

[清]惠栋辑:《汉事会最人物志》,《丛书集成初编》本。

[清]惠栋:《松崖笔记》,《聚学轩丛书》本。

[清]惠栋:《九曜斋笔记》,《聚学轩丛书》本。

[清]惠栋著,江声参补:《惠氏读说文记》,《丛书集成初编》本。

[清]王士禛撰,[清]惠栋、金荣注:《渔洋精华录集注》,齐鲁书社1992年版。

[清]惠周惕、惠士奇、惠栋撰,漆永祥点校:《东吴三惠诗文集》,台北"中央研究院"中国文哲研究所2006年版。

[清]江声:《尚书集注音疏》,《清经解》本。

[清]江声辑,孙星衍补订:《尚书逸文》,《丛书集成初编》本。

[清]江声:《论语俟质(及其他一种)》,《丛书集成初编》本。

[清]江声:《六书说》,《丛书集成初编》本。

[清]余萧客:《古经解钩沉》,山东友谊出版社1993年版。

[清]江藩、方东树著,徐洪兴编校:《汉学师承记(外二种)》,生活·读书·新知三联书店1998年版。

[清]江藩:《乐县考》,《丛书集成初编》本。

[清]江藩:《尔雅小笺》,《续修四库全书》本。

[清]江藩著,漆永祥整理:《江藩集》,上海古籍出版社2006年版。

[清]江藩纂,漆永祥笺释:《汉学师承记笺释》,上海古籍出版社2006年版。

[清]江藩著,高明峰整理:《江藩全集》,凤凰出版社2023年版。

二、古籍资料

[西汉]司马迁:《史记》,中华书局1997年版。

[东汉]班固:《汉书》,中华书局1962年版。

[西晋]杜预:《春秋经传集解》,上海古籍出版社1988年版。

[南朝宋]范晔、[西晋]司马彪:《后汉书》,中华书局1997年版。

[唐]李鼎祚:《周易集解》,中华书局1985年版。

[唐]刘知幾著,浦起龙释:《史通通释》,上海古籍出版社1978年版。

[北宋]程颐、程颢著,王孝鱼点校:《二程集》,中华书局1981年版。

[南宋]朱熹著,朱杰人、严佐之、刘永翔主编:《朱子全书》,上海古籍出版社、安徽教育出版社2002年版。

[南宋]朱熹:《四书章句集注》,中华书局1983年版。

［明］王守仁著,吴光、钱明、董平、姚延福编校:《王阳明全集》,上海古籍出版社1992年版。

［清］陈寿熊:《读〈易汉学〉私记》,《续修四库全书》本。

［清］戴震:《戴震集》,上海古籍出版社1980年版。

［清］戴震著,张岱年主编:《戴震全书》,黄山书社1995年版。

［清］戴震著,赵玉新点校:《戴震文集》,中华书局2006年版。

［清］方苞:《方望溪全集》,中国书店1991年版。

［清］方东树:《昭昧詹言》,人民文学出版社1961年版。

［清］龚自珍:《龚自珍全集》,中华书局1959年版。

［清］顾震涛著,甘兰经等校点:《吴门表隐》,江苏古籍出版社1999年版。

［清］顾炎武:《顾亭林诗文集》,汉京文化事业有限公司1984年版。

［清］顾炎武著,黄汝成集释:《日知录集释》,岳麓书社1994年版。

［清］桂文灿:《经学博采录》,《八年丛编》之《辛巳丛编》本。

［清］洪亮吉著,刘德权点校:《洪亮吉集》,中华书局2001年版。

［清］胡渭著,王易等整理:《易图明辨》,巴蜀书社1991年版。

［清］黄宗羲著,沈芝盈点校:《明儒学案》,中华书局1985年版。

［清］纪磊:《〈周易本义辩正〉补订》,《续修四库全书》本。

［清］纪昀著,孙致中等校点:《纪晓岚文集》,河北教育出版社1991年版。

［清］焦循:《雕菰楼集》,上海古籍出版社1996年版。

［清］廖平著,李燿仙主编:《廖平选集》,巴蜀书社1998年版。

［清］凌廷堪著,王文锦点校:《校礼堂文集》,中华书局1998年版。

［清］卢文弨著,王文锦点校:《抱经堂文集》,中华书局1990年版。

［清］皮锡瑞:《经学通论》,中华书局1954年版。

［清］皮锡瑞著,周予同注释:《经学历史》,中华书局2004年版。

［清］钱大昕著,陈文和主编:《嘉定钱大昕全集》,江苏古籍出版社1997年版。

［清］钱仪吉、缪荃孙等辑:《清代碑传全集》,上海古籍出版社1987年版。

［清］全祖望著,朱铸禹汇校集注:《全祖望集汇校集注》,上海古籍出版社2000年版。

［清］阮元:《小沧浪笔谈》,《丛书集成初编》本。

［清］阮元:《定香亭笔谈》,《丛书集成初编》本。

［清］阮元编:《诂经经舍文集》,《丛书集成初编》本。

［清］阮元编:《十三经注疏》,上海古籍出版社1997年版。

［清］阮元著,邓经元点校:《揅经室集》,中华书局2006年版。

［清］阮元修,江藩、焦循纂:《扬州图经》,江苏古籍出版社1998年版。

［清］沈德潜编:《清诗别裁集》,中华书局1981年版。

［清］宋翔凤撰,梁运华点校:《过庭录》,中华书局2006年版。

［清］孙星衍著,骈宇骞点校:《问字堂集 岱南阁集》,中华书局1996年版。

［清］唐鉴:《国朝学案小识》,山东友谊出版社1990年版。

［清］王昶著,陈明洁、朱惠国、裴风顺点校:《春融堂集》,上海文化出版社2013年版。

［清］王鸣盛:《尚书后案》,《清经解》本。

［清］王鸣盛:《西庄居士始存稿》,《续修四库全书》本。

［清］王鸣盛著,黄曙辉点校:《十七史商榷》,上海书店出版社2005年版。

［清］王先谦:《荀子集解》,中华书局1988年版。

［清］汪中著,田汉云点校:《新编汪中集》,广陵书社2005年版。

［清］魏源:《魏源集》,中华书局1976年版。

［清］徐世昌著,陈祖武点校:《清儒学案》,河北人民出版社2008年版。

［清］阎若璩:《潜丘札记》,《清经解》本。

［清］阎若璩:《尚书古文疏证》,上海古籍出版社2023年版。

［清］姚鼐:《惜抱轩全集》,世界书局1936年版。

［清］叶衍兰、叶恭绰编:《清代学者象传合集》,上海古籍出版社1989年版。

［清］永瑢等:《四库全书总目》,中华书局1965年版。

［清］袁枚著,王英志主编:《袁枚全集》,浙江古籍出版社1993年版。

［清］张惠言著,黄立新校点:《茗柯文编》,上海古籍出版社1984年版。

［清］张穆:《阎若璩年谱》,中华书局1994年版。

［清］章学诚:《章学诚遗书》,文物出版社1985年版。

［清］章学诚著,叶瑛校注:《文史通义校注》,中华书局1985年版。

［清］赵尔巽等:《清史稿》,中华书局1977年版。

［清］赵翼著,王树民校注:《廿二史札记校正》,中华书局1984年版。

［清］赵翼:《陔余丛考》,中华书局1963年版。

［清］朱鹤龄:《愚庵小集》,上海古籍出版社 1979 年版。

［清］朱彝尊:《经义考》,中华书局 1998 年版。

［清］朱筠:《笥河文集》,《丛书集成初编》本。

惠仰泉等主修,惠士阶等纂修:《惠氏宗谱》,无锡艺海美术印书馆百岁堂 1947 年铅印本。

三、近人论著

陈伯适:《汉易之风华再现——惠栋易学研究》,文史哲出版社 2006 年版。

陈居渊:《清代朴学与中国文学》,百花洲文艺出版社 2000 年版。

陈来:《宋明理学》,华东师范大学出版社 2004 年版。

陈梦家:《尚书通论》,中华书局 2005 年版。

陈其泰:《清代公羊学》,东方出版社 1997 年版。

陈延杰:《经学概论》,商务印书馆 1930 年版。

陈祖武:《清初学术思辨录》,中国社会科学出版社 1992 年版。

陈祖武:《清儒学术拾零》,湖南人民出版社 2002 年版。

陈祖武、汪学群:《清代文化志》,上海人民出版社 1998 年版。

陈祖武、朱彤窗:《乾嘉学术编年》,河北人民出版社 2005 年版。

杜维运:《清乾嘉时代之史学与史家》,学生书局 1988 年版。

范文澜:《范文澜历史论文选集》,中国社会科学出版社 1979 年版。

冯友兰:《中国哲学史》,华东师范大学出版社 2000 年版。

傅斯年:《中国古代思想与学术十论》,广西师范大学出版社 2006 年版。

葛荣晋主编:《中国实学思想史》,首都师范大学出版社 1994 年版。

谷继明:《参赞化育:惠栋易学考古中的大道微言》,生活·读书·新知三联书店 2024 年版。

郭康松:《清代考据学研究》,崇文书局 2001 年版。

何冠彪:《明末清初学术思想研究》,学生书局 1991 年版。

侯外庐主编:《中国思想通史》,人民出版社 1956—1960 年版。

胡楚生:《清代学术史研究》,学生书局 1993 年版。

胡楚生:《清代学术史研究续编》,学生书局 1994 年版。

胡逢祥、张文建:《中国近代史学思潮与流派(1840—1949)》,华东师范大学出版社 1991 年版。

胡适:《胡适文存》,黄山书社 1996 年版。

胡适:《戴东原的哲学》,安徽教育出版社 1999 年版。

黄爱平:《朴学与清代社会》,河北人民出版社 2003 年版。

黄寿祺著,黄高宪校注:《群经要略》,华东师范大学出版社 2000 年版。

黄忠慎:《惠周惕〈诗说〉析评》,文史哲出版社 1994 年版。

嵇文甫:《晚明思想史论》,东方出版社 1996 年版。

江华:《清代儒学大师:惠栋与戴震》,中州古籍出版社 2017 年版。

姜广辉:《走出理学》,辽宁教育出版社 1997 年版。

蒋善国:《尚书综述》,上海古籍出版社 1988 年版。

蒋维乔编述:《中国近三百年哲学史》,上海中华书局 1932 年版。

康有为:《康有为全集》,上海古籍出版社 1992 年版。

来新夏:《近三百年人物年谱知见录》,上海人民出版社 1983 年版。

李开:《惠栋评传》,南京大学出版社 1997 年版。

李元度著,易孟醇点校:《国朝先正事略》,岳麓书社 1991 年版。

梁启超著,朱维铮校注:《梁启超论清学史二种》,复旦大学出版社 1985 年版。

梁启超著,夏晓虹导读:《论中国学术思想变迁之大势》,上海古籍出版社 2001 年版。

林庆彰、张寿安主编:《乾嘉学者的义理学》,台北"中央研究院"中国文哲研究所 2003 年版。

刘墨:《乾嘉学术十论》,生活·读书·新知三联书店 2006 年版。

刘起釪:《尚书学史》,中华书局 1989 年版。

刘师培:《刘申叔遗书》,江苏古籍出版社 1997 年版。

路新生:《中国近三百年疑古思潮研究》,上海人民出版社 2001 年版。

罗炳良:《清代乾嘉历史考证学研究》,北京图书馆出版社 2007 年版。

罗检秋:《嘉庆以来汉学传统的衍变与传承》,中国人民大学出版社 2006 年版。

罗振玉述:《本朝学术源流概略》,《民国丛书》第一编,上海书店 1989 年版。

吕思勉:《经子解题》,华东师范大学出版社 1996 年版。

马宗霍:《中国经学史》,商务印书馆 1998 年版。

蒙文通:《经学抉原》,巴蜀书社 2019 年版。

孟森:《清史讲义》,中华书局 2010 年版。

漆永祥:《乾嘉考据学研究》,中国社会科学出版社 1998 年版。

漆永祥:《江藩与〈汉学师承记〉研究》,上海古籍出版社 2006 年版。

钱慧真:《惠栋训诂研究》,南京师范大学出版社 2018 年版。

钱基博著,傅道彬点校:《近百年湖南学风》,中国人民大学出版社 2004 年版。

钱穆:《国学概论》,商务印书馆 1997 年版。

钱穆:《中国近三百年学术史》,商务印书馆 1997 年版。

钱穆:《中国学术思想史论丛》,安徽教育出版社 2004 年版。

乔治忠:《清朝官方史学研究》,文津出版社 1994 年版。

汤志钧:《近代经学与政治》,中华书局 2000 年版。

汪学群:《清初易学》,商务印书馆 2004 年版。

汪学群、武才娃:《清代思想史论》,中国社会科学出版社 2007 年版。

王汎森:《中国近代思想与学术的系谱》,河北教育出版社 2001 年版。

王汎森:《晚明清初思想十论》,复旦大学出版社 2004 年版。

王记录著,吴怀祺主编:《中国史学思想通史》(清代卷),黄山书社 2002 年版。

王记录:《钱大昕的史学思想》,社会科学文献出版社 2004 年版。

王俊义:《清代学术探研录》,中国社会科学出版社 2002 年版。

王茂、蒋国保、余秉颐等:《清代哲学》,安徽人民出版社 1992 年版。

王欣夫撰,鲍正鹄、徐鹏标点整理:《蛾术轩箧存善本书录》,上海古籍出版社 2002 年版。

吴雁南主编:《清代经学史通论》,云南大学出版社 2001 年版。

萧一山:《清代通史》,中华书局 1986 年版。

徐复观:《两汉思想史》,华东师范大学出版社 2001 年版。

徐洪兴:《思想的转型:理学发生过程研究》,上海人民出版社 1996 年版。

许道勋、徐洪兴:《中国经学史》,上海人民出版社 2006 年版。

许苏民:《朴学与长江文化》,湖北教育出版社 2004 年版。

杨向奎:《清儒学案新编》,齐鲁书社 1985 年版。

余英时:《论戴震与章学诚:清代中期学术思想史研究》,生活·读书·新知三联书店 2000 年版。

余英时:《中国思想传统的现代诠释》,江苏人民出版社 2003 年版。

张寿安:《十八世纪礼学考证的思想活力:礼教论争与礼秩重省》,北京大学出版社 2005 年版。

张寿安:《以礼代理:凌廷堪与清中叶儒学思想之转变》,河北教育出版社 2001 年版。

张舜徽:《清代扬州学记》,上海人民出版社 1962 年版。

张舜徽:《顾亭林学记》,中华书局 1963 年版。

张舜徽:《清儒学记》,齐鲁书社 1991 年版。

张舜徽:《爱晚庐随笔》,华中师范大学出版社 2005 年版。

章太炎:《章太炎全集》,上海人民出版社 1984 年版。

章太炎、刘师培等撰,罗志田导读,徐亮工编校:《中国近三百年学术史论》,上海古籍出版社 2006 年版。

赵伯雄:《春秋学史》,山东教育出版社 2004 年版。

支伟成编著:《清代朴学大师列传》,岳麓书社 1998 年版。

郑朝晖:《述者微言:惠栋易学的"逻辑化"世界》,人民出版社 2009 年版。

周骏富辑:《清代传记丛刊》,明文书局 1985 年版。

周予同著,朱维铮编:《周予同经学史论著选集》(增订本),上海人民出版社 1996 年版。

朱伯崑:《易学哲学史》,北京大学出版社 1986 年版。

朱维铮:《求索真文明:晚清学术史论》,上海古籍出版社 1996 年版。

朱维铮:《中国经学史十讲》,复旦大学出版社 2002 年版。

〔美〕艾尔曼著,赵刚译:《从理学到朴学:中华帝国晚期思想与社会变化面面观》,江苏人民出版社 1995 年版。

〔美〕艾尔曼著,赵刚译:《经学、政治和宗族:中华帝国晚期常州今文学派研究》,江苏人民出版社 2005 年版。

〔日〕本田成之著,孙俍工译:《中国经学史》,上海书店出版社 2001 年版。

四、研究论文

陈鸿森:《余萧客编年事辑》,彭林编:《中国经学》第 10 辑,广西师范大学出版社

2012年版。

陈居渊:《乾嘉"吴派"新论》,《社会科学战线》1995年第5期。

陈修亮:《试论惠栋〈周易述〉的治易特色》,《周易研究》2005年第1期。

陈祖武:《清代经学大师惠栋》,《经学研究论丛》1994年第1辑。

耿志宏:《惠栋之经学研究》,台湾政治大学中国文学研究所1984年硕士学位论文。

耿志宏:《惠栋之礼学研究》,《崇右学报》1997年第6期。

胡自逢:《吴门三惠:惠周惕、惠士奇、惠栋》,《国语日报》1967年11月4日。

黄顺益:《戴震与惠栋的学术关系》,《孔孟月刊》2000年第11期。

黄顺益:《惠栋、戴震与乾嘉学术研究》,台湾中山大学中国文学研究所1998年博士学位论文。

黄顺益:《惠栋的成学历程》,《人文及社会学科教学通讯》2001年第5期。

黄忠慎:《惠周惕诗经学基本问题论述之检讨》,《孔孟月刊》1993年第5—6期。

江弘远:《惠栋〈易例〉研究》,台湾师范大学中国文学研究所1988年硕士学位论文。

姜龙翔:《惠周惕〈诗说〉研究》,台湾高雄师范大学经学研究所第一期青年经学学术研讨会提交论文,2005年11月24日。

昝起鹰、霍存福:《从理学到汉学的嬗变——惠栋对宋儒理学的批判》,《长白论丛》1997年第2期。

李威熊:《清代吴派经学评述》,《中华学苑》1988年第36期。

梁韦弦:《惠栋〈易汉学〉的卦气学研究》,《福建师范大学学报(哲学社会科学版)》2006年第5期。

梁一成:《吴门三惠所著书目》,《书和人》1967年第70期。

刘墨:《惠栋与汉学》,《社会科学辑刊》2004年第4期。

吕美琪:《惠栋〈毛诗古义〉研究》,台湾彰化师范大学国文学系1998年硕士学位论文。

漆永祥:《惠栋与古籍整理》,《古籍整理研究学刊》1992年第1期。

漆永祥:《〈四库总目提要〉惠栋著述纠误》,《文史》2000年第4期。

漆永祥:《惠栋易学著述考》,《周易研究》2004年第3期。

漆永祥:《东吴三惠世系考》,《北京大学中国古文献研究中心集刊》2004年第4辑。

漆永祥:《王欣夫先生〈松崖读书记〉蠡测》,《图书与情报》2004年第6期。

漆永祥:《东吴三惠著述考》,袁行霈主编:《国学研究》第14卷,北京大学出版社

2004年版。

三英:《惠栋的治学思想》,《社会科学辑刊》1993年第3期。

沈竹礽:《惠栋〈易汉学〉正误》,《中国语文学研究》,上海中华书局1935年版。

孙剑秋:《惠栋"易"学著作、特色及其贡献述评》,《台北师范学院学报》2003年第1期。

孙剑秋:《清代吴派经学研究》,台湾政治大学中国文学研究所1992年博士学位论文。

孙思旺:《余萧客〈古经解钩沉〉成书及得失考论》,《清史论丛》2020年第1期。

孙运君:《清代今文经学兴起考:以惠栋、戴震、张惠言为中心》,《船山学刊》2005年第4期。

汤志钧:《关于清代"吴派"》,《历史教学问题》1991年第4期。

汪学群:《论惠栋复兴汉儒易学的学风》,《中国史研究》2005年第4期。

王法周:《惠栋与清代学术》,《中国社会科学院近代史研究所青年学术论坛·1999年卷》,社会科学文献出版社2000年版。

王西梅:《乾嘉藏书家与吴派史学》,《图书馆学研究》1998年第3期。

杨旭辉:《吴中惠氏经学平论》,《漳州师范学院学报(哲学社会科学版)》2004年第4期。

尹彤云:《惠栋〈周易〉学与九经训诂学简评》,《宁夏社会科学》1997年第1期。

尹彤云:《惠栋学术思想研究》,《清史研究》1999年第2期。

於梅舫:《惠栋构筑汉学之渊源、立意及反响》,《中国哲学史》2014年第3期。

於梅舫:《汉学名义与惠栋学统——〈汉学师承记〉撰述旨趣再析》,《南京大学学报(哲学·人文科学·社会科学)》2016年第2期。

张素卿:《惠栋的〈春秋〉学》,《台大文史哲学报》2002年第57期。

张素卿:《"经之义存乎训"的解释观念——惠栋经学管窥》,林庆彰、张寿安主编:《乾嘉学者的义理学》,台北"中央研究院"中国文哲研究所2003年版。

张素卿:《博综以通经——略论惠士奇〈易说〉》,《吉林师范大学学报(人文社会科学版)》2017年第6期。

张素卿:《惠周惕〈诗说〉的成书历程》,叶国良、王锷、许子滨主编《岭南学报》复刊第17辑《经学文献研究》,上海古籍出版社2023年版。

赵四方:《吴派与晚清的今文学——"师法"观念下的〈尚书〉学变迁》,复旦大学

2016年博士学位论文。

赵四方:《〈九经古义〉与惠栋汉学思想的形成》,《学术月刊》2016年第3期。

赵四方:《惠栋托名撰集〈尚书郑注〉考》,《清史研究》2020年第4期。

赵四方:《惠栋的史学思想及经史研究关系论析》,《中国典籍与文化》2021年第2期。

图书在版编目（CIP）数据

吴派研究 / 王应宪著 . -- 北京：商务印书馆，2025. --（中国学术流派研究丛书）. -- ISBN 978-7-100-24414-5

Ⅰ. B249.05

中国国家版本馆 CIP 数据核字第 2024PK4567 号

权利保留，侵权必究。

本书由南京大学中央基本科研业务费、
南京大学人文基金资助出版

中国学术流派研究丛书

吴派研究

王应宪　著

商 务 印 书 馆 出 版
（北京王府井大街 36 号　邮政编码 100710）
商 务 印 书 馆 发 行
南京新洲印刷有限公司印刷
ISBN 978-7-100-24414-5

2025 年 1 月第 1 版	开本 720×1000 1/16
2025 年 1 月第 1 次印刷	印张 16¼

定价：108.00 元